"十四五"职业教育国家规划教材

现代企业文化
与职业道德
（第三版）

苏万益　成光琳　主　编
郭婧婧　苏　甲　副主编

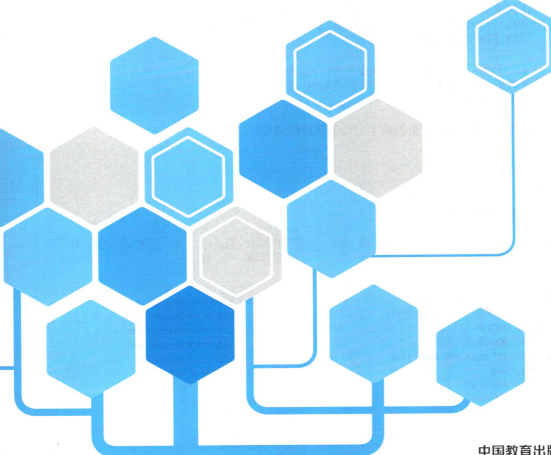

Xiandai Qiye Wenhua yu Zhiye Daode

中国教育出版传媒集团
高等教育出版社·北京

内容提要

　　本书是"十四五"职业教育国家规划教材，主要介绍了现代企业文化的基本知识、基础理论，企业文化与职业道德的关系，以及企业文化建设和职业道德培养等一系列理论和实践成果。按照"一个主旨、两项结合、模块编排、三方受益"的编写思路，把现代企业文化作为一条主线，把职业道德教育作为课程的立足点贯穿其中，同时有机融入思政元素。本书在编排上突出综合性、模块化，强调核心知识点和案例学习相结合，并在每个模块后专门设计了学生实践内容，以突出教材的实用性和实践性。

　　本书适用于各类以培养应用型、技术技能型人才为目标的职业院校、技工类学校及职业资格培训机构企业文化、职业道德、学生综合职业素质类课程教材，也可以作为企业员工培训教材，还可供从事企业文化研究和职业素质教育工作的人员参考。

图书在版编目（ＣＩＰ）数据

现代企业文化与职业道德 / 苏万益，成光琳主编
. -- 3版. -- 北京：高等教育出版社，2021.1（2024.8重印）
ISBN 978-7-04-055006-1

Ⅰ．①现… Ⅱ．①苏… ②成… Ⅲ．①企业文化-高等职业教育-教材②职业道德-高等职业教育-教材
Ⅳ．①F272-05②B822.9

中国版本图书馆CIP数据核字(2020)第178950号

Xiandai Qiye Wenhua yu Zhiye Daode

| 策划编辑　陈　磊 | 责任编辑　陈　磊 | 封面设计　王　洋 | 版式设计　童　丹 |
| 插图绘制　于　博 | 责任校对　陈　杨 | 责任印制　刁　毅 | |

出版发行	高等教育出版社	网　　址	http://www.hep.edu.cn
社　　址	北京市西城区德外大街4号		http://www.hep.com.cn
邮政编码	100120	网上订购	http://www.hepmall.com.cn
印　　刷	涿州市京南印刷厂		http://www.hepmall.com
开　　本	787 mm×1092 mm　1/16		http://www.hepmall.cn
印　　张	14.5	版　　次	2008 年 4 月第 1 版
			2021 年 1 月第 3 版
字　　数	340 千字	印　　次	2024 年 8 月第 8 次印刷
购书热线	010-58581118	定　　价	34.80 元
咨询电话	400-810-0598		

第三版前言

习近平总书记在党的二十大报告中指出："教育是国之大计、党之大计。培养什么人、怎样培养人、为谁培养人是教育的根本问题。育人的根本在于立德。"要"推进文化自信自强，铸就社会主义文化新辉煌。"文化的传承与弘扬是立德树人的重要途径和抓手，在全面建设社会主义现代化国家中具有不可替代的重要地位和作用。培育创新现代企业文化，开展面向大学生的企业文化教育，能够实现立德树人与文化创新的共同提升、协同发展。

有人说，我们的时代是最好的时代；也有人说，当下是中国最好的时代。在新时代背景下，企业文化、职业道德等问题自然备受关注。承蒙一批又一批读者、大中专院校师生的厚爱，特别是高等教育出版社一直以来的支持，我们始终紧跟时代，与时俱进对《现代企业文化与职业道德》进行不断的改版与修订。面对大家的信任与期望，我们在每次修订时，都本着对读者高度负责的精神和严谨科学的态度，对书稿内容进行大量的调整、充实和更新，以努力反映企业文化的最新理论探索和企业实践成果。

作为第三版，我们主要从以下几个方面进行了修订：

1. 立足当下，突出时代性

党的二十大报告提出了新时代新征程党的使命任务：以中国式现代化全面推进中华民族伟大复兴。新时代的中国，道路自信、理论自信、制度自信、文化自信，正以昂扬的姿态走近世界舞台中央。基于此，本次改版对原来的第七、八学习单元进行了较大篇幅的调整，把当下供给侧结构性改革、经济高质量发展、民营企业发展环境优化、互联网时代企业发展等问题，从企业文化的角度编入本书，实现了本书改版与时代发展的同频共振。

2. 围绕道德，把握思想性

文化源于思想认知，也源于人类实践。随着社会经济的高速发展，人们的思想认识不断迭代变化，企业文化不断演进，与时俱进。本次修订，我们围绕完善中国特色现代化企业制度，对原书的案例进行了大范围的更新，对一些价值导向不明、不合时宜的案例坚决摒弃，大量选用最新的国内企业的优秀案例，以突出中国企业在文化建设方面从"跟跑"到"领跑"的角色转变，提升读者的民族自豪感和文化认同感。同时开辟"思政润心"栏目，将思政元素融入教材编写全过程，以提升学生的思想境界和政治素养。

3. 面向岗位，强化实践性

企业文化建设重在实践，要把企业文化转化为企业竞争的发展软实力、核心竞争力，关键在于企业文化实践、企业文化落地。本次改版，我们不仅重视企业案例的引入，突出实践性，还将上一版每个学习单元最后的"案例分析"改为"实战演练"，注重突出实训的应用性、针对性及可操作性。同时，利用移动信息技术，增设"自我检测"栏目，以二维码交互式自测题为载体，强化学习效果的检验。

4. 贴近读者，提升可读性

时代在发展，本书的主要受众将是"00后"。"00后"是伴随中国互联网发展成长的一代，对社会有独特的认知视角。本次改版，充分考虑了受众的变化，在案例引用和实训设定方面，尽量减少严肃刻板的说教，使其从耳熟能详、亲身经历、当下热点的事件和场景中收获更多的知识。另在书中增设"案例分享""知识补给""视频欣赏"栏目，在每个模块后增加"深思启慧"栏目，均以二维码形式标记，供读者随扫随学，进一步丰富其知识面、拓宽其眼界。

本次修订由苏万益教授、成光琳教授担任主编，郭婧婧、苏甲担任副主编，王建强、朱越参与编写。具体编写分工为：模块一，成光琳；模块二，苏甲；模块三、模块五，郭婧婧；模块四、模块六，朱越；模块七、模块八，王建强。全书由苏万益教授、成光琳教授负责统稿。

在本次修订中，参考和借鉴了国内外学者的相关研究成果，参阅并引用了网络上大量的案例、文章和数据，因限于篇幅，未能一一注明，在此谨向他们深表谢忱。同时，还要向为本书第一、二版做出贡献的华北水利水电大学张丽英教授、济源职业技术学院吕玉芳教授、菅国坤教授，以及刘红旗、张红克、王长坤、孙德菅、李辉、高中和、白世星、孙红征、周迎春、张小波等老师一并表示谢意。同时，特别感谢高等教育出版社陈磊编辑对本书第三次改版给予的大力支持与帮助。

由于编者知识和经验所限，错漏之处恳请同行专家和广大读者批评指正。

编者
2023 年 7 月

第二版前言

不知不觉间，这本书的第一版已经出版六年之久。承蒙广大读者和师生的厚爱以及高等教育出版社的努力，第一版已印刷十余次，发行量远远超出最初目标，这使我们感到有责任和义务更新内容，再版此书，以飨读者。

随着社会的发展和经济的繁荣，一方面企业文化越来越受到企业和社会的认可与重视，职业道德也逐渐成为企业文化建设的重要部分，另一方面企业文化与职业道德教育逐渐被重视，学生们学习这方面知识的意愿也更加强烈。加之近年来研究企业文化与职业道德的专家学者不断增多，研究成果日臻丰富，因此，修订本书与其说是一项任务，不如说是一种责任使然。六年来，我们非常欣慰地看到企业文化与职业道德教育在大学校园受到高度重视，这对于提升职业人职业操守、增强人才社会责任感乃至提高整体国民素质都具有非常深远的历史影响和社会意义。

相对初版，本次修订的主要变化有：

1. 结构体例模块化

本次修订舍弃了初版中"章节"的传统结构与体例，引入更加突出知识内容与分类的"模块"体例，使本书更加符合现代职业教育的教学特点和要求。

2. 课堂导入情景化

将初版中的"节"修改为"学习单元"，每个模块前加入一个大的情景案例，同时在每一个"学习单元"前加入一个小的情景案例，引导教师在教学中使用情景教学法，更有利于引发读者和学生的思考与学习。

3. 案例引用典型化

本次修订对全书案例进行了大幅度修改完善，删除了一些过时陈旧的案例，引入了大量最新发生的、更具典型性特别是对学生就业有参考价值和借鉴意义的案例，提升了本书的针对性与实用性。

4. 图文结合直观化

我们为书中的情境和案例匹配了大量相关的图画，在有关知识点也插入了一些图片，使知识的理解和应用变得更容易，增强了本书的趣味性和可读性。

5. 行业文化延伸化

本次修订对初版内容进行了补充完善，在新版"模块二"中加入了"学习单元四"即行业文化与职业道德的内容，延伸了知识范畴，拓展了学习视野。

本次修订由苏万益教授主编和统稿，成光琳、刘红旗任副主编。参加修订的教师为（以模块为序）：河南经贸职业学院王建强（模块一、二）、河南经贸职业学院成光琳（模块三）、济源职业技术学院刘红旗（模块四、五）、济源职业技术学院张红克（模块六、八）、济源职业技术学院王长坤（模块七）。书中所有漫画由河南经贸职业学院赵君涛工作室创作，河南经贸职业学院王仲英教授始终参与了本书的修订统筹和联络工作。

在修订过程中，参阅并部分引用了许多现代企业文化与职业道德方面的文章和著作，在此向各位专家同行以及为第一版做出大量基础性工作的华北水利水电大学张丽英教授，济源职业技术学院吕玉芳教授、菅国坤教授，孙德菅、李辉、高中和、白世星、孙红征、周迎春、张小波等老师一并表示谢意，还要特别感谢高等教育出版社对本书再版给予的大力支持与帮助。最后，再一次感谢广大读者朋友，你们的厚爱是我们编著和修订本书的最大动力。

因编者水平有限，经验不足，不能把更多的新内容、新思路一并涵盖到书中，疏漏在所难免，敬请广大读者批评指正。

苏万益
2014 年 12 月

第一版前言

当今世界，科学技术日新月异，知识经济方兴未艾，综合国力竞争日趋激烈，生产力发展取得重大突破，产业结构和劳动力结构已发生深刻变化。在这个大格局中，对劳动者的知识技能和基本素质的要求进一步提高，而传统的高等教育和职业教育都已无法满足这种新型人才培养的需要，所以，大力发展现代高等职业教育就成为必然选择，这是时代赋予我们光荣而艰巨的历史任务。现代高等职业教育作为高等教育的一个特别类型，同时作为职业教育的一个较高层次，它在我国现代国民教育体系中具有非常重要的地位，在我国加快推进社会主义现代化建设进程中具有不可替代的作用。随着我国走新型工业化道路、建设社会主义新农村和创新型国家对高技能人才要求的不断提高，现代高等职业教育既面临着极好的发展机遇，也面临着严峻的挑战。教育部屡次颁发的有关高等职业教育的一系列方针政策，正是我们迎接这场挑战的旗帜和指南。而如何坚持立德树人，全面贯彻党的教育方针，以服务为宗旨，以就业为导向，走产学结合发展道路，为全面建成小康社会、构建社会主义和谐社会做出应有的贡献，则一直是国内高等职业院校多年来不断探索和大力实践的重大课题。

正是在这一时代背景下，我们深入研究现代高等职业教育的培养目标、办学方针、教育规律、实施途径，注重人才培养模式的转变和教学内容、教学方法的改革，突出学生职业素质和实践能力的培养，把校企联合、工学结合作为高职教育人才培养模式创新的重要突破口，把满足社会和企业需求、保证较高的"客户"满意度、有利于学生（社会人和职业人）未来的职业发展和个人价值目标的充分实现，作为我们教学改革成败和教学质量优劣的标准。开发建设"现代企业文化与职业道德"课程正是在这一标准追求下的逻辑结果。企业文化是企业的灵魂所在，是企业长盛不衰的根本原因之一。企业文化蕴含着职业道德，职业道德是企业文化中的精华，是企业文化的基石，二者相互依存，相辅相成。企业文化是企业领导者和全体员工共同创造、形成、维护并遵循的一种有利于企业发展的共有的价值观念和行为准则。而职业道德则是任何一个职业人在某一先进的企业文化引领下，都必须遵守的行为规范。因此，我们培养的高素质高技能人才就必须了解和熟悉企业文化及其建设，就必须养成优良的职业道德，为企业乃至社会作出贡献，从而成就自我。基于此考虑，我们于2005年即开始研究开发"现代企业文化与职业道德"这门课程，组织编撰了校内讲义，并开始在济源职业技术学院高年级学生中开课讲授，该课程受到学生极大的欢迎，效果显著。通过普通高等教育"十一五"国家级规划教材立项，我们结合授课实践对讲义进行了修改完善，形成了本书。

本书的编写思路可以概括为"一个主旨、两项结合、模块编排、三方受益"。本书编写把现代企业文化作为一条主线，旨在培养学生的思维能力、实际运用能力和创新能力；同时将职业道德教育贯穿其中，作为课程的立足点，最终实现锻炼和提高学生的职业基本素质这一主旨。企业文化与职业道德是两个不同的范畴，如何构建、阐释两者之间的有机联系，是本书编写的难点，同时亦是本书的创新点和特色之一。本书的另一个特色当属综合性模块化编排，全书系统性强、结构清晰、层次分明，突出理论联系实际，强调核心知识点和案例学习相结合，同时各章节又相互独立、自成模块、可分可合、可先可后、可深可浅。这种风格，既便于教，也便于学，既便于"请进来"教，也便于"走出去"学，既便于讨论，也便于研究，这既符合教学规律，也符合认知规律。作为教材，本书更强调的是一种"修"与"养"的结合，化与育的并举，是一种德行内化和实践能力的全面提升。本书最后专门设计了一个学生实践内容，即每个学生针对专业实习实训，对工学结合的相关企业，进行调查评价研究，然后在教师的指导下共同完成一个综合报告，并提供给该企业。这样做一举多得、三方受益，学生可作为该课程的综合练习，获取一次实践训练；教师可作为该课程对学生的测评依据；企业可获得一个额外的研究成果。

本书由苏万益教授主编并统稿，吕玉芳副教授、菅国坤副教授、郑哲副教授任副主编。各章节编写人员如下：苏万益（前言）、孙德菅（第一章）、菅国坤和张丽英（第二章）、郑哲（第三章）、李辉（第四章）、刘红旗（第五章）、高中和（第六章）、王长坤（第七章）、吕玉芳和白世星（第八章）；张红克、孔红征、周迎春、张小波等参加了案例库的建设和部分文字编校工作；王仲英副教授和张丽英副教授始终参与了本项目的研究和编写大纲的研究制定工作。

本书在编写过程中，得到了众多专家、学者及企业人士的大力支持和指导；另外，在本书的编写和出版过程中，参考了大量文献资料和许多学者的研究成果；高等教育出版社相关同志给予了热心的帮助，在此一并致谢。

由于编者水平有限，经验不足，书中不妥和错误在所难免，敬请批评指正。

编者

2008 年 2 月

目　录

模块一
企业文化

▶ **学习目标**

知识目标： 学习并掌握企业文化的基本内涵和主要特征，了解企业文化的相关构成要素。

能力目标： 理解企业文化的主要功能，对企业文化促进企业发展的作用有充分的认识。

素养目标： 能够按照企业文化的分类，辨别不同企业的文化类型，培养探究精神和思辨意识。

▶ 学前思考

　　1987 年，43 岁的任正非集资 2.1 万元在深圳创立华为技术有限公司（以下简称华为），经过 30 多年的艰苦奋斗，华为由一个小作坊成长为全球通信技术行业的领导者和世界 500 强企业"前百强"，业务遍布全球 170 多个国家和地区，2020 年销售收入达到 8 914 亿元人民币，其中近一半的销售收入来自海外市场，创造了世界企业发展史上的奇迹。

　　但华为在这 30 多年历程中，走得并非一帆风顺，不仅长期面临来自外部的激烈竞争，还多次应对内部的转型挑战。其中，重大的转型就有从贸易代理转向自主研发、农村包围城市、开启国际化之路、发布云计算战略及调整组织架构。但从结果来看，华为的历次转型都比较成功。对于国内外众多科技巨头来说，转型并非易事，而华为为何可以实现一次次的转型升级？通过分析发现，华为持续成长的原动力很大一部分来自组织内部的文化建设。

　　比如一些大家耳熟能详的华为精神："危机意识""自我批判""开放、妥协、灰度""共享""主航道""先僵化、后优化、再固化"等。所有这些精神的背后，最核心的价值理念是"以客户为中心，以奋斗者为本，长期坚持艰苦奋斗"。

　　华为对于价值理念与文化的重视可谓到了极致，正如任正非所说："世界上一切资源都可能枯竭，只有一种资源可以生生不息，那就是文化。"

华为总部

　　探究： 为什么国内外众多大型企业和优秀的企业都如此重视企业文化？华为的成功与其企业文化有什么联系？你是如何认识和理解的？请在本模块学习中寻找答案。

学习单元一
企业文化认知

↗ 【情景导入】

文化成就张裕百年传奇

张裕（现烟台张裕集团有限公司）成立于1892年，由爱国华侨张弼士先生投资300万两白银在烟台创办，由此拉开了中国葡萄酒工业化的序幕。130多年的悠久历史，积淀厚重敦实的葡萄酒文化底蕴，张裕成为中国葡萄酒行业极具文化底蕴的强势品牌，也成就了其国内葡萄酒行业的领军地位。

张裕酒文化博物馆

"中西融合""海纳百川"是张裕传承百年的发展理念，也是张裕企业文化的核心内容。成立初期，张裕曾从国外引进了120多个优良葡萄品种，经过多次筛选，最终选育出了适合烟台土壤和气候的20多个品种。同时，在地下酒窖的设计上，张裕舍弃西方惯用的钢梁拱连、钢砖砌墙模式，改为使用中国传统的大青石拱连和石墙。

"爱国、敬业、优质、争雄"的企业精神是张裕的立业之本。孙中山先生曾为张裕题词"品重醴泉"，盛赞其产品质量极佳。自百余年前张裕创立以来，质量始终是其坚定不移的信仰和孜孜不倦的追求，实现了从创建伊始的"实业兴邦"到现在的"国家名片"，一直用最稳健的步伐践行着葡萄酒行业创新发展的使命和义务。

结合案例，请思考以下问题：

（1）你是怎样理解和认识企业文化的？

（2）企业文化与企业发展有什么样的关系？

一、文化的内涵

自从有了人类，就有了文化，人类从野蛮到文明，靠文化进步；从生物的人到社会的人靠文化教化；人们的个性、气质、情操靠文化培养；人们思想的崇高与深邃，靠文化赋予；人们的人生观、价值观靠文化确立。可见，文化是一个内涵丰富、外延宽广的多维概念。

"文化"一词在我国古代已多有典籍记载，如《易经》中有："文明以止，人文也。观乎天文，以察时变；观乎人文，以化成天下。"意思是文明使人止于应有的分寸，这是人的文饰；观察天的文饰，以明察四季时序的变化；观察人的伦常秩序，以教化天下，达到移风易俗的目的。

在当代，文化涉及的范围十分广阔，从政治、经济、艺术到科学、技术、教育、语言、习俗等几乎无所不包。文化是人类的一种生活方式，是人类在长期斗争中积累下来，并世代相传的关于如何适应环境、与自然作斗争、协调人类内部关系的行为模式。它反映了人类对于物质世界和精神世界的全部认识，并且通过人类的道德、价值、知识、信仰、风格、习惯、才能等多方面表现出来。文化也是人类区别于其他生物的标志。

拓展阅读

泰勒关于文化的定义

被称为人类学之父的英国人类学家爱德华·伯内特·泰勒，是首位在文化定义上具有重大影响的学者。泰勒对文化所下的定义是经典性的，他在《原始文化》（*Primitive Culture*）"关于文化的科学"一章中说："文化或文明，就其广泛的民族学意义来讲，是一复合整体，包括知识、信仰、艺术、道德、法律、习俗以及作为一个社会成员的人所习得的其他一切能力和习惯。"

一般来说，文化的概念有广义和狭义之分，从广义上说，文化是人类社会历史实践过程中所创造的物质财富与精神财富的总和；从狭义上说，文化是社会的意识形态以及与之相适应的组织机构与制度。它是一种历史现象，每个社会都有与之相适应的文化，并随着社会物质生产的发展而发展。作为意识形态的文化，是一定社会政治和经济的反映，反过来又作用于社会政治与经济。

通过以上分析可以看出，文化是人类改造自然、社会和人类自身活动的成果，具有民族性和理论思维性，体现了人的精神风貌、心理状态、思维方式和价值取向等。文化具有精神性、社会性、集合性、独特性及一致性、无形性、软约束性、相对稳定性等特征，其核心是人们的价值观念。

二、企业文化的内涵

知识补给
1-1：儒家
文化与企业
文化

企业文化是在一定的社会历史条件下，企业生产经营和管理活动中所创造的具有本企业特色的精神财富和物质形态的总和，它包括文化观念、价值观念、企业精神、道德规范、行为准则、历史传统、企业制度、文化环境、企业产品等，其中价值观是企业文化的核心。企业文化是一种从事经济活动组织内部的文化，它所包含的价值观念、行为准则等意识形态和物质形态在企业发展中逐渐形成并得到企业所有成员认可。进一步讲，企业文化分为广义和狭义两种，广义的企业文化是指企业物质文化、行为文化、制度文化以及精神文化的总和；狭义的企业文化是指以企业价值观为核心的企业意识形态。

⌐ 拓展阅读

用中国文化基因打造百年企业

在经济全球化的今天，优秀企业必须立足国际化、品牌化，广泛吸收优秀企业的成功经验，努力打造"百年企业"，用中国文化基因打造百年企业有以下三点举措。

1. 大志有恒，眼光放远

企业要树立远大志向，胸怀天下，不要受眼前利益的诱惑，不要被急功近利所蒙蔽，树立"愚公移山""铁杵磨针"的精神，通过持之以恒的努力，实现百年发展目标。

2. 道明趋势，把握时代脉搏

中国企业的发展要与党和国家的重要方针战略同频共振，顺时而动，敢于应对挑战。

3. 修身聚能，做好企业公民

企业要遵循"义利兼顾、以义为先"的原则，坚持企业发展和个人成长、企业效益和社会进步的和谐统一，践行责任、回馈社会，全方位彰显企业的价值。

企业文化对于组织的作用是广泛而深刻的，它既对组织能力的形成起着关键的作用，又对组织能力的发挥起着关键性的作用，同时也对组织面对环境变化和刺激的反应起着关键的作用。优秀的企业文化鼓励员工体现自我价值，勇于创新；企业文化对员工的道德标准、价值取向有着强烈的引导作用；企业文化起着凝聚人心的作用；一个具有良好企业文化的组织，在与外界的交往中带有明显的企业特色，并对外界产生辐射作用。

三、企业文化的形成与发展

（一）企业文化的形成

第二次世界大战后，日本经济迅速崛起，一些管理学家对日本企业的管理进行了研究，发现日本式管理重视做人的工作，重视价值观问题。通过进一步研究，发现这样的管理方法背后蕴含着深厚的文化底蕴。这样，原本是单纯的管理方法研究转变为企业支撑力的探讨。于是企业文化被明确地提出并越来越受到世界管理界的重视。

企业文化的诞生是从企业成立之日开始的，它的成长过程与企业的成长历程一样。不管是哪种类型的企业文化，其形成与发展必然有一定的规律。企业文化在一定的企业生态环境中生存、积累、发展和创新，慢慢形成了自己独特的结构并逐渐稳定，这就形成了企业文化的模式。企业文化形成模型如下图所示。

企业文化随着企业的发展与成长，按照一定的规律性，在不断地吸收、规范、调整、扬弃的过程中，渐渐被规范化、制度化、合理化，最终成为被企业全体员工内化于心、外化于行的文化体系。

企业文化形成模型

（二）企业文化的发展

企业文化建设一般要经历五个阶段：第一个阶段是企业核心价值观口号阶段，这一阶段中员工对企业价值观知道但并没有完全认同；第二个阶段是经过企业工作的推进，员工基本认同了企业的价值观，并已经成为企业的共同精神准则；第三个阶段是价值观指导着员工的行为，并已经成为员工工作的行为模式；第四个阶段是价值观被员工内心全部接受，员工愿意为企业无私奉献，就是说企业的价值观已成为员工的信仰；第五个阶段是员工对企业绝对忠诚。

四、企业文化的特征

企业文化是一种既时尚又实用的企业管理要素，早已成为一股国际潮流，各个企业的文化各有千秋，但也有一些共同的特征。

（一）历史性

历史性是一切社会事物的最基本属性之一。企业文化是历史的产物，必定带有历史的烙印，折射出大到一个时代、一个国家，或者一个民族、一个地域，小到一个地方区域的经济与文化特征。反之，企业文化一旦形成，也在改造着企业所处的环境，因为企业毕竟是走在时代前列的社会生活中最活跃的社会组织。

（二）人本性

企业文化关注的中心在于对企业中人的因素的管理与激发，虽然如此做的最终目标在于企业价值的顺利实现，但这并不妨碍企业以开发人的潜能为切入点的管理模式为企业带来的巨大张力。当衣食等最基本的生存需求得到满足，人们又需要满足交流的需求、给予的需求、被尊重的需求、个人价值实现的需求，等等。企业文化是一种以人为本的文化，着力于以文化因素去挖掘企业的潜力，尊重和重视人的因素在企业发展中的作用。

（三）复杂性

"世界上没有两片完全相同的树叶"，每个企业都在特定的环境中生存与发展，其所面临的历史阶段、发展程度以及本身固有的文化积淀都不相同。成功是不能复制的，企业文化也同样不能拷贝。把其他企业成功的企业文化照搬照抄、教条行事，最终只会害了企业。

（四）动态性

企业文化一旦形成，就具有在一定时期之内的相对稳定性。但随着企业的发展以及企业生存环境的变化，企业文化也会随之发生变革。优秀企业文化的发展态势呈螺旋式上升状，不断迂回、迭代式完善与发展。一个优秀企业的文化体系，会对外部因素以及新生文化因子显示出强大的吸收力、包容力与消化力，是动态开放的系统。

（五）有机性

企业文化的各个构成要素以一定的结构形式排列，各个要素相对独立，各司其职。同时，企业文化又是一个严密有序的有机结合体，由企业内互相联系、互相依赖、互相作用的不同层次、不同部分结合而成，又不断地适应环境而顺势革新。

复习与思考

请同学们课后收集整理 3~5 家本省（市）知名企业的企业文化，结合本单元所学内容，试分析其内涵与特点。

学习单元二
企业文化的构成与功能

陈李济的四百年传奇

陈李济（现广州白云山陈李济药厂有限公司）始创于1600年，至今已有400多年历史。作为南药的代表，该公司历尽沧桑巨变而屹立不倒，离不开其"济世、守正、创新、奉献、责任"的核心企业文化，这五大文化滋养并推动着陈李济发展行稳致远，成就了四百多年中药老字号传奇。

陈李济中药文化园

济世

不忘济世初心，良药美名远扬。作为中国最早的制药企业，它能历四百多年而不衰，细究其根本，就在于一个"济"字上："济"是给予，是对弱者的扶助；"济"更是目的，是陈李济人的精神追求，也是对以"仁"为核心的中华传统文明的继承和发扬。

守正

坚守"古方正药"的真材实料宗旨。"古方正药"是陈李济品质至上的制药观。所谓"古方"，就是在不断积累和传承中总结出来的经典验方；所谓"正"，就是用料必选正品一等的地道货。陈李济人坚持"火兼文武调元手，药辨君臣济世心"的工训，制药选料上乘、配方严谨、工艺精细，始终力求极致的工匠精神。

创新

紧跟时代发展，为满足消费者需求而不断创新。创立初期，陈李济首创"蜡丸"工艺，解决中药易霉变的问题。三年困难时期，陈李济将壮腰健肾丸的配方工艺无偿分享给全国各药厂，救治老百姓的肾虚水肿等疾病，同时又以文化为依托，以中医药治未病为健康理念，全方位布局了"大南药＋大健康"的双轮驱动健康产业。

奉献

以高质量党建引领企业、服务社会。陈李济具有独特的"红色基因"，以杨殷烈士为例，他是从陈李济走出来的中国工人运动先驱，经常深入药厂各车间宣讲革命道理，并将陈李济作为革命据点。

责任

以振兴老字号、弘扬中医药文化为己任。陈李济深知保护、传承和弘扬中医药文化的重要性，筹建了岭南首家中药行业博物馆，又陆续建设了多个中医药文化的社会场所与文化平台。

结合案例，请思考以下问题：

（1）企业文化建设应该从哪些方面入手？

（2）案例中的文化因素在企业发展中发挥了什么作用？

企业文化是人类文化、社会文化的一个子系统，是一种集团文化（或团队文化）、一种组织文化、一种以经营管理为本质特征的实体文化。

一、企业文化的构成

企业文化是由企业环境、企业价值观、企业英雄、企业习俗与仪式、企业文化网络五个要素所构成的，这五个要素各自的作用是不同的。企业文化作为一个系统，具有自己的要素，形成了一定的结构，并发挥着独特的功能。企业文化系统通过各要素间相互作用，成长为真正的文化。

（一）企业环境

企业环境并不是指企业的内部环境，而是指企业经营所处的极为广阔的社会和业务环境，包括市场、顾客、竞争者、政府、技术等。企业环境是形成企业文化最大的影响要素，而企业文化则是企业在这种环境中为了获得成功所必须采取的全部策略的体现。

（二）企业价值观

企业价值观是指一个组织的基本观念和信仰，它以具体的词语给职工规定出成功之路，并在组织内制定出成功的标准，而不是个别人评价是非曲直的准则。企业价值观是企业文化的核心或基石，一个企业的价值观越鲜明，其信念越强烈，就越能增强企业的凝聚力，使员工的力量都集中到企业目标上来；企业的价值观越含糊，其信念越薄弱，企业的凝聚力就越差。

🔗 拓展阅读

知名企业对价值观的描述

华为公司将公司的价值观表述为"以客户为中心、以奋斗者为本、长期艰苦奋斗、坚持自我批判"；中国工商银行将其表述为"工于至诚，行以致远"；腾讯公司将其表述为"正直、进取、协作、创造"；宜家家居公司将其表述为"一起工作、同心协力、患难与共"；通用电气公司将其表述为"坚持诚信、注重业绩、渴望变革"；宝洁公司将其表述为"领导才能、主人翁精神、诚实正直、积极求胜和信任"；丰田汽车公司将其表述为"杜绝浪费、保证质量、技术革新"。

（三）企业英雄

在具有优秀企业文化的企业中，最受人敬重的是那些集中体现了企业价值观的模范人物，也就是我们所谓的企业英雄。企业英雄是企业力量的化身，是强势文化的主角，没有英雄人物的企业文化是不完备的文化，是难以传播和传递的文化。企业英雄包括共生英雄和情势英雄，与企业一起成长和成熟的企业家和初创时期的人员往往被称为共生英雄；情势英雄大都是从实践中涌现出来的、被职工推选出来的普通人。他们在各自的岗位上做出了突出的成绩和贡献，因此成为企业的模范。

企业英雄是企业价值观的化身，是员工所公认的最佳行为和组织力量的集中体现，因而是企业文化的支柱和希望。英雄有着不可动摇的个性和作风，英雄所做的事情是人人想做而不敢做的，因而是每个遇到困难的人都想依靠的对象；英雄的行为虽然超乎寻常，但离常人并不遥远，往往向人们显示"成功是人们力所能及的"。因此，企业英雄可以使员工在个人追求与企业目标之间找到一种现实的联系；企业英雄通过在整个组织内传播责任感来鼓励雇员，其鼓舞作用不会因为企业英雄本人的去世而消失。

（四）企业习俗与仪式

企业习俗与仪式是在企业各种日常活动中经常反复出现、人人知晓而又没有明文规定的东西，它们是有形地表现出来且程式化的，显示企业内聚力程度的企业文化要素。

企业习俗就是企业的风俗习惯。企业习俗主要类型有：一是游戏（开玩笑、逗趣、即兴表演、策略判定等），它的价值是能缓和人们之间的紧张气氛，可鼓励创新活动。二是聚餐（友谊午餐、啤酒聚会），其价值是加强上下层、横向之间的联系和了解。如美国维克特公司，每星期随机从公司中挑选几名职员去饭店轮流与总裁或副总裁见面聚餐，称为"友谊午餐"。三是训人，这种教训人的习俗，是教育青年人懂得"自己的聪明才智要与对这块'土地'的熟悉程度相匹配"，要承认那些在公司里待了很长时间的人所做的贡献与聪明才智。如通用电气公司，对于拿着工程师文凭、穿着新买的西装第一次来公司上班的大学毕业生，是递给他一把扫帚，让他去扫地。

仪式是会议、活动、庆典等在一定文化背景下人们可以普遍接受的方式，和习惯紧密相连的程序。企业需要各种各样的仪式来传播和维护企业文化，将隐形的企业文化通过有形的物质形态表现出来，积极强化企业礼仪和仪式等各项行为，同时充分挖掘和发挥内部员工的积极性，为企业注入活力，如年度庆典、年终奖励活动，等等。

（五）企业文化网络

企业文化网络是指企业中虚体性的文化传播。建设良好的企业文化环境，如劳动条件、劳动保护、娱乐休息环境以及文化设施，活跃员工业余文化生活，通过丰富多彩的文化活动对非建制型的信息传播渠道大有好处。企业的本质是人类社区，员工也存在社交的要求。保持融洽的团队关系能够引发员工共同的友爱之情以及对组织的整体的认同感。海尔集团习惯用集体活动酿造团队气氛，每年的大小运动会、赴各地的文化传播队、与各地新闻媒介合办的各项活动、CEO与员工一起庆贺生日等，通过这些形式都能有效地传播和维护企业文化，提升集体奋斗取胜的精神，增强员工的团队意识。

企业文化网络是传播消息的非正式渠道，管理者必须灵活地掌握它，充分认识到它的重要性。强文化企业成功地通过开发文化网络，加强了管理者与职工的联系，形象地灌输了企业的价值观，巩固了组织的基本信念，提高了企业英雄的象征性价值，扩大了人际交流，增强了员工友谊和内部凝聚力。

海尔的企业文化

海尔集团创立于 1984 年，是全球领先的美好生活和数字化转型解决方案服务商。在持续创新创业过程中，海尔始终坚持"人的价值最大化"为发展主线，始终以用户体验为中心，踏准时代节拍，从濒临倒闭的集体小厂发展成引领物联网时代的生态型企业。

企业环境

（1）严格执行国家法律法规，接受政府的监督管理。

（2）真诚为消费者提供高质量、安全、经久耐用的商品和优质的服务。

（3）与商业伙伴真诚合作，努力实现双方利益的最大化。

（4）公众的理解和支持为企业的发展创造了良好环境。

（5）以员工为最大财富，为员工发展搭建发展平台。

（6）创全球品牌，卓越经营，确保股东利益。

企业价值观

海尔的价值观已发展到第四代，海尔的第四代精神为诚信生态、共赢进化，海尔的第四代作风为人单合一、链群合约。第四代海尔精神、海尔作风与第三代海尔精神、海尔作风区别在于：共享平台升级为共赢进化，小微引爆升级为链群合约。共赢进化，就是和用户一起进化，体现着区块链去中心化的特征。去中心化之后，用户可以信任企业，是因为客户和企业共赢进化。

企业英雄

众所周知，海尔的舵手是张瑞敏，是他带领海尔从一家濒临倒闭的集体小厂发展成为全球知名的跨国集团。张瑞敏用品牌和模式两大制胜法宝，创造了"海尔神话"。作为中国企业质量管理的先锋人物，张瑞敏在创业初期就重视质量管理，带头把 76 台有质量缺陷的冰箱全部砸烂，把质量意识砸成了为用户提供最优产品的观念。他所领导的海尔在 30 多年的发展中，创造了民族品牌崛起于世界品牌之林的传奇。

企业习俗与仪式

海尔推行全面质量（OEC）管理法。OEC 管理强调将公司的工作落实到每个人、每一天、每一项的工作上，并及时检查调整。具体来说，就是每天的事都有人来管，即"总账不漏项、事事有人管、管事凭效果、管人凭考核"d 的方法。OEC 管理的精髓在于将"日事日毕，日清日高"深化，做到企业信息化管理。一方面，这要求企业有良好的目标分解机制，另一方面，又需要员工树立良好的个人工作管理意识。

企业文化网络

创业伊始，海尔提出"真诚到永远"的理念，以高质量、高品质实现企业对用户的诚信承诺。1985 年"砸冰箱"砸出质量意识，1988 年，斩获中国电冰箱史上的第一枚"金牌"，20世纪90年代推出了"送装一体"的星级服务，海尔以差异化的产品和服务，树立起中国家电的国际化品牌。进入互联网时代，海尔探索从传统的科层制企业转型成为共创共赢的创业企业，让每个创客能够与"用户零距离接触"，打造了互联网时代的诚信品牌。

二、企业文化的功能

企业文化管理作为一种新的管理方式，不仅强化了传统管理方式的一些功能，而且还具有很多传统管理方式不能完全替代的功能。

（一）导向功能

企业文化能对企业整体和企业每个成员的价值取向及行为取向起导向作用。这是因为一个企业的企业文化一旦形成，它就建立起了自身系统的价值观和规范标准，如果企业成员在价值和行为取向上与企业文化的系统标准产生悖逆现象，企业文化会进行纠正并将其引导到企业的价值观和规范标准上来。

（二）凝聚功能

企业文化的凝聚功能是指当一种价值观被企业员工共同认可后，它就会成为一种黏合力，从各个方面把其成员聚合起来，从而使企业产生一种巨大的向心力和凝聚力。在特定的文化氛围之下，全体员工通过切身感受，产生出对本职工作的自豪感和使命感。

（三）激励功能

企业文化能够创造出尊重人、理解人、关心人的氛围，激发和调动全体成员的积极性和创造性，使员工团结在一起，为实现企业目标而拼搏。企业文化具有使企业成员从内心产生一种高昂情绪和奋发进取精神的效应。企业文化把尊重人作为中心内容，以人的管理为中心。企业文化给员工多种需要的满足，并能对各种不合理的需要进行约束调节。企业文化中积极向上的思想观念及行为准则，会形成强烈的使命感、持久的驱动力，成为员工自我激励的一把标尺。

（四）约束功能

企业文化对企业员工的思想、心理和行为具有约束和规范作用。通常情况下，企业员工会自觉接受文化的规范和约束，按照企业价值观的指导进行自我管理和控制，使其符合企业价值观念和企业发展的需要。企业文化的约束不是制度式的硬约束，而是一种软约束，这种约束产生于企业的文化氛围、群体行为准则和道德规范。群体意识、社会舆论、共同的习俗和风尚等精神文化内容，会造成强大的使个体行为从众化的群体心理压力和动力，使企业成员产生心理共鸣，继而达到行为的自我控制。

（五）调节优化功能

企业文化能起到优化精简组织机构、简化管理过程的作用，甚至可以优化经营决策。它始终把企业的价值观看作是引导企业经营决策的最终依据和衡量决策方案优劣的最终尺度。另外，在企业文化的作用下，全体成员有共同的价值观和语言，互相信任、理解，能进行充分交流，在工作中形成良好的人际关系等。

（六）品牌功能

企业文化和企业经济实力是构成企业品牌形象的两大基本要素，它们是相辅相成的。企业品牌展示一个企业的形象，企业形象是企业经济实力和企业文化内涵的综合体现。评估一个企业的经济实力如何，主要看企业的规模、效益、资本积累、竞争力和市场占有率等。企业文化是企业发展过程中逐步形成和培育起来的具有本企业特色的企业精神、发展战略、经营思想和管理理念，是企业员工普遍认同的价值观、企业道德观及其行为规范。企业文化（软件）与企业经济实力（硬件）具有紧密关联性，无论是世界著名的跨国公司，还是国内知名的企业集团，都具有独特的企业文化和强大的经济实力。品牌的价值是时间的积累，也是企业文化的积累，是企业长期经营与管理积累的价值所在。

（七）辐射功能

企业是社会的细胞，企业文化不仅在企业内部发挥作用，对本企业职工产生影响，而且也会通过各种渠道（宣传、交往等）对社会产生影响。企业文化的传播对树立企业在公众中的形象很有帮助，对全社会的精神文明建设和社会风气的持续向好，产生积极的影响和促进作用。

🔗 拓展阅读

海尔砸冰箱

1985 年，是张瑞敏出任海尔的前身——青岛电冰箱总厂厂长的第二年。一天，一位朋友要买台冰箱，结果挑了很多台都有毛病，最后勉强拉走一台。朋友走后，张瑞敏派人把库房里的 400 多台冰箱全部检查了一遍，结果发现共有 76 台存在各种各样的缺陷。张瑞敏把职工们叫到车间，问大家怎么办？多数人提出，也不影响使用，便宜点儿处理给职工算了。当时一台冰箱的价格 800 多元，相当于一名职工两年的收入。张瑞敏说：“我要是允许把这 76 台冰箱卖了，就等于允许你们明天再生产 760 台、7 600 台，甚至更多这样的冰箱。”他宣布，这些冰箱必须全部砸掉，谁生产的谁来砸，并抡起大锤亲手砸了第一锤。结果，一柄大锤把 76 台冰箱砸得稀巴烂，很多职工当场流下了痛心而懊悔的眼泪。但是，正是那声声振聋发聩的巨响，唤醒了海尔人的质量意识。

从此，在家电行业，海尔人砸毁 76 台不合格冰箱的故事被传播开来。三年后，海尔人捧回了中国冰箱行业的第一块国家质量金奖。而至于那把著名的大锤，海尔人已把它摆在了企业展览厅里，让每一个新员工参观时都牢牢记住它。海尔砸冰箱，这充分说明了民族企业对于质量、信誉、诚信的把关。守住自己的操守，就是守住企业的品牌、企业的信誉、企业的财富。1999 年，张瑞敏在上海《财富》论坛上说：“这把大锤对海尔今天走向世界，是立了大功的！可以说，这个举动在中国的企业改革中，等同于福特汽车流水线的改革。”

海尔砸冰箱事件在员工心中树立起了"质量第一"的观念，让员工深刻意识到"质量是产品的生命，信誉是企业的根本"，不要以小利而毁掉企业文化和社会地位。这次事件对海尔的企业文化建设、品牌塑造，以及企业的发展起到重要的推动作用。

上述企业文化的几个功能，在实际中不是单项地表现出来，而是综合地、整体地产生作用。在不同的企业文化中，其功能的表现重点不同。

知识补给
1-2：企业
文化的重要
性

复习与思考

有人说：企业文化与企业成功没有必然联系，很多企业都是从小规模逐步发展壮大的，也就是说企业成功之后才形成了企业文化，所以，没有企业文化也能成功。你认可这一观点吗？通过本单元的学习，请谈一谈你的想法。

学习单元三
企业文化的分类

【情景导入】

中国企业文化的"动物世界"

新华信正略钧策管理咨询发布过一份《中国企业长青文化研究报告》，该报告将挑选出来的 34 家中国优秀企业，依据其公司氛围、领导人、管理重心、价值取向等四方面的文化特征，类比动物的运动特性而呈现出了具有自然崇拜的四种文化：象文化、狼文化、鹰文化、羚羊文化，以"图腾文化"展现了企业成功的文化轨迹和性格魅力。

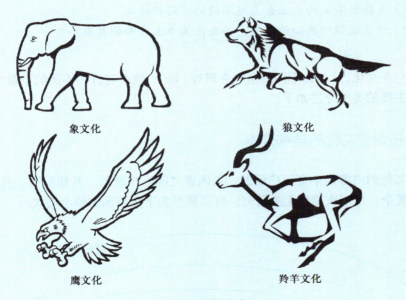

象文化　　　　　　　　　　狼文化

鹰文化　　　　　　　　　　羚羊文化

企业文化仿生学

象文化——人本型企业文化：尊重、友好

象文化在中国企业里表现出这样的特征：企业的工作环境是友好的，领导者的形象犹如一位导师，企业的管理重心在于强调"以人为本"，企业的成功则意味着人力资源获得了充分重视和开发。这类企业以万科、青啤、长虹、海信、远东、雅戈尔、红塔、格兰仕、三九和波司登为代表。

狼文化——活力型企业文化：强者、冒险

狼有着强烈的危机感，生性敏捷而具备攻击性，重视团队作战并能持之以恒。在狼文化企业里，员工充满活力、富于创造性；领导者往往以革新者和敢于冒险

的形象出现；企业看重在行业的领先位置；而企业的成功就在于能获取独特的产品和服务。华为、国美、格力、娃哈哈、李宁、比亚迪、复星、吉利都是中国企业狼文化的典型代表。

鹰文化——市场型企业文化：目标、绩效

鹰文化的企业氛围是以结果导向的，领导以推动者和出奇制胜的竞争者形象出现。企业靠强调"胜出"来凝聚员工，企业的成功也就意味着高市场份额和拥有市场领先地位。这类企业以联想、伊利、TCL、平安、光明、春兰、喜之郎、小天鹅、雨润、思念为代表。

羚羊文化——稳健型企业文化：温和、敏捷

羚羊的品性是在温和中见敏捷，能快速反应但绝不失稳健。这类企业以海尔、中兴、苏宁、美的、汇源、燕啤为代表。由于以追求稳健发展为最大特征，因此企业工作环境规范，员工的规则意识、执行力良好。企业的成功往往凭借可靠的服务、良好的运行和低成本。

结合案例，请思考以下问题：

（1）为什么不同的企业会出现不同的"动物特征"？

（2）请说说你所熟知的企业，其文化属于上述哪种类型？

对于企业文化，从各种不同的角度去研究、划分，就会有许多不同的企业文化类型，现就几种主要的类型分述如下。

一、按企业文化的结构分类

企业文化的内容是丰富而广泛的，各因素之间互相联系、互相渗透、互相牵制，相互关系复杂，从层次结构上去研究，可以概括为下图所示的四个层次。

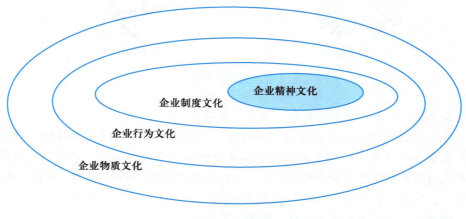

企业文化结构图

（一）企业物质文化

企业物质文化是企业文化的最表层部分，是形成制度层和精神层的条件，主要指厂容厂貌小环境、产品的外观包装、企业技术设备特征等以及员工和典型人物的形象等方面。它是一种以物质为形态的静态表层企业文化，是企业行为文化和企业精神文化的显现和外化结晶。

（二）企业行为文化

企业行为文化是企业员工在生产经营、学习、娱乐活动中产生的一种活动文化，是企业文化的基本层次，包括企业经营、教育宣传、人际关系活动、文娱体育活动等。从人员结构上划分，包括企业家的行为、企业模范人物的行为、企业一般员工的行为。企业行为文化是企业人员在生产经营、人际关系中产生的活动文化，以动态的形式存在。

（三）企业制度文化

企业制度文化是企业文化的中间层次，主要是指企业的各种规章制度和企业员工对这些规章制度的认同程度，也包括企业的组织结构。

（四）企业精神文化

企业精神文化指企业价值观、企业目标、企业经营哲学、企业伦理道德、企业精神和风尚等，是企业文化深层次的文化，具有隐性的内核，决定了制度文化和物质文化，指导着行为文化，是形成企业文化其他各层次的基础和原则。

二、按企业发展阶段分类

从企业发展阶段上，可以把企业文化划分为成长型文化、成熟型文化和衰退型文化。

知识补给1-3：不同的动物文化引发的各阶段企业文化思考

（一）成长型文化

成长型文化是一种年轻的、充满活力的企业文化类型。企业文化的发育状态一般是和企业发展状态相适应的。在企业创业时期、企业经营迅速发展时期，企业中各种文化相互抗衡，表现出新文化不断上升的态势，在内外经营环境的作用下，企业被注入了很多新的观念、新的意识和新的精神，如勇于创新、竞争和积极开拓进取等。此时企业的盈利状况呈现一种日益上升的趋势，前景看好，所以，新文化对员工表现出很大的吸引力和感召力。但是由于成长型企业文化所面对的外部市场环境急剧变化，企业内部人员、结构、制度以及经营模式尚未定型，因此这种文化类型是不稳定的，如果不善于引导和培育也会出现偏差。

（二）成熟型文化

成熟型文化是一种个性突出而且相对稳定的企业文化类型。一般来讲，企业发展进入成熟期，经营规模稳定，人员流动率降低，内部管理运行状态良好，企业与社会公众的关系也调试到了正常状态，与之相适应的企业文化也进入了稳定状态，并且经过企业长时期文化的冲突与整合，个性特征也越来越鲜明，企业的主导文化已经深入人心，形成了诸多的非正式规则和强烈的文化氛围，此时企业的规章制度顺理成章，政令畅通无阻，企业文化的发展进入了黄金时期。但是，成熟型的企业文化具有某种惯性和惰性，往往会阻碍企业文化的进步。

（三）衰退型文化

衰退型文化是一种不合时宜、阻碍企业进步的企业文化类型。企业文化从成长到成熟再到衰退是必然的，衰退型的企业文化意味着已经不适应企业进一步发展的需要，急需全面变革和更新。企业发展到一定阶段，当市场发生渐变或突变时，传统的经营方式和管理方式面临着巨大的挑战，而与传统的市场及经营管理方式相适应的企业文化也就成为衰退型企业文化。这种文化如果不能随着企业环境的变化积极地进行创新，就可能成为企业发展的最大障碍，或是导致企业走下坡路直至被市场淘汰的根本原因。

三、按应对市场表现形式分类

企业文化的类型，取决于企业经营活动的风险程度和企业业绩效益的反馈速度。以下为由市场环境决定的四种文化类型。

（一）强人文化

强人文化形成于高风险、快反馈的企业，如建筑、整容、广告、影视、出版、体育运动等方面的企业。这类企业有点类似于外科手术和警察工作，风险很大，绩效反馈极快。如拍一部电影或出版一套世界性丛书，要承担耗资数千万美元的风险，是否卖座或畅销在一年内就一目了然。

强人文化对人的要求是：必须坚强、乐观，保持强烈的进取心，树立"寻找山峰并征服它"的牢固信念。否则，就不可能大胆地和别人（包括比自己职位高的人）竞争，不可能迅速决策和承担可能很快就被证明是失误的风险，从而也就不可能在这类企业中立足。

强人文化的特征是崇尚个人明星、机遇扮演重要角色、把仪式变成迷信。强人文化的优点是能够适应高风险、快反馈的环境，以承担风险为美德，勇于竞争，对过失不追究并承认其价值，从而不断推动行业前进。其缺点是短期行为压倒一切；争当个人明星，置企业精神于脑后；把仪式变成迷信，培养向错误学习的倾向；容忍暴躁易怒行为，导致不成熟。

（二）"拼命干、尽情玩"文化

这种文化形成于风险极小、反馈极快的企业，如房地产经纪公司、计算机公司、汽车批发商、大众消费公司等。这些行业生产与销售的好坏，很快就能知道，但真正的风险并不大。就生产来说，由于有足够的核查和平衡手段，出了差错可以很快纠正；就销售来说，因产品是必需品，一次销售不佳并不损害大局，只要多到顾客中去走走，多打打电话，销售量总可以上去。

这种文化对人的要求就是：干的时候拼命干，玩的时候尽情玩，对人友好，善于交际，树立"发现需要并满足它"的牢固信念。

这种文化的特征是：注重工作数量、崇尚优胜群体、着迷于更有刺激性的活动，如汽车竞赛会、每周啤酒聚会、各种年会等，这些仪式化了的活动，充满了既不担忧也不迷信的气氛。

（三）攻坚文化

攻坚文化形成于风险大、反馈慢的企业，如石油开采、航空航天方面的企业，往往一个项目就得投资几百万美元甚至几亿美元，但需要几年的时间去开发、研究和试验，才能判断其是否可行。

攻坚文化对人的要求是：凡事应该仔细权衡和深思熟虑，一旦下定决心，就不要轻易改变初衷，而要坚定并善于自我激励，即使在没有或几乎没有反馈的情况下仍然具有实现远大志向的精力和韧性。

攻坚文化的特征是：崇尚创造美好的未来；权威、技术能力、逻辑和条理性扮演重要角色；在长期得不到反馈的情况下，那些曾经证明自己是正确的权威，自然赢得了很多人的尊敬，成为困难时期的心理支持；逻辑和技术能力，是说服人们去创造未来的力量；以企业例行会议为主要仪式，决策自上而下进行，不能容忍不成熟的行为。

攻坚文化的优点是完全适应于高风险、慢反馈的环境，可造就高质量的发明和重大的科学突破，从而推动国民经济向前发展；其缺点是有时慢得很可怕，缺乏激情。

（四）过程文化

过程文化形成于风险小、反馈慢的企业，如银行、保险公司、金融服务组织、公共事业公司以及受到严格控制的药品公司等。这类企业所进行的任何一笔交易，都不太可能使公司破产，而这里的员工几乎得不到任何反馈，他们写的备忘录和报告似乎消失得无影无踪。

过程文化对人的要求是：遵纪守时，谨慎周到。

过程文化的特征是：崇尚过程和细节，严格按程序办事而不过问其在现实世界中的意义；小事扮演重要角色，一个电话、一段新闻摘录、一份部门首脑的近期备忘录，都会小题大做；仪式体现严格的等级观念，连办公设施也严格按照一个人的等级升迁而及时调换。

过程文化的优点是有利于稳定，缺点是过于保守。

以上四种文化类型的划分是理论上进行规范的结果。任何一个企业不会完全属于某一个类型，往往是四种类型的混合：市场部门是强人文化，销售部门和生产部门是"拼命干、尽情玩"文化，研究和发展部门是攻坚文化，会计部门则是过程文化。就强文化企业来说，它们往往善于将这四种文化类型中的最优因素艺术性地融为一体，因此，当环境因素不可避免地发生变化时，这些企业仍然能够正常地运转，甚至取得更大的绩效。

复习与思考

结合本单元所学内容，假设你是一家企业的总裁，你希望自己的企业具有怎样的企业文化？

学习单元四
企业文化与企业发展

"胡润排行榜"背后的故事

胡润，1970 年出生于卢森堡，英国注册会计师，著名的《胡润百富》（*Hurun Report*）创刊人。1999 年推出中国第一份财富排行榜"百富榜"，这种张扬的"百富榜"从一出现就因新奇而成为舆论的宠儿，数年如是，长盛不衰，创榜人胡润本

胡润百富
HURUN REPORT
《胡润百富》标志

人也因此声名大噪。十几年后的今天，财富排行战火愈演愈烈，他的名字甚至成了连孩子都知道的品牌。胡润也被公认为是研究中国民营经济的"教父级"人物。

胡润在接受知名媒体采访时，讲过这样一个故事：我做中国大陆富豪排行榜的时候，有个企业家我追了他一年半，他一直不愿意跟我见面，后来总算得以成行。这个人跟我见面时比较严肃，他说，"因为你，我要多花 350 万元人民币纳税"，我当时不知道怎么回答。他又跟我说，"但是我要谢谢你，我们想做长期、稳健的企业，我现在缺的正是企业文化"。

结合案例，请思考以下问题：

（1）这位企业家为什么认为重视企业文化比交 350 万元税费更重要？

（2）为什么优秀公司重视企业文化？

（3）为什么说越重视企业文化建设的企业才能走得越远？

企业文化是企业在生产经营活动中形成的，为全体成员所认同的价值观、企业精神、伦理道德、风俗习惯、行为方式等意识形态和物化精神的总和。职业道德是指人们在一定的职业活动中应遵循的、体现一定职业特征的、调整职业关系的职业行为准则和规范。企业文化是职业道德的蕴涵和背景，职业道德是企业文化的核心与精华。企业文化旨在以文化人，职业道德旨在以德育人。两者旨归相同，相互依存、相互渗透、相辅相成、相互融合，异曲同工、殊途同归，具有化育合一的功效。

从企业发展的动力来看，资本、人力资源、技术、管理和制度，都是企业发展的竞争力。但是，近些年来的研究发现：企业增加资本投入、引进人才和技术、借鉴先进的管理方法和管理制度，给企业所带来的发展并不长久；而唯有企业文化，才是企业持续发展的核心竞争力和最终动力之源。

一、企业文化是企业的核心竞争力

美国著名企业文化专家埃德加·沙因在《企业文化与生存指南》（*The Corporate Culture Survival Guide*）一书中指出："大量案例证明，在企业发展的不同阶段，企业文化再造是推动企业前进的原动力，企业文化是企业的核心竞争力。"

企业文化之所以成为企业的核心竞争力，原因如下：

首先，从功能上看，企业文化具有导向、凝聚、激励、约束和调节优化的功能。企业文化功能的发挥，产生企业文化力，而企业文化力就是企业的核心竞争力。其一，核心价值观的稳定性，决定了企业文化具有引导企业发展方向的作用；企业有了明确的发展方向，也就有了长远的奋斗目标和动力。其二，企业文化在企业与员工之间建立起稳定的心理契约。它能使不同专业、不同岗位的员工，依照这一心理契约，相互默契地配合。它能形成协同效应，减少管理成本、生产成本和交易成本，从而增强企业的整体实力和竞争力。其三，企业资源整合优化的关键是人，是人的思路，是人的价值观。而企业文化中的核心价值观，能把员工个人的价值观有效地整合为企业整体的价值观；能把员工个人的目标，有效地整合为企业整体的目标；能把员工个人的发展与企业整体的发展，有效地结合起来；能把个人的奋斗力量，有效地整合为企业整体的战斗力。因此，企业文化是企业的核心竞争力。

其次，从特征上看，企业文化具有核心竞争力的特征。一是如果一项能力能够被竞争对手模仿或复制，那么，这种能力就不能被称为核心竞争力。而企业文化中的核心价值观，是难以模仿和替代的，因此，企业文化是企业的核心竞争力，它能给企业带来持久的发展和竞争优势。二是企业文化具有整体性和持久性，它所解决的既不是个人和局部的问题，也不是短期的发展问题，而是解决企业整体和全局的发展及持续发展的问题。三是企业文化的价值性表现在企业生产的产品所包含的文化内涵所带给消费者的文化享受，让消费者在消费中获得更多的实惠和消费剩余，从而赢得消费者的认可和忠诚。这些特征都充分证明，企业文化是企业的核心竞争力。

最后，从企业文化与企业发展的关系看，企业文化之所以能够促进企业健康持续发展，原因在于企业文化中蕴涵着一种无穷的力量——"文化力"。通用电气公司前首席执行官杰克·韦尔奇说过："健康向上的企业文化，是一个企业战无不胜的动力之源"。哈佛大学教授特伦斯·迪尔和麦肯锡咨询顾问爱伦·肯尼迪合著《公司文化——企业生存的习俗和礼仪》（*Corporate Cultures: The Rites and Rituals of Corporate Life*）一书中指出："我们希望能向读者们灌输企业生活中的一条新定律——文化中存在力量。"这里所说的"文化中存在力量"，就是现在人们所说的"文化力"。

我国著名经济学家于光远教授认为："关于发展，三流企业靠生产，二流企业靠营销，一流企业靠文化。"

我国著名学者贾春峰教授（被誉为中国研究"文化力"的第一人）指出：21世纪的经济赛局，将在很大程度上取决于"文化力"的较量。他认为，文化力是指文化的力量，包括智力因素、精神理念、价值观、道德伦理等方面内容。经济与文化的"一体化"是现代市场经济的大趋势，商品中的文化含量和附加值越来越高，文化因素在经济发展中的作用日趋显著。

"文化力"就是各种文化因素在促进和推动生产力发展中的内动力，是人们改造和征服自然的文化力量。对企业来说，它是使整个企业在市场竞争中保持优势，促进和推动企业蓬勃发展的内动力。可以说，"文化力"是一个企业发展的灵魂，是一个企业生命力的源泉。

拓展阅读

知识补给
1-4：对比华为，看海底捞企业文化的可改进之处

知名企业家谈企业文化

艰苦奋斗是华为文化的魂，是华为文化的主旋律，任何时候都不能因为外界的误解或质疑动摇华为的奋斗文化，任何时候都不能因为华为的发展壮大而丢掉华为的根本——艰苦奋斗。

——华为公司创始人　任正非

理念的领先几乎决定企业的命运，可以这样讲，没有思路就没有出路。海尔文化没有一件事是多么深奥，也没有一件事是多么难做的。

——海尔集团董事局主席兼首席执行官　张瑞敏

企业家的行为准则是以敬天爱人，作为自己的行为准绳。敬天就是遵纪守法，尊重你所在地的地方政府的管理。爱人就是尊重所有的客户，包括我的员工、供应商、物流。贤者，预变而变。智者，知变则变。

——福耀玻璃工业集团股份有限公司创始人　曹德旺

讲到技术创新、讲到人才，就是高薪，说给高薪就能有人才。但我觉得人才首先要有精神，这是要具备的条件……要有很好的企业文化，给他这样的氛围，我们有 8 000 多个技术开发人员，年龄在 30 岁以下，基本上是高校毕业后在我们这里培养出来的。他们接受了企业文化，愿意为社会做贡献，创造价值，走出去很自豪，我们会给他们创造环境和提供好的条件。

——珠海格力电器股份有限公司董事长兼总裁　董明珠

二、企业文化是企业的精神支柱

企业文化内生于企业的发展过程之中，它与企业的发展形成相互促进的互动关系。一方面，企业文化在发展过程中，为全体员工所认同，并内化为员工的思维方式与行为方式；另一方面，企业文化是企业发展的内在动力，它对员工有很强的凝聚作用，能够极大地调动员工的积极性、主动性和创造性，对企业发展的推动作用是巨大的、长远的。

（一）企业文化是激活企业发展其他因素的关键

如前所述，企业文化是企业发展的核心竞争力，而从企业文化与企业发展的其他因素之间的互动关系来看，企业文化则是激活其他因素的关键所在。

一方面企业文化是激活人才潜能的关键，它通过人的思维、思想、精神来起作用。如果说市场竞争中人才是关键，那么，把人才凝聚起来并激励他们努力工

作的关键，是企业文化。另一方面，企业文化也是激活其他生产要素的关键，其他生产要素在企业文化的统领下才能发挥最佳效果。因为，要让复杂的企业系统内的各子系统步调协同、行动统一、力量凝聚，必须有统一的思想理念来指挥协调，而企业文化就是这个指挥协调的中枢。因此说，企业文化是企业的灵魂，是企业发展的关键因素。

（二）企业文化影响决定企业的长期绩效

影响企业经营绩效的因素有许多，但在诸多因素中，文化因素起着关键性决定作用。美国哈佛商学院两位著名教授约翰·科特和詹姆斯·赫斯克特在其合著《企业文化与经营业绩》（*Corporate Culture and Performance*）中指出："企业文化对企业的长期经营绩效有重大的作用。在下一个 10 年内，企业文化很可能成为决定企业兴衰的关键因素。"他们通过长达 11 年对 22 个行业中 207 家企业进行跟踪考察研究，最后得出结论：重视企业文化的公司，在总收入、企业员工数量、公司股票价格和公司净收入方面，都有很大增长；而不重视企业文化的公司，在上述各方面增幅则很小。

从企业文化角度分析，导致企业经营绩效差异的原因有三个方面：一是企业文化能使员工目标一致，企业文化为员工指明了努力的共同目标和明确方向，使员工步调一致，增强了凝聚力；二是良好的企业文化能营造出良好的工作氛围，能激发和调动员工的积极性和工作热情，充分发挥其潜能；三是建立在良好企业文化基础上的组织机构和管理体系，能够有效地避免官僚主义，促进有效沟通，从而促进企业经营绩效的持续增长。

（三）企业文化决定企业兴衰成败

企业文化是企业发展的灵魂，是企业发展的核心竞争力，决定着企业的兴衰成败。

IBM 咨询公司曾在 1993 年到 1995 年间，对《财富》（*Fortune*）世界 500 强排行榜中的 37 家企业进行的调查研究显示：一个企业的文化，直接影响着它的命运。也就是说，重视企业文化，并在企业内部形成良好融洽的企业文化氛围的企业，其活力和发展潜力都很好。而那些短期趋利的企业，则容易出现生产、管理和理念上的种种问题，而使企业陷入困境。企业文化是每个成功企业所必有的理念，它在市场大潮中发挥着无可替代的作用，并对企业的发展产生深远的影响。

美国盖洛普咨询公司则经过长期调查研究发现，有竞争力的企业，尤其是核心竞争力强的企业，特别关注三个关键问题：一是顾客忠诚度的高低和忠诚群体的大小；二是员工忠诚度的高低和忠诚群体的大小；三是品牌影响力的大小。这三个关键问题决定了企业的命运，而决定企业能否解决好这三大关键问题的恰恰是企业文化。

前文提到的《公司文化——企业生存的习俗和礼仪》一书中指出：一个组织的文化影响着公司的政策、决策、公众活动，因而对企业的成功具有重大影响。企业文化影响决定着企业的兴衰成败。

拓展阅读

世界500强企业成功的基石

美国兰德公司、麦肯锡公司等国际管理咨询公司的专家通过对全球优秀企业的研究，得出的结论认为，世界500强企业胜出其他企业的根本原因，就在于其善于给企业文化注入活力，一流企业的企业文化同普通企业的企业文化有着显著的不同，它们最注重四点：一是团队协作精神；二是以客户为中心；三是平等对待员工；四是激励与创新。

凭着这四大支柱所形成的企业文化力，这些一流企业保持百年不衰。在大多数企业里，实际的企业文化同其希望形成的企业文化出入很大，但对那些杰出的企业来说，实际情况同理想的企业文化之间的关联却很强，它们对企业的核心准则、企业价值观始终坚守，这可以说是这些世界最受推崇的企业得以成功的一大基石。

复习与思考

请结合本单元所学内容，就你所了解或熟悉的某一企业，谈一谈你对企业文化的认识。

思政润心

企业文化搭台　思政工作花开

作为思想政治工作与现代企业管理有机结合的重要形式，企业文化影响着员工的文化素养和道德水准，是创新思想政治工作的重要载体。企业文化对内能形成凝聚力、向心力和约束力，形成企业发展不可或缺的精神力量和道德规范，能使企业产生积极的作用。企业必须结合自身发展实际，强化企业文化建设，强化思想政治工作的时代性、先进性，凝练企业精神，塑造企业形象，把企业文化建设作为推进思想政治工作的有力抓手。

思想政治工作与企业文化建设相辅相成

对于任何企业，开展思想政治工作和企业文化建设都是意识形态建设，两者的一致性在于其初衷都是提升人、教育人和激励人，目的都是为了提高员工的思想道德素质、调动员工的工作积极性，推动企业生产经营的顺利开展和稳步提升。思想政治工作与企业文化建设都是一种"软"性工作方式，主要从员工的思想、觉悟以及精神等方面进行意识形态教育，引导员工向着同一目标奋进。思想政治工作是企业文化建设的重要基础和根本保证，而企业文化是思想政治工作的有力手段和有效途径。

思想政治工作与企业文化建设相伴相生

企业党建工作的思想政治工作、群众工作、党员教育工作等能够为企业文化建设提供坚强的组织保证和政治保证，保证企业文化建设朝着健康的方向发展。加强企业文化建设有利于促进企业党建工作的开展。企业文化的建设和沉淀，能为企业创造良好的工作氛围，形成团结向上的凝聚力和精神风貌，为企业党建工作的开展奠定良好的基础。通过文化理念的宣传、学习和践行，使员工产生对企业的认同感、对本职工作的自豪感和对企业的归属感。在良好的精神氛围中，党的方针、政策和主张，能够获得员工的理解和支持，并得以贯彻执行。

总而言之，企业文化建设是企业发展的永恒主题，也是做好企业思想政治工作的重要举措。只有不断创新企业文化建设，实现与企业思想政治工作的高度融合，才能使企业在竞争中充分彰显出核心竞争力。

深思启慧　同仁堂的成功之道

自我检测　交互式自测题

新员工入职的企业文化培训

【实训背景】

任何企业在新员工入职时，都会对新员工进行入职培训，其中，企业文化的培训都会是入职培训的重要内容。对于很多没有工作经验的新员工来讲，企业文化是比较陌生的。众所周知，第一印象十分重要，新入职员工职业生涯的那张白纸会被描绘成什么样子，新员工对企业文化的认知会影响其整个职业生涯。因此，企业对新员工入职时的企业文化培训至关重要。

【实训目标】

1. 通过模拟新员工培训，使参训学生掌握企业文化的含义、要素和特征。

2. 通过培训的方式，使被培训"新员工"熟悉本企业的文化，使全体参训学生掌握企业文化的功能和分类。

3. 使参训学生以不同角色全面感受企业文化，了解企业文化是如何构建、推广和应用的。

【实训组织】

1. 教师提前拟定好国内外知名企业名单供学生选择，参训学生需要提前了解所选企业的相关文化，拟定培训内容、培训流程，尽量做到所选企业真实培训场景的嵌入。

2. 实训地点自选，学生按 5~8 人分组，提前分配好企业领导、培训主管、新员工等角色并进行课前排练，如需简单道具可提前准备。

3. 实训过程要严肃认真，教师不提问、不打断。结束后，教师从专业角度进行综合评析。

4. 如具备条件，可全程录像，教师在点评中可依据视频进行知识点的巩固和教授。

【实训考评】

效果评价表

考评人		被考评人		
考评时间		考评地点		
考评内容		新员工入职的企业文化培训		
考评标准	内容		分值/分	评分/分
	对所选企业的文化了解情况		30	
	培训的设计、内容、效果等		40	
	实训过程中角色演绎情况		15	
	实训报告整体情况		15	
	合计		100	

模块二
职业道德

▶ **学习目标**

知识目标：明确职业道德对企业发展的重要作用，掌握现代企业员工必须具备的相关职业道德。

能力目标：明晰员工素质、职业道德与企业发展之间旨归同向、相辅相成的关系，提升对企业文化与职业道德相互作用的重要性认识。

素养目标：掌握企业文化与职业道德、行业文化与职业道德的关系，且熟知两组关系的异同。建立正确的职业道德观，做有职业道德的新时代建设者。

▶ 学前思考

　　2019年5月17日正式在美国纳斯达克挂牌上市的瑞幸咖啡（中国）有限公司（以下简称瑞幸咖啡）却在2020年4月2日发布公告，承认虚假交易22亿人民币，股价暴跌80%，盘中数次暂停交易。4月5日，瑞幸咖啡发布道歉声明。5月19日，瑞幸咖啡发布公告，表示收到了纳斯达克要求公司摘牌的通知。6月27日，瑞幸咖啡发布退市声明，表示将于6月29日在纳斯达克停牌，并进行退市备案。从自爆造假到退市，只用了2个多月时间。

　　美国资本市场的监管之严，显然大大超出了瑞幸咖啡董事长陆正耀的预期。2020年4月2日，瑞幸咖啡自爆造假引发股价暴跌，市场一片哗然，陆正耀第二天在朋友圈表示"今天更要元气满满"。一个多月之后，收到纳斯达克的退市通知书，陆正耀表示，"过去的一个多月，我一直处于深深的痛苦和自责之中，夜不能寐。"美国资本市场只用了一个多月的时间，就让瑞幸董事长从"元气满满"变成了"夜不能寐"。

　　当时陆正耀表示，"公司如果退市，面临的困难和压力必将继续加大，但不论怎样，我都会倾尽全力维持门店运营，竭尽所能挽回股东损失，让瑞幸这个品牌能够走下去。"从纳斯达克退市，想要继续让瑞幸咖啡活下去，谈何容易。对于瑞幸咖啡而言，退市首先意味着失去了一个相当重要的融资平台。更重要的是，退市意味着公司此前经营模式的基础已经彻底坍塌。

瑞幸咖啡

　　好在同年12月，瑞幸咖啡与美国证券交易委员会就部分前职员涉嫌财务造假事件达成和解，2022年4月，瑞幸咖啡宣布其金融债务重组成功完成，回归正常公司状态。

瑞幸咖啡上市仪式

luckincoffee 瑞幸咖啡
6-27 08:01
【声明】

瑞幸咖啡公司将于6月29日在纳斯达克停牌，并进行退市备案。

在国内消费市场方面，瑞幸咖啡全国4000多家门店将正常运营，近3万名员工仍将一如既往的为用户提供优质产品和服务。

公司衷心感谢广大消费者的支持厚爱，并再次为事件造成的恶劣影响向社会各界诚挚道歉。

瑞幸咖啡
2020年6月27日

瑞幸咖啡退市声明

　　探究：瑞幸咖啡的兴起与失败给我们怎样的启示？你对瑞幸咖啡的未来发展有何看法？你如何理解职业道德对企业的影响？请在本模块学习中寻找答案。

学习单元一
职业道德认知

↗ 【情景导入】

"渔"而有道

一位作家在旅游时，周末跟当地渔民到周边海域捕捞鱼虾。每撒下一网，都收获颇丰。可每次网拉上来后，那些渔民总要挑拣一番，然后将其中大部分虾蟹扔回大海。作家很是不解："好不容易打上来，为啥扔回去？"渔民回答："符合规定尺寸的鱼虾才可以捕捞。"作家说："远在公海，谁也管不着你呀？"渔民淡淡一笑："不是什么都要别人来提醒、督促的，放在心里的规定更有用！"

结合案例，请思考以下问题：

（1）什么是职业道德？

（2）作为企业员工应该具备哪些职业道德？

一、职业及其功能

人的生涯可以说就是职业生涯，人生的生命价值，根本而言就在于他的职业生涯方面的成就和贡献。热爱职业，等同于热爱自己的生命，这是人类最伟大的情操之一。

职业是人们维持生计、承担社会分工角色、发挥个性才能的一种持续进行的社会活动。职业也可以理解为人们参与社会分工，利用专门知识、技能为社会创造物质财富、精神财富，获取合理报酬作为物质生活来源，并满足精神需求的工作。

一般来说，职业有如下功能：

第一，维持生计。人们有各种各样的需求，其中对金钱的需求在现代社会中是生存发展的现实需要。在市场经济中，金钱就代表着物质满足。人们通过某种职业的劳动获得收入，以满足自己生存的基本需要，进而满足更加富足生活的需求。因此，维持生计是职业的第一需求。

第二，承担社会分工角色。职业必须要担当某种社会角色。因为职业是因社会需要而产生的，是人们参与社会分工过程中形成的。在现代化社会中，职业不仅仅具有个人的意义，而且具有社会性意义。社会性意义之一就是职业的社会评价，另一个意义就是社会分工。一个人所从事的职业，很大程度上决定了对该人的社会评价，乃至决定了他的社会地位，即职业的地位。

第三，发挥个性才能。能够最大限度地发挥一个人的个性和才能，是职业的又一重要功能。职业没有高低之分，任何职业具有不可或缺的社会价值。人们通过从事能充分发挥个人才能的职业，对社会做出贡献，并获得满足。随着社会的发展，人们越来越对有意义的生活抱有强烈的愿望，越来越倾向于追求能发挥个性和才能的职业。

📎 **拓展阅读**

职业分类介绍

1. 按行业划分

职业从行业上划分，根据我国《国民经济行业分类》可分为三大产业。第一产业指农业、林业、畜牧业和渔业，是国民经济的基础行业；第二产业是指采矿业、制造业，电力、热力、燃气及水生产和供应业，建筑业，是国民经济的主导行业；第三产业即服务业，是指第一产业、第二产业以外的其他行业。

2. 按工作特点划分

职业可分为实用、社会服务、文教、科研、艺术创作、计算及数学、自然界、户外、管理、一般服务性、管理性职业等十多种类型。实用性职业包括工人、营业员、打字员等；社会服务性职业包括医疗卫生保健、民事调解、婚姻、心理咨询、职业介绍等；文教性职业包括教师、记者等；科研性职业包括技术员、工程师、化验员等；艺术创作性职业包括作家、画家、语言家、设计师等；计算及数学性职业包括财务管理、会计、统计等；自然界职业包括种植、养殖等；户外性职业包括交警、地质勘探等；一般服务性职业包括接待员、服务员、导游等；管理性职业包括国家公务员、厂长、经理、律师等。

3. 按职业横向划分

《中华人民共和国职业分类大典（2022年版）》将我国职业划分为8个大类、79个中类、449个小类和1 636个细类（职业），其中8个大类分别是：国家机关、党群组织、企业、事业单位负责人，专业技术人员，办事人员和有关人员，社会生产服务和生活服务人员，农、林、牧、渔业生产及辅助人员，生产、运输设备操作人员及有关人员，军人，不便分类的其他从业人员。

二、职业道德的内涵

道德评价是人们依据一定的道德原则和规范，对自己或者他人的行为进行是非、善恶判断，表明自己的态度和价值倾向的活动。道德评价具有扩散性和持久性的特点。西方许多企业十分重视职业道德评价，应聘者到某些企业谋职时，首先要接受职业道德素质测评。企业会发给求职人员一份具有多种指标的量表，从多种角度进行测评，并且设置多种职业情境，实地观测求职人员的道德水平。近年来，我国企业在录用员工时，也明显加强了职业道德素质的测评工作，一些企业开始尝试用量化指标的方法对求职人员开展测评。我国的《公民道德建设实施纲要》中规定："要把道德特别是职业道德作为岗位前和岗位培训的重要内容，帮助从业人员熟悉和了解与本职工作相关的道德规范，培养敬业精神。要把遵守职业道德的情况作为考核、奖惩的重要指标，促使从业人员养成良好的职业习惯，树立行业新风。"

职业道德的概念有广义和狭义之分。广义的职业道德是指人们在从事职业活动中应该遵循的行为准则。狭义的职业道德是指从事一定职业的人们在职业活动中应该遵循的，依靠社会舆论、传统习惯和内心信念来维持的行为规范的总和。它调节从业人员与服务对象、从业人员与从业人员、从业人员与职业之间的关系。它是职业或行业范围内的特殊要求，是社会道德在职业领域的具体表现。

职业道德内涵丰富，由多种要素构成。加强职业道德建设，提高从业人员的职业道德素养，就要把握职业道德的要素。研究表明，最基本的职业道德要素包括职业理想、职业态度、职业义务、职业纪律、职业良心、职业荣誉、职业作风。

（一）职业理想

职业理想与职业抱负是同义词，即人们对职业活动目标的追求和向往，是人们的世界观、人生观、价值观在职业活动中的集中体现。它是形成职业态度、职业信念的基础，是追求职业目标的精神动力。职业理想决定着人们在职业生活中想做些什么或得到些什么，进而影响职业生活的责任感和进取心。

（二）职业态度

职业态度是人们在一定的社会环境影响下，通过职业活动和自身体验所形成的、对岗位工作一种相对稳定的劳动态度和心理倾向。它是从业者职业精神境界、职业道德素质和劳动态度的重要体现。

（三）职业义务

职业义务是人们在职业活动中自觉履行对他人、社会应尽的职业责任。我国的每一个从业者都有维护国家利益、集体利益，为人民服务的职业义务。

（四）职业纪律

职业纪律是从业者在岗位工作中必须遵守的规章、制度、条例等职业行为规范。如国家公务员必须廉洁奉公、甘当公仆，公安、司法人员必须秉公执法、铁面无私等。这些规定和纪律要求是从业者做好本职工作的必要条件。

（五）职业良心

职业良心是从业者在履行职业义务中所形成的对职业责任的自觉意识和自我评价活动。人们所从事的职业和岗位不同，其职业良心的表现形式也不尽相同。例如，商业人员的职业良心是"童叟无欺"，医务人员的职业良心是"治病救人"。从业人员能做到这些，良心会得到安宁，否则内心就会产生不安和愧疚感。

（六）职业荣誉

职业荣誉是社会对从业者的职业道德活动的价值所做出的褒奖和肯定评价，以及从业者在主观上对自己职业活动的一种自尊、自爱的荣辱倾向。一个从业者的职业行为的社会价值得到社会公认，就会由此产生荣誉感；反之，会产生耻辱感。

（七）职业作风

职业作风是从业者在职业活动中表现出来的相对稳定的工作态度和职业风范。例如，尽职尽责、诚实守信、奋力拼搏、艰苦奋斗等都属于职业作风。职业作风是一种无形的精神力量，对从业者取得事业成功具有重要作用。

三、职业道德的特点

职业道德是一种职业行为准则，与其他行为准则相比，职业道德具有以下特点：

（一）鲜明的职业性

由于职业上存在的差异，各职业都有自己特殊的职业道德要求。职业道德总是要鲜明地表达职业义务、职业责任以及职业行为上的道德准则。它不仅仅是反映社会道德和阶级道德的要求，而是要反映职业、行业乃至产业特殊利益的要求。它不是在一般意义的社会实践基础上形成的，而是在特定的职业实践的基础上形成的，因此，它往往表现为某一职业特有的道德传统和道德习惯，表现为从事某一职业的人们所特有的道德心理和道德品质，从而造成从事不同职业的人们在道德品貌上的差异。

（二）适用范围的局限性

从调节的范围来看，职业道德主要用来调节从业人员内部关系，加强职业、行业内部人员的凝聚力，所以，职业道德只适用于从业人员的岗位活动。尽管不同的职业道德之间存在着共同的特征要求，如敬业、诚信等，但在某一具体职业岗位上，必须有与该职业岗位相适应的职业道德规范。这特定的职业道德规范对该职业的从业人员具有指导和规范作用，而不能对其他职业从业人员起作用。此外，职业道德也可以用来调节从业人员与其服务对象之间的关系，用来塑造从业人员的形象。

（三）表现形式的多样性

职业领域的多样性决定职业道德的表现形式往往比较具体、灵活、多样。各个行业为了较好地规范和约束从业人员的职业行为，往往都从本行业的活动、要求以及交往的内容和方式出发，根据本行业的客观环境、职业特点及从业人员的接受能力，采用一些简便易行的、能为本行业人员所接受的形式，如规章制度、工作守则、服务公约、条例、誓词、须知等，来体现职业道德的要求。把职业道德规范具体化和条理化，这样既易记易懂，易于为从业者所接受，又易于实践，有利于其养成良好的职业道德习惯，促使其改进工作态度，提高工作效率和服务质量。

（四）相对稳定性和连续性

在同一个社会发展阶段中，职业一般处于稳定状态，职业道德也往往表现为世代相袭的职业传统，使人们形成比较稳定的职业心理和职业习惯，养成比较特殊的职业品质和职业风格。虽然在不同的历史阶段，职业活动会随着科学技术的进步和社会的发展而不断变化，对作为社会意识形态的职业道德起决定作用的社会经济关系也在不断发生变化，但是由于职业分工具有相对的稳定性，各种职业活动在总的发展方向上是一致的，这就决定了职业道德在内容上必然具有相对的稳定性和连续性。

（五）一定的强制性

职业道德除了通过社会舆论和从业人员的内心信念来对其职业行为进行调节外，它与职业责任和职业纪律也密切相关。职业纪律属于职业道德的范畴，当从业者违反了具有一定约束力的职业规章、职业合同、操作规程，给企业和社会带来损失或危害时，职业道德就将通过具体的评价标准对违规者进行处罚，轻者可以进行经济或纪律上的处罚，重者移交司法机关，由法律来制裁。这就是职业道德具有一定强制性的体现。这里需要指出的是，职业道德本身并不存在强制性，而职业道德的总体要求与职业纪律、职业法规、行业规章具有重叠的内容，一旦从业人员违背了这些纪律和法规，除了受到职业道德的谴责外，还要受到纪律、法规的处罚。

（六）利益相关性

职业道德与物质利益具有一定的关联性。利益是道德的基础，各种职业道德规范及表现状况，关系到从业人员的利益。对于爱岗敬业的员工，单位不仅应该给予精神方面的鼓励，而且应该给予物质方面的褒奖；相反，违背职业道德、漠视工作的员工会受到批评，严重者还会受到处罚。在一般情况下，现代企业会将职业道德规范，如爱岗敬业、诚实守信、团结互助、勤劳节俭等纳入企业管理，将其与自身的职业特点要求紧密结合在一起，变成更加具体、明确、严格的岗位责任或岗位要求，并拟订相应的奖励或处罚措施，与从业人员的物质利益挂钩，强调责权利的有机统一，便于监督、检查、评估，以促进从业人员更好地履行自己的职业责任和义务。

四、职业道德的功能

人类社会发展的历史告诉我们，即使在日益完备的法治社会，道德的作用仍然是无处不在的。职业道德最大的功能是塑造社会职业文明，具体表现在以下四个方面：

（一）传承职业文化

职业道德用准则与规范的形式，向人们展示出看得见、摸得着的思想行为标准。这是实现人的全面发展的重要手段，也是有效提高劳动生产率的有效工具，更是塑造职业文明的必由之路。

（二）引导职业风气

在职业活动中，职业风气是职业文明的重要表现形式。职业道德建设可以提高人们的社会道德水平，促进良好的社会风尚和职业风气的形成，有利于完善人格，促进人的全面发展。

（三）调节职业关系

职业道德具有调整职业利益关系、维护社会生产和生活秩序的作用。职业道德虽然没有法律威严，但却有法律一样的尊严。事实上，很多具体、复杂的职业关系，法律是无能为力的，只有在职业道德的层面进行调节和疏导，才能满足职业生活的需要。

（四）规范职业活动

职业道德对职业活动具有导向、规范、整合和激励等具体作用，引导职业活动沿着健康、有序、和谐的方向发展。

五、职业道德规范

所谓职业道德规范，是指从事某种职业的人们在职业生活中所要遵守的标准和准则。《中共中央关于加强社会主义精神文明建设若干重要问题的决议》规定了当今各行各业的从业者都应共同遵守的职业道德五项基本规范，即"爱岗敬业、诚实守信、办事公道、服务群众、奉献社会"。而"为人民服务"就是社会主义职业道德的核心规范，它是贯穿于全社会共同的职业规范之中的基本精神。全社会共同的职业道德规范与职业道德核心规范的形成，使社会主义职业道德有了相对独立的道德体系。

（一）爱岗敬业

爱岗敬业是社会主义职业道德最基本、最起码、最普通的要求，是社会主义职业道德的基础和核心。爱岗，就是热爱自己的工作岗位，热爱自己的本职工作。敬业，就是敬重自己从事的事业，专心致力于事业，千方百计将事情办好。爱岗敬业的要求是乐业、勤业、精业。

所谓乐业，就是喜欢自己的职业，热爱自己的本职工作。要做到这一点，最重要的是认识自己所从事的职业在社会生活中的作用和意义。在社会主义社会，任何职业都是社会生活所离不开的，所以总要有人去干。如果谁都不愿意当教师，那么谁去培养下一代？如果谁都不想从医，那么谁去治病救人？如果谁都不愿务农，粮食从何而来？如果没人当兵，谁来保家卫国？因此，要克服职业偏见，确立积极向上的人生态度。

所谓勤业，就是勤奋学习专业，钻研自己的本职工作。要做到这一点，一要勤奋，二要刻苦，三要顽强。勤奋，就是要做到手勤、脚勤、眼勤、脑勤，这是提高学习和工作效率的关键。刻苦，就是能经受得起工作中的艰难困苦，这是勤业必须具备的一种精神。电脑打字员每天要敲击无数次键盘，经常会手指麻木；售货员每天要接待成百上千的顾客，有时会口干舌燥；汽车司机每天要长时间精神高度集中，长时间保持同一个姿势……这些都需要有刻苦的精神作为支撑。顽强，就是有勇气、有毅力去克服职业生活中不时遇到的各种困难。

所谓精业，就是使自己本职工作的技术、业务水平不断提高，精益求精。随着现代社会分工的不断细化，每个职业所要面对的技术技能问题都比以往更加复杂、更加深入，如果没有"炉火纯青"的功夫，就很难胜任自己的本职工作。因此，精业要求的不仅是一种严谨的工作态度和一丝不苟的工作作风，更要求有积极的探索精神，以及对于科学知识的不懈追求，要活到老、学到老，与时俱进，把自己有限的生命用于探索无限精深的自然世界。

总而言之，爱岗敬业归结成一句话就是：干一行，爱一行，钻一行，精一行。

（二）诚实守信

诚实守信是指忠诚老实、信守诺言，这是为人处世的原则。诚实，就是忠诚老实，不讲假话。守信，就是信守诺言，说话算数，讲信誉、重信用，履行自己应承担的义务，"言必信，行必果"。

诚实守信不仅是做人的准则，也是做事的原则，更是树立行业形象的根本。"三杯吐然诺，五岳倒为轻"，这是李白《侠客行》的诗句，形容承诺的分量比大山还重，极言诚实守信的重要。诚实，就是真实无欺，既不自欺，也不欺人，就是表里如一，说老实话，办老实事，做老实人；守信，就是信守诺言，讲信誉，重信用，能够履行承诺而取得他人信任。诚实和守信是统一的。诚实守信是道德建设的根本，也是一种非常宝贵的资源。我国素有"一诺千金"之说，在几千年历史上，有许多关于诚信的论述，也流传着许多诚信的故事。这些宝贵的传统，在今天也能给我们深刻的启示。在社会主义市场经济深入发展的今天，诚实守信越来越重要。比如，严格遵守契约与合同，就是市场经济必须遵循的行为规范。我们必须站在振兴中华、繁荣经济这一高度来充分认识诚实守信的深远意义。21 世纪是国际竞争日趋激烈的时代，我们要和世界上许多国家和地区进行经济交往，在激烈的市场竞争中，要想立于不败之地，商家要遵守的重要准则之一便是诚信。诚信就是竞争力。拥有诚信，商家才会树立良好的形象，才能得到国内外消费者的信任，才能在商海中占有一席之地。失去诚信，小到一个摊位，大到一家企业，都很难生存下去。

（三）办事公道

办事公道是指从业人员要站在公正的立场上，按照同一标准和同一原则办事的职业道德规范。办事公道要求人们做到客观公正，照章办事，襟怀坦荡，廉洁自律。

第一，客观公正，即遇事从客观事实出发，并能做出客观、公正的判断和处理。

第二，照章办事，就是按照规章制度来对待所有的当事人，不徇情枉法、不徇私违规。

第三，襟怀坦荡。要想真正做到办事公道，关键是平时就要有意识地培养自己追求真理、追求正义的精神，培养自己对人公平、正直、平等的品格，做到心胸坦荡，坚持原则。

第四，廉洁自律。只有廉洁，才能做事公道。干部不公道，一个很重要的原因就是不廉洁。"吃人家的嘴软，拿人家的手短"，受到种种私利的影响，就很难做到办事公道。

（四）服务群众

服务群众就是为人民群众服务，是对各行各业人员的共同要求。

从根本上来说，服务群众是马克思历史唯物主义基本规律的反映。历史唯物主义认为，人民群众是历史的创造者，是历史的主体，是社会的主人翁，服务群众既是对这一规律的正确认识和遵循，又是各行各业自身的"立命之本"。在商业化的今天，"群众"其实就是各种商业活动的消费群体，随着社会主义市场经济的不断完善，各种商业竞争不断加剧，对市场的争夺更是日趋激烈，而争夺市场的核心就是千方百计地赢得各种消费群体的青睐。当然，仅从功利的角度来理解服务群众的内涵，就会显得眼界过于狭窄，因为在社会共同体中，人人都是产品制造者，人人又都是消费顾客。从这个意义上来说，服务群众就是服务自己，就是"达人成己"。因此，服务群众要求对待群众要充分尊重、热情周到、注重实效。

（五）奉献社会

奉献社会，就是全心全意为社会做贡献，是为人民服务精神的最高表现。奉献社会是一种无私忘我的精神，是职业道德的出发点和归宿，是每个从业者职业道德修养的最终目标。奉献社会的精神主要强调的是一种忘我的全身心投入精神。当一个人专注于某项事业时，他关注的是这一事业对于人类、对于社会的意义。他为此兢兢业业、任劳任怨，不计较个人得失，甚至不惜献出自己的生命，这就是伟大的奉献社会的精神。

案例分享 2-1：生命，为祖国澎湃

奉献社会是一种人生境界，是一种融在一生事业中的高尚人格。与爱岗敬业、诚实守信、办事公道、服务群众这四项规范相比较，奉献社会是职业道德中的最高境界，同时也是做人的最高境界。爱岗敬业、诚实守信是对从业人员的职业行为的基本要求，是首先应当做到的，做不到这两项要求，就很难做好工作。办事公道、服务群众比前两项要求高了一些，需要有一定的道德修养作基础。奉献社会则是这五项要求中最高的境界。一个人只要达到一心为社会做奉献的境界，他的工作就必然能做得很好，这也就是全心全意为人民服务。

拓展阅读

用生命完成的"最后一课"

2018 年 6 月 11 日 17 点 30 分，河南信阳浉河区董家河镇绿之风小学正常放学。二年级语文老师李芳随队护送学生回家，途中经过有一个红绿灯的十字路口时，一辆装满西瓜失控的三轮摩托车闯红灯向学生队伍急速驶来。

情况万分紧急，李芳老师一边大声呼叫学生避让，同时义无反顾地冲上前

全国优秀教师李芳

去用身体挡护学生，被三轮摩托车严重撞击后，倒地昏迷不起。李芳老师被送到医院诊断为脑干出血，经过医护人员的奋力抢救，还是未能挽救李芳老师年仅 49 岁的生命。

李芳同志扎根山区从事乡村教育 29 年，一直默默耕耘、无私奉献、精心育人，深受学生爱戴、家长尊敬、学校认可。她多次放弃调往城市工作的机会，将所有的心血倾注在山区教育事业，用爱心抚育每一个孩子。她以德施教，用自己的言行感染学生，让学生受到潜移默化的影响。她钻研创新教学方法，精心为学生上好每一堂课。她心怀大爱，临危不惧，舍己救人，用生命为学生上好最后一堂课，让崇高的师德和不朽的师魂熠熠生辉，塑造了新时代人民教师的光辉形象。

李芳是一位普普通通的小学教师，但在危急时刻，她用宝贵生命抒写了悲壮唯美的诗篇，缔造了坚实厚重的丰碑；她用实际行动璀璨了师者之光辉形象，捍卫了师者之无上尊严。在李芳的英雄壮举里，闪烁着"爱生如子"的师德光辉，践行着"四有"好老师的先锋模范。李芳老师集中展现了人民教师"舍己为人"的人性光辉，生动诠释了"学为人师，行为世范"的崇高师德。

复习与思考

结合本单元所学内容，假设你是一家企业的总裁，你希望企业的员工具备什么样的职业道德？

学习单元二

职业道德与企业发展

餐饮从业者务必坚守职业道德底线

2020年5月10日，西安的郑先生到餐馆吃饭，在菜中吃出了烟头要求换菜。等菜时，他查看后厨监控意外发现了更"重口味"的一幕：厨师不仅不戴口罩炒菜，还疑似朝着炒菜锅的方向吐口水。随后，西安雁塔区市场监管局已责令商家立即停业整改，并拟处以10万元罚款并吊销其《食品经营许可证》的处罚。

"民以食为天，食以安为先"，餐饮业的食品安全问题，与每一个公众切身相关。餐饮后厨属于相对隐蔽的操作场所，需慎独自律。厨师在后厨的行为，需要其具备极强的责任心与职业道德素养，以及强大的自我约束能力。而故意向炒菜锅吐口水以发泄不满情绪，不仅是良知和道德的缺失，更说明当事人对消费者存在报复、敌视之心。

更何况，事发之时的新冠疫情防控尚未解除，"吐口水"事件的恶劣性更是"罪加一等"。要是厨师患有传染性疾病该如何是好？郑先生一家受到的心理伤害无疑是巨大的。然而，要如何对消费者进行赔偿，现目前尚没有明确的相关法律法规。这是因为消费者所受损失主要是精神层面的无形损失，比较模糊和主观，难以量化和界定。这样的现状，很难有效震慑作恶者。因此，国家有关部门有必要完善相关法律法规，让餐饮从业者承担相应的责任，防患于未然。

同时，餐饮业管理者也要明白一个道理——信任是餐饮业的基石，务必加强管理，坚守职业道德底线。一旦失去了信任，想要挽回，必定付出巨大的代价。餐饮品牌的树立不可能是一朝一夕之事，而崩塌却可以是顷刻之间。

结合案例，思考以下问题：

（1）作为消费者，如果你遇到类似的事情，你将怎么看待和处理？

（2）厨师的不道德行为会造成怎样的后果？对商家有什么影响？

一、员工素质是企业发展的重要因素

员工素质是指员工在企业组织社会实践活动中形成并持续地表现出来的主体性品质。它包括员工的企业文化价值观、道德价值标准、道德价值评价、道德理想、责任感、团队意识、民主意识、事业心等。它是社会经济政治文化发展、企业文化发展积淀的结果。员工素质的基本内涵包括以下八个方面。

（一）政治素质

政治素质一般是指对我国的民族、阶级、政党、国家、政权、社会制度和国际关系具有正确的认识、立场、态度、情感，以及与此相适应的行为习惯。《中共中央关于构建社会主义和谐社会若干重大问题的决定》中指出：坚持以社会主义核心价值体系引领社会思潮，就是我国政治素质的集中要求，它还包括爱国主义和国际主义等内容。员工政治素质的构成包括政治方向、政治观点、政治立场、政治责任、政治能力和政治方法等。

员工政治素质是企业文化、职业道德价值认同的基本条件。员工政治素质水平对企业文化价值观的实现程度有决定作用。员工对民族、国家、政权的认同度越强，政治信念越坚定，政治方向、政治观点、政治立场、政治责任度就越高。员工政治素质是企业政治意识的基础，员工对民族、国家认同度越高，其履行民族、国家、社会责任的意识也就越强。

（二）业务素质

业务素质是指员工在企业组织中从事职业技术工作应具备的知识水平和业务技术能力。它包括员工的专业理论知识，专业实践能力，以及专业知识的表达、沟通、运用和创新能力。

随着科学技术的日益进步和产业结构调整，企业技术改造升级的步伐也越来越快，员工业务素质的提高已成为企业发展的关键问题，企业要想获得持续、科学、和谐的发展，就必须使员工业务素质持续地得以提高。

（三）个性品质

员工的个性品质是个体在遗传的基础上，受社会生活环境影响而形成的、独特而稳定的、具有一定倾向性的各种生理心理特征的总和。

员工的个性品质是在学习和企业社会实践锻炼中感悟、磨炼形成的。员工优良的个性品质，对企业文化提升、职业道德的认同、企业发展战略目标的实现、企业行为的协调一致，都起着相当重要的作用。当企业遇到发展中的困难和挑战时，员工能凭借良好的个性品质，积极主动地适应这种挑战，并最终战胜这种挑战。

（四）心理素质

心理素质是指以员工的自我意识发展为核心，由积极的、与社会发展相统一的价值观所导向的，包括认知能力、需要、兴趣、动机、情感、意志、性格等因素有机结合的复杂整体。

员工良好的学习心理、责任心理、竞争心理、角色心理的积淀、发扬和传承，是促进企业发展、体现企业意志品质的具体体现。员工对企业理想的追求、积极向上的人生态度、良好的心理承受力，也是企业意志品质的卓越体现。

（五）团队合作意识

团队合作意识是指团队成员间，相互依存、同舟共济、自愿合作和协同努力的精神。它可以调动团队成员的所有资源、才智和创造性，使成员互相敬重、彼此宽容、待人真诚、紧密合作、遵守承诺。团队合作意识的核心是团队成员积极的态度，信心，意志力，以及努力学习、持续学习的理念。

从企业的发展角度来说，团队合作精神是企业可持续发展的内在动力之一。它对于企业的健康运行发挥着至关重要的作用。在明确的战略目标指引和企业文化价值认同的培育浸润下，在开放互补的沟通机制下，在企业员工良好的合作意识驱动下，企业发展才有足够的动力和强大的后发力。所以，没有团队合作，就没有企业与员工共生共荣；没有团队合作，企业就无法形成核心竞争力；没有团队合作，企业就不可能面对压力和挑战，就不可能参与国际竞争；没有团队合作，企业战略目标也就难以实现。所以，团队合作是企业发展的重要保证。

（六）责任意识

责任意识是指一种自我约束的价值取向，员工责任意识的确立，是企业成熟的价值观表现。企业是社会组织，是构成社会的基本元素，企业的总体目标是社会发展目标的一部分。持续地创造财富，推动生产力的发展，和谐地处理企业与自然、与社会的关系，是企业的使命和责任，也是企业发展的第一要务。企业员工只有主动地履行责任使命，确立和谐发展的价值取向，才能使企业在发展中坚持节约资源、与环境友好相处，才能使企业担当起社会发展中应有的责任和使命。

案例分享
2-2：看"海
尔救人英雄
获房产奖
励"背后的
积极意义

（七）持续学习

持续学习是指个人和组织在社会、经济、文化发展过程中，拓展知识、提升能力的行为方式。持续学习、终身学习、团队学习、激发智能、实现超越，是现代企业的特征，在认知过程中学会发展自己的学习能力，是企业员工应具备的素质。

持续学习、终身学习是时代发展的客观要求。随着经济的全球化、知识经济时代的到来，持续学习、终身学习既是员工个人提升能力水平的重要保证，也是企业做好资源科学配置、提高竞争力的重要保证。企业员工要成为不断持续的学习者，企业要成为学习型的企业，对于员工和企业来讲，学习是创造力和竞争力的源泉。持续学习能带来员工健康发展、积极向上和竞争的优势。所以必须树立学习新理念，确立"学习就是工作，学习就是生活，学习就是素质"的理念和意识。

（八）创新意识

创新意识是指对创新的价值、能力和方法的根本看法和态度，是不断探索开创出新的事物的兴趣和欲望。创新意识是创新情感、创新兴趣、创新意志的心理过程的总和。它是人类活动中一种积极的，具有开创性的表现形式，是人们进行开拓性活动的出发点和内在动力。企业员工的创新意识是员工个体改变现存事物的意愿、志向，是潜意识和显意识的有机结合，是员工的创造愿望、动机和信念，是员工进行创造的动力。勤于思考、善于发现、求新求异、敢于创新是企业员工重要的素质之一。

员工的创新能力就是要求熟悉公司情况后，敢于突破传统思维方式，突破条条框框，提出富有创意的思路。只要平时多动脑筋，就会有思考的习惯；有思考，就会有点子；有点子，就会有业绩。美国的一位资深企业管理研究者说过，企业员工的创新意识就跟员工要准时上下班一样重要，创新要作为员工的一种职业习惯，这样企业才有生机勃勃的生命力和巨大的发展潜力。

二、职业道德修养是提高员工素质的重要途径

（一）践行"慎独"，在慎独中培育自身的道德情感、道德意志、道德信念

"慎独"一词出于我国古籍《礼记·中庸》：道也者，不可须臾离也，可离非道也。是故君子戒慎乎其所不睹，恐惧乎其所不闻。莫见乎隐，莫显乎微，故君子慎其独也。

意思是说，道德是一时一刻也不能离开的，要时时刻刻检查、反思自己的行为。一个有道德的人在独自一人、无人监督时，也是小心谨慎地不做任何不道德的事。践行"慎独"，就是在道德行为实践中自律，在道德情感上明荣知耻，在道德意志上自我约束，在道德信念上符合社会倡导，时时事事，履行自己的职业道德责任。

（二）明荣知耻，扬善弃恶，防微杜渐

在平凡的职业生涯中，在日常的工作中，无论大事小事，都要有个原则，明荣知耻。企业员工有什么样的职业道德价值选择，就会有什么样的素质体现。员工基于何种职业道德价值选择，就会在实践过程中产生心理上的满足感和自豪感，或羞耻感和屈辱感。明荣知耻反映了职业道德水准，是企业员工素质高低的标志，也是企业文化的标志。"以诚实守信为荣，以见利忘义为耻"就反映出企业在社会主义市场经济条件下的应有的道德价值选择。在"明荣知耻"的同时，还要"防微杜渐"。在职业活动中有善恶之别，善虽小，仍然不失其为善；恶虽小，也终究是恶。所以企业员工对自己任何不符合职业道德的言行，都务必注意，在践行"慎独"中将其消灭在萌芽状态，不能迁就自己，放纵自己，要扬善弃恶，使自己成为高尚的，有良好职业道德修养的人，有素质品位的人。

（三）通过职业道德评价，培育员工职业道德修养，提升职业素质

道德评价，就是一种善恶评价、荣耻评价。道德评价在社会生活、企业活动中无所不及，只要有道德活动的地方，就有道德评价。道德评价包括两个方面，即道德的社会评价和道德的自我评价。道德的社会评价，也就是社会的道德舆论，是社会道德价值导向的表现；道德的自我评价，也就是人们对于自己行为所做的良心道义上的自我审视。道德评价是职业道德建设和提高员工素质不可缺少的一项内容。它不仅对企业员工的职业活动、职业素质的提高，而且对社会道德行为的提高，都有重大影响。企业弘扬优秀的职业道德行为，对建构优秀的企业文化是不可或缺的，对员工职业道德行为选择起着重要的导向作用，是引领企业员工职业素质提高的路径。

三、职业道德建设是企业道德建设的主要推动力

本书所讲的职业道德包含两层意思：一是员工个体的职业道德；二是企业组织的职业道德，即企业道德。二者相互依存、相互联系、相互促进。加强员工职业道德建设，有助于企业道德的提升和持续发展。企业在可持续发展、科学发展以及和谐社会的构建中，把"全心全意为人民服务"作为企业道德建设的核心，把"科学的、和谐的发展"作为企业员工职业道德建设的道德行为准则，企业道德建设也就有了可持续发展的基础和价值尺度，企业员工的职业道德就成为企业道德建设的强大推力。

从具体内容来看，员工职业道德的基本原则，反映的也正是企业道德的基本原则。集体主义是社会主义职业道德的基本原则，它要求正确处理国家、集体、个人三者之间的利益关系，坚持国家利益高于集体利益与个人利益，坚持反对各种形式的利己主义，坚持保护个人的正当权益。在我国社会主义制度下，国家利益、集体利益与个人利益在根本上是一致的。集体主义原则强调国家利益高于一切，同时也承认保障个人的正当利益。在职业活动中，既不能片面强调国家、集体利益而忽视个人正当利益，

也不能片面强调个人利益或小团体利益而不顾国家、集体利益。只有把两者很好地结合起来，才能保障集体利益，促进经济建设的发展；才能维护个人利益，充分发挥个人的积极性和主动精神。

　　企业也应正确处理国家、企业、员工个人的关系。在社会主义市场经济条件下，企业的集体主义基本原则体现在尊重人、关心人、发展人。企业道德建设要以习近平新时代中国特色社会主义思想为指导，践行社会主义核心价值观，弘扬社会主义法治精神，传承中华优秀传统文化。发展是为了国家，创新也是为了国家。爱国、敬业、诚信、友善，艰苦奋斗、勤俭节约，反对拜金主义、享乐主义、极端个人主义，这些员工的道德操守，有利于企业道德建设和内涵提升，是企业员工责任使命和企业责任使命的统一。

复习与思考

　　古希腊著名改革家梭伦说："道德是永远的，而财富却日易其主。"结合本单元所学内容，谈一谈你对这句话的理解。

学习单元三
职业道德与企业文化

↗ 【情景导入】

三百年不衰的同仁堂

以"济世养生"为宗旨的北京同仁堂创建于清康熙八年（1669年），由于"配方独特、选料上乘、工艺精湛、疗效显著"，自雍正元年（1723年）起，同仁堂正式供奉清皇宫御药房用药，历经八代皇帝，长达近200年。

老一辈创业者伴君如伴虎，不敢有丝毫懈怠，终于造就了同仁堂人在制药过程中小心谨慎、精益求精的企业精神。

在300多年的历史长河中，历代同仁堂人树立"修合无人见，存心有天知"的自律意识，确保了"同仁堂"这一金字招牌的长盛不衰。有一次当经销商在广告中擅自增加并夸大某种产品的药效时，同仁堂郑重登报予以纠正并向消费者道歉。

同仁堂集团

同仁堂品牌作为中国第一个驰名商标，享誉海外。目前，同仁堂商标已经受到国际组织的保护，在世界100多个国家和地区办理了注册登记手续，成为拥有境内、境外三家上市公司的国际知名企业，企业实现了良性发展。

结合案例，请思考以下问题：

（1）同仁堂历经300多年屹立不倒的秘诀是什么？

（2）职业道德如何提升为企业文化，进而推进企业发展？

一、道德与文化

（一）文化蕴含着道德

道德是文化中的一个部分，一个分支；文化是道德的基础，道德是文化的精华。

文化是道德滋生成长的沃土，道德是文化沃土中成长绽放的花朵。企业文化中都鲜明突出地彰显着职业道德，职业道德是企业文化的灵魂。

（二）文化与道德旨归同一

文化是以文"化"人，道德是以德"育"人。两者在对人的化育作用与功能上，相互依存、相辅相成、相互渗透、相互融合，两者异曲同工、殊途同归、化育合一。在企业文化中都体现着这一特点。

（三）文化"化人"的特点

文化"化人"的特点包括目的的深层性、要求的隐含性、过程的渗透性、作用的持久性、接受的愉悦性。企业文化对企业员工的影响也是体现着"随风化育"的特点。

（四）道德"育人"的特点

道德"育人"的特点包括目的的明确性、要求的规范性、过程的灌输性、作用的实效性、接受的理智性。例如：

社会公德：文明礼貌，助人为乐，爱护公物，保护环境，遵纪守法。

家庭美德：尊老爱幼，男女平等，夫妻和睦，勤俭持家，邻里团结。

职业道德：爱岗敬业，诚实守信，办事公道，服务群众，奉献社会。

🔗 **拓展阅读**

格力电器的企业文化

经营理念：一个没有创新的企业是没有灵魂的企业；一个没有核心技术的企业是没有脊梁的企业；一个没有精品的企业是没有未来的企业。

服务理念：您的每一件小事都是格力的大事。

企业使命：弘扬工业精神，追求完美质量，提供专业服务，创造舒适环境。

企业愿景：缔造全球领先的空调企业，成就格力百年的世界品牌。

核心价值观：少说空话、多干实事，质量第一、顾客满意，忠诚友善、勤奋进取，诚信经营、多方共赢，爱岗敬业、开拓创新，遵纪守法、廉洁奉公。

二、企业文化与职业道德的关系

企业文化属于文化的范畴，是一种亚文化；职业道德属于道德的范畴，是一种与职业相结合的道德准则与规范。企业文化蕴含着职业道德，职业道德是企业文化中的精华。企业文化与职业道德也具有旨归相同，相辅相成、相互渗透、相互融合，异曲同工、殊途同归、化育合一的关系。

（一）职业道德是企业文化的基石

职业道德是从伦理上调整企业与社会、企业与企业、企业与员工、员工与员工之间关系的行为规范。它渗透于企业的各个方面，通过评价、教育、指导、示范、激励、沟通等方式对上述关系起调节作用，在一定程度上改变或维护企业正常的活动秩序。企业文化也正是利用以人为本的管理思路，用道德意识的杠杆来充分调动和发挥人的积极性、智慧和创造力。可以说，在企业文化建设中，道德建设应首当其冲。员工的价值观、道德观、责任感、思维方式等深层次的企业文化因素，恰恰是企业形象的最终决定力量。价值观是企业的灵魂，是企业文化的核心，在全体员工中树立正确的价值观既是企业文化建设的重中之重，也是在公众心目中建立良好、可信赖企业形象的前提和基础。

（二）企业文化建设与职业道德培育相辅相成

案例分享2-3：道德筑基 文化强企

职业道德是社会道德在企业活动中的具体体现。职业道德具体规范了员工与员工之间及员工与社会之间的行为关系，是员工在履行本职工作时必须遵循的包括信念、习惯、传统诸多因素在内的道德要求，具备了企业文化的基本特征，如历史性、操作性、理想性和稳定性。因此，职业道德是企业文化的衡量尺度，是企业精神的表现形式，是企业氛围的组成要素。

同时，职业道德的培育依赖于企业文化的辐射功能。一个职业道德低下的企业，其企业文化肯定是失调的或畸形的；一个企业文化偏激的企业，其员工的职业道德肯定是粗俗的或偏颇的。建设企业文化绝不能忽视职业道德的培育，而职业道德的培育又势必依赖于企业文化的辐射功能，二者相互促进、相互推动、相辅相成。

（三）企业文化与职业道德相互渗透

企业文化是企业在生产经营过程中形成的以企业共同价值观为核心的文化存在，其结构是：核心层为"企业之魂"——企业精神；中间层为"企业之道"——经营之道；外显层为"企业之形"——企业形象。企业文化结构的每个层面都含有职业道德的因素，并发挥着重要作用。

作为"企业之魂"的企业精神，是企业在长期生产经营实践中所形成的员工群体心理定势和价值取向，是员工世界观、人生观、价值观在企业行为中的聚合。职业道德作为一种道德意识，是企业精神不可或缺的要素。它通过正义、公正、诚实、善良等道德观念和力量，明确和校正员工在企业、企业在社会中的地位，驱动和制约员工和企业的各种行为，确保企业在市场经济的大潮中不偏离正确的航向。

"经营之道"是企业文化的基本内容，反映着企业管理策略、组织结构、规章制度、行为规范等方面，是企业精神的具体化。职业道德规范与企业的其他法规制度呈互补格局，它通过无形的道德氛围调整企业内部的各种关系，因而是"企业之道"中其他法规制度不能代替的"灵魂法制"。

在企业形象中，职业道德具有重要的核心地位。一方面，它规范着企业遵守市场竞争规则，提供优质产品与服务，是制衡企业外部形象的重要尺度；另一方面，它规范员工（包括领导）以主人翁的姿态从事本职工作，形成人人关注企业经营、人人重视企业效益、人人珍视企业信誉的良好风气，又是企业内部形象重要的衡量尺度。

职业道德无论作为一种观念意识、行为规范，还是作为一种衡量尺度，都是企业文化的重要因素，是企业文化建设的题中应有之义。而企业文化作为一种生机勃勃的现代文化系统，又为职业道德的建设提供了肥田沃土。

（四）企业文化与职业道德相互融合

职业道德强调人们通过职业生活的实践，确立正确的人生观，锻炼成为"有理想、有道德、有文化、有纪律"的人才。把职业道德建设纳入企业文化建设，一方面，职业道德不再仅仅是一个道德概念，而是属于企业文化"以人为本"哲学的范畴，全面认识人，关注人的理智、情感、信仰和知识，强调满足人的多种需求，从这样一个高度来塑造人；另一方面，职业道德作为企业精神的一个因素，与其他的观念意识、价值取向共同铸造人格化的企业精神。

职业道德追求企业的繁荣和兴旺，强调集体主义原则，要求职工树立敬业精神、奉献精神等。企业文化认为，职工与企业是荣辱与共的利益共同体、命运共同体，把职业道德建设纳入企业文化建设，职业道德不再仅仅是一个道德准则，它与企业文化的诸多要素共同发挥导向功能、凝聚功能、激励功能和约束功能，最大限度地调动各种积极因素。

职业道德追求社会的文明和进步，强调在促进物质文明建设的同时，通过培养公正利他、忠于职守等社会责任感，在企业中形成良好的道德氛围，进而促进社会良好道德风尚的形成。这里，职业道德主要是以一种道德影响力发挥作用。企业文化强调，社会乃企业生命之源，企业不仅要追求经济效益，更重要的是追求经济效益和社会效益的统一，促进社会物质文明和精神文明的协调发展。把职业道德建设纳入企业文化建设，职业道德与企业文化的诸多要素结合在一起发挥辐射功能，不仅能促进社会道德风尚的形成，更主要的是以企业精神、经营哲学、管理思想、价值准则、审美意识等文化力辐射社会，促进社会精神文明的进步与发展。

我们发现，企业文化是以企业整体运作为出发点，而职业道德则是以个人为出发点。现代企业文化的本质特征是"以人为本"。因此可以说，企业文化与职业道德的关系问题就是企业与个人的关系问题，即企业文化营造什么样的文化去孕育和激发个人的活力，用什么样的规则体系去规范人的职业操守。由此可见，企业全面开展职业道德建设和企业文化建设，是既相通又兼容的一个整体。

🖉 拓展阅读

"平安"文化

　　中国平安保险（集团）股份有限公司（以下简称平安）是我国知名的保险企业，该公司以中国传统儒家文化的精髓为基石，成功地塑造了具有鲜明特色的"平安"文化。平安文化不仅仅是一种"氛围"和"空气"，而且是看得见、摸得着的"有形体"。平安相继出版了《平安新语》《平安理念》《每日新语》《员工研修手册》《平安心语》《大道平安》等多种出版物，以《平安新语》为例，该书以中国古代的典故为材料，紧密结合公司的实际，分"仁篇""义篇""礼篇""智篇""信篇""谦篇"，将一个个道理讲得浅显明白，深入人心。平安人自己说："我们深深感到一个企业的文化必须根植于本民族传统文化的厚土，吸取精华，获得睿智，才

《平安新语》

能永葆活力。五千年的中国文化，已使中华民族形成历久不变的文化传统美德、人格价值及生命体验。它时时影响着我们的思想，陶冶着我们的心灵，规范着我们的行为，激励着我们承担起更为光荣艰巨的社会责任和时代使命。"事实也表明，平安文化依托于中国传统文化，对社会，特别是对员工，有很强的亲和力和感染力，促进了员工良好职业道德的养成。平安企业文化的成功案例，说明处理好企业文化和职业道德的关系还应结合本国的国情和文化传统，唯有如此才能找到解决问题的最佳途径。

复习与思考

请结合本单元所学内容，浅析现代企业文化与中国传统文化对职业道德的要求有何异同。

学习单元四
职业道德与行业文化

【情景导入】

最美"逆行"

逆行，一直是一个略带贬义的字眼，而在 2020 年被赋予了新的意义和色彩。2020 年注定是不平凡的一年，春节前夕一个陌生的词语——新型冠状病毒感染进入人们的视野，疫情从湖北武汉向全国蔓延开来，人们的情绪从起初的惊慌慢慢转化为感动与泪水，我们看到无数的医护人员率先化身为"逆行者"，即使周围充满未知，但他们相信口罩、防护服就是他们最好的"护盾"，手术刀、输液器、呼吸机就是他们最有力的"武器"。面对疫情考验，一批又一批的"逆行者"们坚守初心，筑起坚实壁垒，他们是普通党员，是社区职工、是警察、是环卫工，是各单位的公职人员，他们纷纷投身到这场危险却光荣的战疫之中。

抗疫海报

岁月静好的日子里，在人群中你分辨不出谁是英雄，可一旦危机来临、宁静不再，总有一些人挺身而出，逆行而上。这就是英雄的模样！我们常常看不清他们的脸，因为他们总是站在我们前面。抗击新冠病毒肺炎疫情的日子里，各行各业工作者挺身而出、义无反顾，冲锋在战"疫"第一线，为疫情防控提供保障，为万家团圆做好守护。这些最美"逆行者"，用他们的坚守与奉献，构筑起一道道健康防线，让全国人民真切体会到什么是英雄的无畏、坚韧、奉献。

结合上述内容，请思考以下问题：

（1）这些"逆行者"所处行业有什么特点？其"逆行"的原动力是什么？

（2）作为疫情的亲历者，你对上述或身边的"逆行者"有怎样的认识？

一、职业与行业

"职业"和"行业"都起源于人类的社会分工，但它们关注的角度有所不同。"职业"是与劳动分工体系中某环节产生联系的劳动者获得的社会角色。"行业"（industry，也可以称为"产业"）是指从事相同性质的经济活动的所有产业活动单元的集合。"职业分类"是对劳动者在社会经济活动中的分工的描述。职业分类首先要能够准确反映一个社会的行业特征。因此，行业是职业分类的重要依据。

把行业和职业联系起来的是经济纽带，即共同的经济利益。从这个角度上说，每一类行业的共同特征表现为"由社会分工中相关职业的独特组合而形成的社会经济功能单元"。其独特性表现为内部的职业构成、产业链条、利益分配的一定的长期稳定性，也表现为对行业从业人员供给的稳定需求、对行业从业人员能力培养的统一规格要求。

一个行业的从业者，是由许多从事不同职业的劳动者按照产业的需要组成的，例如，汽车维修行业的从业人员涉及的职业包括汽车维修人员（汽车维修工程师、钣金工、汽车机械维修工、汽车电器维修工）、财务人员（会计、出纳）、服务支持人员（企业信息管理师、计算机技术人员、客户服务人员、前台服务员、营销员、保险销售员、安全保卫人员等）。

从事行业主要活动的人员，构成这个职业从业人员的主体，称为"主要活动从业人员"。同时，除了需要从事"主要职业"的人员以外，还需要一定数量的从事"次要活动"和"辅助活动"的人员。例如，汽车维修企业的从业人员主体是汽车维修人员，而该行业中的财务人员、服务支持人员则属于"次要活动"或"辅助活动"人员。

二、行业文化的内涵

行业文化是指该行业在人类文化、社会文化和经济文化背景中逐步形成的与本行业相关的基本信念、价值观念、道德规范，以及由此产生的思维方式、行为方式、品牌效应的综合体现。如果说文化作为一种"软实力"，日益成为一个国家和地区综合实力的重要组成部分。同样，一个行业的文化发达程度和特质内涵，也深刻地影响着行业的发展模式、制度选择、政策取向，以及各种资源开发和生产要素组合的水平，从而也就深刻地影响着行业发展的速度、质量和水平。

三、行业文化与企业文化的关系

文化的层次性和交叉性规范了企业文化与行业文化的关系。首先，企业文化和行业文化是一脉相承的。作为企业文化背景场的行业文化，在相当程度上决定企业文化的倾向与特征。在核心价值取向上，企业文化只有不断地融入行业文化，企业在行业中才能得以生存。如果企业文化中看不出本行业的特色，那么这种文化建设必然是失败的。同样，行业文化也不是无源之水，其本源就是行业中企业文化。其次，企业文化是对行业文化的扬弃和扩展。企业间有类型、性质、规模、人员结构等方面的差异，对行业文化规范、理念、特性的重构和再造是不一样的。这就是一个企业独特的精神和风格的具体反映，并以其鲜明的个性区别于同一行业的其他企业。同时，当今世界，任何企业都不可能在封闭的状态下进行文化创造，跨行业甚至跨文化（跨国企业）的企业文化交流、变革和创新都是很常见的。正是企业文化跨行业、跨文化的交流、变革和创新，不但丰富了行业文化的内涵，而且为行业文化的发展注入了生机和活力。

知识补给
2-1：读懂设立"中国医师节"的初心

四、行业对职业道德规范的要求

由于社会分工的不同，人们从事着不同的职业，若干相近的职业也就自然形成了行业。各行各业在社会生产和生活中占据着不同的位置，有着不同的工作性质和社会责任，发挥着不同的功能，也有着不同的服务对象和劳动方式，所以，各种职业都有着从内容到形式各具特点的职业道德规范和具体要求。

（一）行业职业道德规范是同一行业内部各种职业道德规范的共同特征

每一行业有若干职业，每一职业有自己特定的道德要求，一般通过公约的形式规定这一行业的从业人员必须遵守的道德规范。行业职业道德是抽象与具体的结合，共性与个性的统一，学习各行各业的职业道德规范，对全面深入地理解职业道德的本质特征和社会作用，自觉进行职业道德教育和职业道德修养提升，在各行各业大力倡导和实行社会主义职业道德，都具有非常重要的理论和实践意义。

（二）行业职业道德规范与行业个性特征紧密相关

爱岗敬业、诚实守信、办事公道、服务群众、奉献社会，是我们从事任何职业都必须遵守的职业道德。职业道德具有行业性和职业性的特性，不同的行业有着不同的工作性质、社会责任、服务对象和服务手段。俗话说，"国有国法、行有行规"，不同的行业对于职业道德规范有着自身富有特色的具体要求。如救死扶伤、发扬人道主义精神，就属于对医疗行业提出的职业道德要求，而教书育人、为人师表，则属于对教育行业的职业道德要求。

（三）行业职业道德规范与一定职业对社会承担的特殊责任相联系

行业职业道德规范是与该行业的个性特征相适应的、具体的道德行为规范，是共同职业道德的行业化和具体化，但其本身又承担着一定的社会责任，因此，行业职业道德与该行业承担的特殊责任有着紧密的联系。例如，为官之道——一身正气、两袖清风、为民作主、无私公正；理财之道——认真细致、无私廉洁、洁身自好；为师之道——教书育人、无私奉献、为人师表、甘做人梯；为医之道——救死扶伤、治病救人、精益求精、体贴细致。

（四）行业职业道德规范是多年积淀的产物

不同行业是随着商品经济的发展、社会分工逐步科学规范而形成的。每个行业也都经历了一段时期（如几十年甚至几百年）才发展成熟的，在这一过程中，很多行业内原来的要求、规矩、制度等，逐步演变成传统美德，进而积淀为行业职业道德。如海员在船只遇险时，须先全力抢救乘客；在别的船只遇险时，须放弃自己的原有航道而抢救遇难船只。飞机遇险时，飞行员不能放弃乘客而跳伞。

（五）行业职业道德规范与从业人员的利益是一致的

营造良好的行业职业道德的出发点和落脚点都是推动该行业的发展，行业职业道德规范与从业人员的根本利益具有一致性。例如，经商之道讲究公平、守法、诚信，目的就是为了维护商业领域的良好秩序，促进商业行业的繁荣与发展。试想如果经商之人都想方设法投机取巧、非法牟利，势必伤害消费者的切身利益，也会对市场经济和国家利益造成不良影响，商业贸易活动则会出现危机，最终，也必将影响到从事商业行业人员的自身利益。

公司会计的"小聪明"

　　某公司员工张某任出纳。刚开始工作时，他勤恳敬业，公司领导和同事对其工作都很满意。但后来受到同事在股市赚钱的影响，张某开始涉足股市，但很快被套牢，急于翻本又苦于没有资金，他开始对自己每天经手的现金动了邪念，凭着财务主管对他的信任，张某拿了财务主管的财务专用章在自己保管的空白现金支票上任意盖章取款。每个月底，也是张某到银行提取银行对账单且自行核对，因此，在很长一段时间内未被发现。至案发，该公司蒙受了巨大的经济损失。

　　这个案例给我们的启示是：要注重职业道德教育。会计人员站在经济战线前沿，必须具备高度的法治观念、高尚的职业道德，因此，企业在用人时必须注重思想素质要求，并时时进行职业道德的教育和监督检查，避免道德失范以致身陷囹圄。

五、行业职业道德规范的具体内容和要求

　　社会各行业的性质、特点、服务对象、服务手段以及传统习惯等，是不完全一样的，因此，各行各业的职业道德都有自己的特点，职业道德规范也不尽相同。下面，我们列举一些代表性较强的行业职业道德规范。

　　公务员的职业道德规范：政治坚定，忠于国家；勤政为民，依法行政；务实创新，清正廉洁；联系群众，服务热情；精通业务，严守机密。

　　教师的职业道德规范：严谨治学，科学育人；热爱学生，以情育人；为人师表，身教育人；团结协作，共同育人；献身教育，教书育人。

　　司法工作者的职业道德规范：立场坚定，爱憎分明；秉公执法，不徇私情；清正廉洁，不畏权势；机智果断，谦虚谨慎；热爱群众，尊重同事。

　　医务工作者的职业道德规范：奉行人道主义，救死扶伤；献身医疗事业，医术精益求精；治病救人，尊重、关心、爱护病人，平等对待患者。

　　科技工作者的职业道德规范：刻苦钻研，勇于创新；坚持真理，不怕挫折；治学严谨，大胆探索；学术民主，争鸣自由；团结协作，公平竞争。

　　文艺工作者的职业道德规范：刻苦学习，认真创作；技艺精湛，服务群众；思想健康，作风正派，相互尊重；虚心听取群众意见，尊重他人创作成果。

　　财会工作者的职业道德规范：诚信为本，不做假账；当好参谋，严于监督；珍惜资产，讲究效益；守法奉公，顾全大局。

　　商业工作者的职业道德规范：文明经贸，守法经营；精通业务，优质服务；待客热情，服务周到；信守合同，公平交易。

　　军人的职业道德规范：热爱人民，热爱和平；保卫祖国，勇于献身；服从命令，听从指挥；刻苦训练，技术过硬；作风顽强，勇敢无畏。

产业工人的职业道德规范：质量第一，用户至上；遵守纪律，服从调度；钻研技艺，提高技能；勤奋劳动，团结协作；勤俭节约，艰苦创业。

企业管理人员的职业道德规范：秉公办事，不谋私利；用户至上，造福社会；作风民主，平等待人；勇于负责，开拓创新；谦虚谨慎，团结协作。

营销人员的职业道德规范：通晓业务，优质服务；公私分明，廉洁奉公；平等互惠，诚信无欺；当好参谋，指导消费。

旅游、餐饮服务人员的职业道德规范：热情友好，宾客至上；文明礼貌，优质服务；不卑不亢，一视同仁；真诚公道，信誉第一；钻研业务，提高技能；互相支持，顾全大局。

外贸人员的职业道德规范：维护国家利益；遵守外事纪律；严格把关，一丝不苟；不卑不亢，维护国格人格；精通业务，提高效率。

⊘ 拓展阅读

多元化的职业道德

同一行业内部因分工不同，对不同岗位员工的职业道德规范要求也不同。例如，同在商业领域，不同岗位上的人员遵循着不同的职业道德规范。

商业采购人员：热爱企业，配合各方；关心生产，服务消费；重视契约，严守信誉；热爱采购，洁身自爱。

商业销售人员：买卖公平，货真价实；讲究信用，恪守合同；平等待客，热情礼貌；方便让人，奉公守纪。

商业存储人员：确保商品安全，科学储存商品；服务购销，方便购销；讲究信誉，清廉自爱；公私分明，爱货如宝。

商业运输人员：保障安全，经济及时，非分不取。

复习与思考

结合当前社会现状，谈一谈如何加强和规范行业文化中的职业道德建设。

思 政 润 心

做有职业道德的新时代建设者

2019年10月，中共中央、国务院印发《新时代公民道德建设实施纲要》（以下简称《纲要》），并发出通知，要求各地区各部门结合实际认真贯彻落实。《纲要》提出，"推动践行以爱岗敬业、诚实守信、办事公道、热情服务、奉献社会为主要内容的职业道德，鼓励人们在工作中做一个好建设者"。明确职业道德内涵、倡导践行职业道德，不仅是新时代公民道德建设的重要内容，也是培育和践行社会主义核心价值观、弘扬民族精神和时代精神的内在要求，对于全面建设社会主义现代化国家、全面推进中华民族伟大复兴具有重要意义。

在"劳动最光荣、劳动最崇高、劳动最伟大、劳动最美丽"的新时代，全社会都在礼敬崇高职业理想、张扬高昂奋斗精神，职业道德十分重要。职业道德不仅其本身是无比宝贵的社会精神财富，更直接创造了诸多的社会物质财富；不仅奠定了劳动者安身立命的生活基础，更为国家发展、民族复兴注入无穷动力。在新时代培养担当民族复兴大任的时代新人，一个重要内容就在于以职业道德建设引领行业文明进步，让高尚的职业情操、坚实的职业奉献，为社会文明风尚凝心聚力，为国家经济高质量发展固本培元。

正所谓"顶天立地是为工，利器入门是为匠"。从"最美奋斗者"到"共和国勋章"获得者，这些奋斗者在各自本职岗位上、在国家发展历程中，创造了辉煌业绩和卓著功勋，更以实际行动完美诠释出以"爱岗敬业、诚实守信、办事公道、热情服务、奉献社会"为主要内容的职业道德。弘扬职业道德，真正做到"干一行爱一行钻一行"，就要在脚踏实地的同时仰望星空，从刻苦工作中领略到高尚情操、体现出价值意义。工作即是事业，事业即是爱好，爱好滋润品德，品德回馈工作。职业价值和职业品德，正是我们参与工作、参与劳动的意义所在。

加强职业道德建设，需要各个方面的共同努力。在个人层面，要恪守职业操守、干好本职工作、做到问心无愧；在社会层面，要弘扬昂扬正气、营造敬业环境、凝练向上风气；在国家层面，要完善制度保障、提供广阔舞台、形成良好氛围。当崇高的职业道德落实为掷地有声的职业行动，实现中国梦就有了强大精神力量和道德支撑。新时代是奋斗者的时代。坚守职业道德，奋斗职业理想，我们就能以职业贡献为荣，追逐人世间的美好梦想，抵达生命里的辉煌。

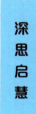

诚信是企业核心竞争力的基石

交互式自测题

与所学专业密切相关公司的企业文化与道德建设

【实训背景】

高校各个专业的学生毕业后，大都喜欢并希望找到与本专业对口的工作，发挥所学专业知识的价值和优势。同时，不同类型的企业其企业文化的建设过程、核心内容、价值导向也各不相同。学习本课程的学生可以模拟成立与所学专业密切相关的公司（如会计专业学生模拟成立会计事务所、广告设计专业学生模拟成立传媒公司等），并以该公司为基础，探索、学习和体验其企业文化与道德建设。

【实训目标】

1. 通过模拟成立专业对口的公司，使学生从所学专业素养的角度出发，掌握和学习企业文化，明晰个人职业生涯所需的道德品质和要求。

2. 通过培训使学生以"准职业人"的身份，体会与所学专业相关的企业在企业文化与道德建设中的过程和常见问题，促使学生在校学习期间更加重视自身文化素养和职业道德的提升。

3. 通过实训，使参训学生了解更多行业内的企业文化，拓宽企业文化和职业道德的视野。

【实训组织】

1. 学生需从所学专业出发，提前收集所学专业面向行业中优秀企业的文化，通过学习、分析和整理，模拟成立一个与所学专业相关的公司，并制订企业文化和职业道德的建设方案。

2. 学生按 5~8 人分组，成立公司，提前分派好角色和实训展示内容，并进行课前排练。实训地点自选，如需简单道具可提前准备。

3. 实训过程力避假大空的口号式企业文化宣讲，学生可从细节入手，以发人深省的故事、文化建设的冲突、身临其境的矛盾等形式，展示企业文化与职业道德的相关内容。

4. 实训结束后，学生提交简要的实训报告，教师根据建设方案和实训实际，以点评的方式进行知识点的巩固和教授。

【实训考评】

效果评价表

考评人		被考评人	
考评时间		考评地点	
考评内容	以所学专业为核心业务公司的企业文化与道德建设		
考评标准	内容	分值／分	评分／分
	实训方案的整体评价	15	
	实训展示内容选取与展示情况	15	
	模拟公司企业文化的核心内容与所学专业知识点的结合、转化评价	20	
	对所学专业从业人员文化与职业道德的理解、展示和深化情况	20	
	实训过程中角色演绎的整体效果	20	
	实训报告情况	10	
	合计	100	

模块三
企业物质文化与职业道德

▶ 学习目标

知识目标：了解企业物质文化的概念和企业标识的相关知识。

能力目标：理解企业环境和建筑物对企业发展的重要作用，感知企业的产品和服务是最重要的企业物质文化。

素养目标：深刻体会企业物质文化与职业道德的关系，培养作为合格企业人的职业道德素养。

▶ 学前思考

　　熟悉苹果公司的人们大都知道，其最初的品牌标志（LOGO）是牛顿坐在苹果树下读书的图案，其灵感来自于牛顿在苹果树下发现万有引力，表达了苹果公司希望像牛顿那样敢于向科学进军，探索未知领域的精神。创意虽好，但由于其过于复杂而不便于识记，所以仅仅使用了不到一年，便被简洁的缺口苹果标志所取代。简化的标志大气简约且完美符合黄金分割法则，不但凝练了第一款标志的含义，还体现了苹果公司崇尚简约，做事严谨的理念，虽然标志的表面形态和颜色历经数次演变，但"被咬了一口的苹果"的基本轮廓始终如一。

　　北京小米科技有限责任公司（以下简称小米公司）的品牌标志属于文字标志，是由字母 M 和 I 构成，也就是"米"字的汉语拼音，可以说是其品牌名称的抽象化表现，相比其他使用全名作为标志的品牌，两个字母的标志更加便于识记。另外，两个字母的组合还可以让标志有着更大的联想空间，比如从意义上看，字母 M 和 I 代表着小米公司的定位"Mobile Internet"以及小米公司的目标"完成'Mission Impossible'"。再比如从造型上看，将 MI 进行反转可以形成一个少了一点的"心"字，代表着小米公司"让顾客省一点心"的理念。

| 1976年 | 1977年 | 1998年 |
| 2001年 | 2007年 | 现在 |

苹果公司品牌标志的演变

　　探究：苹果公司、小米公司的品牌标志对其产品的销售量有直接性的影响吗？品牌标志的影响大吗？企业的物质文化都包含了哪些方面？请在本模块学习中寻找答案。

学习单元一
企业物质文化概述

【情景导入】

无处不在的企业物质文化

2021年4月，小米集团斥资200万元重新设计了新的标识，引发了网友的热议。而小米这样的做法也仅仅只是一个缩影，大多数企业在企业标识的设计上都是费尽心思的。

如以下这组图片，请大家思考，你能从这些企业标识中感受到企业想要传递的精神理念吗？人民教育出版社，用双手托起一棵新芽，象征着托起中国的教育和未来；房产企业我爱我家，用一个房子的形象代表为消费者寻找的不仅仅是住宅，更是有温度的家这一概念。哪怕我们不了解这些企业，仅仅从企业标识这一角度入手，也能感受到企业彰显的文化价值和企业形象。

结合案例，请思考以下问题：

你认为从企业商标中能感受到企业传递的理念吗？

人民教育出版社标志   我爱我家品牌标志

一、企业物质文化及其内容

企业物质文化即企业文化的物质层，是企业形象的轮廓和骨架，是指由企业员工创造的产品和各种物质设施等构成的器物文化，是一种以物质形态为主要研究对象的表层企业文化，是企业文化其他层面的外现。企业物质文化是企业文化的重要组成部分，是整个企业文化的物质基础，也是企业生存发展的前提要素，对于企业具有举足轻重的价值和意义。

企业物质文化的主要内容有：

（1）企业标识，包括企业名称、标志、标准字、标准色、吉祥物等，这是企业物质文化的最集中的外在体现。

（2）企业外貌、自然环境、建筑风格、办公室和车间的设计与布置方式、绿化美化情况、污染的治理等。

（3）产品及其特色、式样、外观和包装以及售后服务，产品的这些要素是企业文化的具体反映。

（4）技术工艺设备及其特性。

（5）厂徽、厂旗、厂歌、厂服、厂花。

（6）企业的文化体育生活设施。

（7）企业造型和纪念性建筑，包括厂区雕塑、纪念碑、纪念墙、纪念林、英模塑像等。

（8）企业纪念品。

（9）企业文化传播网络，包括企业自办的报纸、刊物、有线广播、闭路电视、计算机网络、宣传栏（宣传册）、广告牌、招贴画等。

🔗 拓展阅读

中国石油的"宝石花"

中国石油天然气集团有限公司（以下简称中国石油）的商标色泽为红色和黄色，取中华人民共和国国旗基本色并体现石油和天然气的行业特点。商标整体呈圆形，寓意中国石油国际化的发展战略。十等分的花瓣图形，象征中国石油主营业务的集合。红色基底凸显方形一角，不仅表现中国石油的雄厚基础，而且孕育着中国石油无限的凝聚力和创造力。外观呈花朵状，体现了中国石油创造能源与环境和谐的社会责任。商标中心太阳初升，光芒四射，象征中国石油蓬勃发展，前程似锦。

中国石油商标

2017年，在原国家工商总局（现国家市场监督管理总局）和世界知识产权组织联合举办的"中国商标金奖"评审中，中国石油的"宝石花"商标荣获国内商标管理最高荣誉——"中国商标金奖·商标创新奖"，彰显了中国石油在商标设计、商标战略、商标管理和运用等方面位于国内领先。评委会一致认为，中国石油"宝石花"彰显了中国石油的核心价值观，得到国内外市场、社会公众的高度认同，成为中国石油统一意志、凝聚力量的纽带和桥梁。

二、企业物质文化建设的原则

企业在塑造物质文化的过程中，要着重遵循以下三方面原则。

（一）品质文化原则

品质文化原则就是强调企业产品的质量。产品的竞争首先是质量的竞争，质量是企业的生命。特殊稳定的优质产品，是维系企业信誉和品牌的根本保证。因此，企业要遵循品质文化原则，营造靠质量取胜的文化氛围。品质文化首先要解决的就是产品的提供者要有作为消费者那样对产品质量高度重视的意识，要把消费者的权益放在首位。每一个企业领导者都有责任让员工明白，劣质产品不仅损害消费者的经济利益，而且可能危及人们的生命。企业要正确处理利和义的关系，把"优质"作为企业的生存之本。

🔗 拓展阅读

奔驰的"品质文化"

以产品质量驰名于天下的梅赛德斯－奔驰（以下简称奔驰），被认为是世界上最成功的高档汽车品牌之一，其安全的技术水平、过硬的质量标准、推陈出新的创新能力令人称道。奔驰车的质量号称20万公里不用动螺丝刀。跑30万公里以后，换个发动机，可再跑30万公里。有卓越的质量为后盾，奔驰车敢于播发这样的广告：如果有人发现奔驰车发生故障被修理厂拖走，我们将赠您一万美元。

奔驰车之所以有如此高的品质，首先在于全公司范围内树立起的"品质至上"企业理念使全体员工人人重视质量。其劳动组织把生产流水线作业改为小组作业，12人一组，确定内部分工、协作、人力安排和质量检验，改变了重复单一劳动容易出现差错的现象，提高了效率和产品质量。奔驰公司特别注重技术培训，在德国国内有502个培训中心，负责对各类员工的培训。新招收的工人除了基本理论和外语的培训外，还有车、焊、测等技术培训。培训结业考试合格才能成为正式工人，不合格可以补考一次，再不合格就不会被聘用。

奔驰公司要求全体员工精细作业、一丝不苟，严把质量关。奔驰车座椅的纺织面料所用的羊毛是从新西兰进口的，粗细在23~25微米之间，细的用于高档车，柔软舒适；粗的用于中低档车，结实耐用。纺织时还要加进一定比例的中国真丝和印度羊绒。皮面座椅要选用上好的公牛皮，从养牛开始就注意防止外伤和寄生虫。加工鞣制一张6平方米的牛皮，能用的不到一半——肚皮太薄、颈皮太皱、腿皮太窄的一律除去，制作染色工艺十分考究，最后座椅制成后，还要用红外线照射灯把皱纹熨平。奔驰公司有一个126亩（1亩≈666.667平方米）的试车场，每年要拿出100辆新车进行破坏性试验——以时速35英里（1英里≈1.609公里）的车速撞击坚固的混凝土厚墙，以检验前座的安全性。奔驰公司在全世界范围内设有专门的质量检测中心，有大批质检人员和高性能的检测设备，每年抽查上万辆奔驰车。这些措施使奔驰名冠全球，使奔驰的"品质文化"深入人心。

案例分享3-1：因为米粉，所以小米

（二）顾客愉悦原则

从企业文化的角度看，产品不仅意味着一个特质实体，而且还意味着产品中所包含的使用价值、审美价值、心理需求等一系列利益的满足。具体地说，顾客愉悦原则应当包括品质满意、价格满意、态度满意、时间满意。品质满意是指顾客对产品的造型、功能、包装、使用质量的肯定。品质满意是品质文化的核心规范之一。价格满意是指产品必须以质论价。态度满意主要是针对商业企业和服务性行业来说的，服务行业的服务水平低、服务人员服务质量差、工作责任感不强、服务设施差、服务职责不明等方面，在一定程度上都会损害消费者的利益。时间满意，是指产品交货或应市时间要让顾客满意，同时，也包括及时的售后服务。

⌗ 拓展阅读

中国百姓的生鲜霸主

永辉超市成立于2001年，于2010年在上海主板上市，是2021年中国500强企业之一，国家级"流通"及"农业产业化"双龙头企业，荣获"中国驰名商标"。中国大陆首批将生鲜农产品引进现代超市的流通企业之一，被国家七部委誉为中国"农改超"推广的典范，京东、红旗连锁、腾讯先后入股永辉，成全面战略伙伴，2017年入围"亚洲最佳上市公司50强"。被国家七部委誉为中国"农改超"推广的典范被百姓誉为"民生超市、百姓永辉"是中国大陆首批将生鲜农产品引进现代超市的流通企业之一。

生鲜商品的采购模式是全国性统采和区域直采，永辉各门店的生鲜经营面积都达到40%以上，而且果、蔬、禽、肉、蛋、鱼等品种一应俱全；永辉的生鲜经营之所以有强大的竞争力，首先源于其在商品陈列、气氛营造方面体现出的专业素质，在肉品分割上，一般超市是分割好了，等着顾客来买。永辉则是现场分割，顾客要哪块就给切哪块，真正满足了顾客的餐桌需求。永辉将若干主题化板块重新划分引入整个卖场，颠覆了传统卖场"千店一面"的认知形象。走进新一代永辉，在设立鲑鱼工坊、波龙工坊、盒牛工坊、麦子工坊、咏悦汇、生活厨房、健康生活有机馆、静候花开花艺馆八大板块中，帮助我们能够快速找准自己的需求领域，也别有一番风味。

永辉超市官网首页

（三）技术审美原则

现代产品，从某种意义上说是科技和美学相结合的成果。任何一件技术产品，其存在的唯一根据就是具备实用性和审美性的统一。从这个意义上说，企业文化与美学，特别是技术审美是相互包容、相互渗透、相互融合的。产品的审美价值是由产品的内形式和外形式两部分构成的,其中外形式的审美价值具有特别重要的意义。审美功能要求产品的外形式在具备效用功能的同时,还需具备使人赏心悦目、精神舒畅的形式美。产品的形态是技术审美信息的载体,设计时必须充分考虑形态的生理效应、心理效应和审美效应,使之体现出技术产品的实用功能和审美功能的统一。技术美学原理不仅要贯彻到产品设计与制造之中,而且要贯彻到企业环境的总体设计、企业建筑设计、门面设计等方面。在企业的广告、招牌的设计上,也必须贯彻技术美学的原则,企业的广告要充分调动一切艺术形式的作用,力求达到新颖、形象、富有美感和个性化。在产品的包装设计中,也必须贯彻这一原则。

🔗 拓展阅读

苹果的"至繁归于至简"

"苹果神话"的核心人物史蒂夫·乔布斯,善于将技术转化为普通消费者所渴望的东西。苹果公司设计的 iPhone、iPad、iMac、iWatch、iTunes 等很多产品受到众多消费者追捧,很重要的一个原因是其实现用户体验上的简单流畅,使用户能够用最少的操作获得最大的功能扩展。

苹果的产品看起来很简洁,苹果的产品用起来也很简单,科技感十足。苹果的产品设计理念是"流畅式的用户体验",基于这个原则,苹果的产品都比较简约,无一例外地具有"越用越喜欢"的特点。苹果的产品设计或许不能算是最美观的,但绝对是能让用户心生愉悦的。

复习与思考

请同学们课后收集一些企业物质文化建设的实例与大家交流分享。

学习单元二
企业标识

【情景导入】

中国知名品牌

中国知名品牌

看完上面这些品牌标志，请思考下列问题：

（1）你是否经常见到这些标志，你知道它们分别代表哪些企业或产品吗？

（2）你能结合其中两三个标志，讲述其背后的故事吗？

（3）为什么看到这些标志就会让人联想起相关企业或产品？

企业标识，是企业文化的表征，是体现企业个性化的标志，包括企业名称、标志、标准字、标准色、吉祥物等。它要求具有自身特色，能达到使人过目不忘的效果。

一、企业名称

在企业识别要素中，首先要考虑的是企业名称。企业名称一般由专用名称和通用名称两部分构成。前者用来区别同类企业，后者说明企业的行业或产品归属。名称不仅是一个称呼，一个符号，而且体现企业在公众中的形象。企业名称可以由国名、地名、人名、品名、产品功效等形式来命名，同时还应考虑艺术性，应当尽可能运用寓意、象征等艺术手法。

（一）企业名称的基本要素

构成企业名称的四项基本要素：行政区划、字号、行业或经营特点、组织形式。

行政区划是指县以上行政区划的名称，企业名称一般应冠以企业所在地行政区划名。字号是构成企业名称的核心要素，应当由两个或两个以上的汉字组成。企业名称是某一企业区别于其他企业或其他社会组织的标志，而企业名称的这一标志作用主要是通过字号体现的。企业应根据自己的经营范围或经营方式确定名称中的行业或经营特点字词，以具体反映企业生产、经营、服务的范围、方式或特点。企业应当根据其组织结构或者责任形式，在企业名称中标明组织形式。企业名称中标明的组织形式，应当符合国家法律、法规的规定。

（二）确定企业名称的规范要求

企业法人必须使用独立的企业名称，不得在企业名称中包含另一个法人名称；企业名称应当使用符合国家规范的汉字，民族自治地区的企业名称可以同时使用本地区通用的民族文字；企业名称不得含有有损国家利益或社会公共利益、违背社会公共道德、不符合民族和宗教习俗的内容；企业名称不得含有违反公平竞争原则、可能对公众造成误认、可能损害他人利益的内容。企业在申请、使用企业名称时，不得侵害其他企业的名称权；企业名称不得含有法律或行政法规禁止的内容。企业名称不仅应符合《企业名称登记管理规定》最新版本的有关规定，同时也应符合其他国家法律或行政法规的规定。

拓展阅读

"百度"名字的由来

百度是一家持续创新的，以"用科技让复杂世界更简单"为使命的高科技公司。百度搜索引擎一直是全球最大的中文搜索引擎，2000年1月由李彦宏、徐勇两人创立于北京中关村，致力于向人们提供"简单，可依赖"的信息获取方式。"百度"二字源于中国宋朝词人辛弃疾的《青玉案·元夕》词句"众里寻他千百度"，象征着百度对中文信息检索技术的执着追求。

二、企业标志

企业标志是通过造型简单、意义明确的统一标准的视觉符号，将经营理念、企业文化、经营内容、企业规模、产品特性等要素，传递给社会公众，使之识别和认同企业的图案和文字。企业标志代表企业全体。企业标志是视觉形象的核心，它构成企业形象的基本特征，体现企业的内在素质。

（一）企业标志的特征

企业标志的特征主要有识别性、领导性、造型性、延展性、系统性、时代性和艺术性等。

1. 识别性

识别性是企业标志的基本功能，借助独具个性的标志，来区别本企业及其产品的识别力，是现代企业市场竞争的"利器"。

2. 领导性

企业标志是企业视觉传达要素的核心，也是企业开展信息传达的主导力量。

3. 造型性

企业标志图形的优劣，不仅决定了标志传达企业情况的效力，而且会影响到消费者对商品品质的信心与企业形象的认同。

4. 延展性

企业标志作为应用最为广泛，出现频率最高的视觉传达要素，必须在各种传播媒体上广泛应用。

5. 系统性

企业标志一旦确定，可以用强有力的标志来统一各关系企业，采用统一标志不同色彩、同一外形不同图案或同一标志图案不同结构方式，来强化关系企业的系统化精神。

6. 时代性

现代企业置身于发展迅速的社会，面对日新月异的生活和意识形态、不断变化的市场竞争形势，决定其标志形态必须具有鲜明的时代特征。

7. 艺术性

企业标志图案是形象化的艺术概括，它用特有的审美方式、生动具体的感性描述和表现，促使标志主题凸显，从而达到准确传递企业信息的目的。

知识补给3-1：企业LOGO不是一成不变的

（二）企业标志建设应遵循的原则

企业标志的建设要分析研究企业所在的市场，能充分反映企业特性并符合企业定位与形象；能满足消费者的需要与认知；符合时代意识和日新月异的潮流走向。企业标志的建设，应遵循适应性原则、知识性原则、可呼性原则、易识性原则、美观性原则和普适性原则。

1. 适应性原则

商标建设要符合产品营销的法规和风俗，要适应时代潮流。

2. 知识性原则

商标形式要根据产品行销地消费者的文化水平和产品性质适当选用图形商标、文字商标或组合商标。

3. 可呼性原则

不管是哪一种类型的企业标志都应该可以被广大客户很容易地用语言来称呼。

4. 易识性原则

不管是哪一种类型的企业标志都应该简单易识，并且具有明确而强烈的表现力，容易被客户记住。

5. 美观性原则

企业标志必须符合艺术法则，造型优美精致，适应大众审美心理，给人以美的吸引和享受。

6. 普适性原则

在设计企业标志时，应考虑标志在多种场合的使用（企业建筑物、产品的包装、员工徽记和广告媒介等），同时还应考虑在宣传媒介上制作方便，确保普适、统一的企业形象。

📎 拓展阅读

华为新旧标志

　　华为品牌标志由图标和HUAWEI拼音构成，其新一代的企业标志均是在保持原有标志蓬勃向上、积极进取的基础上，更加彰显聚焦、创新、稳健、和谐的核心价值观，充分体现华为将继续保持积极进取的精神——通过持续的创新，支持客户实现网络转型并不断推出有竞争力的业务；华为将更加国际化、职业化，更加聚焦客户，同客户及合作伙伴一道，创造一种和谐的商业环境，以实现自身的稳健成长。

第一代标志　　　　第二代标志　　　　第三代标志

华为三代标志

三、标准字

　　标准字指企业名称标准字体、产品名称标准字体和其他专用字体。它是企业识别中的基本要素之一，往往与商标同时使用，出现频率高、运用广泛，几乎出现于所有的应用设计中。标准字的设计处理不但是信息传达的手段，也是构成视觉表现感染力的不可缺少的要素。

　　标准字包括品牌标准字和企业名称标准字。它们的基本功能都是传达企业精神，表达经营理念。

　　标准字的建设应当遵循准确性原则、关联性原则和独特性原则。

　　1. 准确性原则

　　标准字做到最大限度的准确、明朗、可读性强，不会产生任何歧义。

　　2. 关联性原则

　　标准字的设计，不只是考虑美观，还要充分调动字体的感应元素，确保标准字和商品的特性有一定内在联系，唤起大众对商品本质的联想。

　　3. 独特性原则

　　设计标准字要以企业的文化背景和企业经营理念为基础，设计出独具一格、具有鲜明特色、有震撼力的字体，将企业的经营内容或产品特性利用各种方式具体地表现出来。

四、标准色

标准色是企业根据自身特点选定的某一色彩或某一组色彩，用来表明企业实体及其存在的意义。色彩是视觉感知的基本因素，它在视觉识别中的决定性作用，使得企业必须规定出企业的用色标准，使企业标志、名称等色彩实现统一和保持一贯，以达到企业形象和视觉识别的目的。

色彩作为视觉文化中的一个重要因素，能有力地表达情感，在不知不觉中影响着人们的精神、情绪和行为。每一种颜色都能诱发出一定的情感。标准色的选择依据以反映企业的经营理念、经营战略，表现企业文化、企业形象为主，还要根据不同消费者的心理感受以及年龄，不同企业、行业特点，颜色的含义及其视觉性来确定。一般说来，幼儿喜欢红、黄两色（纯色），儿童喜欢红、蓝、绿、金色，年轻人喜欢红、绿、蓝、黑色及复合色，中年及老年人喜欢紫、蓝、绿色；男性喜欢坚实、强烈、热情之色，而女性喜爱柔和、文雅、抒情的色调。

标准色设计一般分为企业理念确立、企业形象拟定、色彩设计、色彩管理、反馈发展五个步骤。设计是有计划的造型行为，色彩设计要考虑用什么颜色才能表现企业形象的特质，为便于识别，取得较好的设计效果，标志色彩的诱目性、明视性要高；同时，设计还要注意配色调和的美感，根据色相、色调的合理组合，设计出正式、安定、高级的感觉。色彩设计决定后，还须制作色彩规范，用表色符号或贴附色样，并标明色彩误差的宽容度，以便实行标准化管理。色彩设计出效果后，还须追踪考察设计成效，将信息反馈资料作为企业形象更新发展的参考。

🔗 拓展阅读

屈臣氏三大颜色

屈臣氏集团（香港）有限公司（简称屈臣氏）始终倡导三大经营理念：健康、美态、快乐，并以三种不同的颜色作为视觉符号——"健康"以蓝色为代表，蓝色的天空和海洋是健康生命的象征；"美态"以紫色代表，很多女性喜欢紫色的衣服就是最好的证明；"快乐"以黄色代表，比如麦当劳、肯德基的嫩黄色让人充满快乐的联想。

屈臣氏标志

五、吉祥物

在整个企业识别设计中，吉祥物设计以其醒目性、活泼性、趣味性越来越受到企业的青睐。利用人物、植物、动物等为基本素材，通过夸张、变形、比拟、幽默等手法塑造出一个亲切可爱的形象，对于强化企业形象有不可估量的作用。由于吉祥物具有很强的可塑性，往往根据需要设计不同的表情、姿势和动作，较之严肃庄重的标志、标准字，更富弹性、更生动、更富人情味，更能达到令人过目不忘的效果。如米其林集团的"轮胎人"、海尔集团的"海尔兄弟"、旺旺集团的"旺仔"都是家喻户晓的人物，而"京东狗""苏宁狮""QQ 企鹅"也早已成为人们的爱宠。

复习与思考

结合本单元所学内容，请为你所在的班级或者团队设计形象标志，并对其进行文字释义。

📤【情景导入】

充满童心童趣的乐高办公室

LEGO，中文名乐高——来自于"童话王国"丹麦的玩具品牌，历经 80 多年的发展，现已成为世界玩具市场的领导品牌，并以其强大的实力跻身《世界品牌 500 强》（World Brand Lab 编制）（2018 年位列第 98 位）。它旗下的产品以其独特的组合结构而风靡全球，得到了不计其数的孩子们甚至成年人的热爱与收藏。

那么，你是否猜得出这样一家企业的办公室是怎样的设计风格？有趣的是，乐高公司的办公室装修也像一个玩具堆砌的有趣空间一样，充满了童心，显得非常理想化。热情的红、明快的黄，能够给人以率真愉悦之感。乐高公司的办公室前台背后的装饰背景墙上可以看到用乐高积木装饰的红、黄、白、黑四色相间的企业 LOGO（标志），可谓最大限度地突出了企业特色。

乐高办公室

办公桌被设计成积木凹凸接口状，彰显企业文化的同时为员工营造了大多数企业办公室都会选择的半封闭空间，有助于保护员工隐私，也有利于他们以更专注的精神状态投入到工作中去。无论是独立办公室还是公共办公区域，分隔手段都是玻璃隔板。在这些玻璃隔板上，我们可以看到喷绘出的带有公司 LOGO 的卡通人图案，墙壁上还有卡通风格彩绘。

如果能将幼年的童心和童趣带到成年后的工作和事业中并以此创造价值，应该是一件再幸福不过的事情。

结合案例，请思考以下问题：

（1）乐高为什么能让全世界儿童和成年人喜爱？它的魔力究竟在哪里？

（2）如果你在乐高这样的办公室里工作，心情如何？

一、企业环境

企业环境是企业文化的一种外在象征，它体现了企业文化的个性特点。企业环境主要是指与企业生产相关的各种物质设施、厂房建筑以及职工的生活娱乐设施，一般包括工作环境和生活环境两个部分。

（一）企业工作环境

企业工作环境的构成因素很多，主要包括两部分内容：一是物理环境，包括视觉环境、温湿环境、嗅觉环境、营销装饰环境等；二是人文环境，主要内容有领导作风、精神风貌、合作氛围、竞争环境等。创造一个良好的企业内部环境不仅能保证员工身心健康，而且是树立良好企业形象的重要组成部分，企业要尽心营造一个干净、整洁、独特、积极向上、团结互助的内部环境，这是企业展示给社会公众的第一印象。企业生产环境的优劣，直接影响企业员工的工作效率和情绪。整齐、整洁的工作环境，容易吸引客户，让客户心情舒畅；同时，由于口碑相传，企业会成为其他公司的学习榜样，从而能大大提高企业的声望。

🔗 拓展阅读

带你走进字节跳动

字节跳动（全称北京字节跳动科技有限公司）成立于 2012 年 3 月，是最早将人工智能应用于移动互联网场景的科技企业之一。公司以建设"全球创作与交流平台"为愿景。字节跳动的全球化布局始于 2015 年，"技术出海"是字节跳动全球化发展的核心战略。字节跳动努力为员工创造舒心、健康的工作环境，为员工免费提供营养均衡的工作餐及下午茶，定期开展文体活动，并为员工提供全面的体检服务，让员工在紧张的工作之余能够放松身心。

字节跳动总部大楼

营造和谐的工作环境。为员工提供安全、舒适的工作环境，配备必要的工作工具和办公设施；建立内部沟通交流制度，加强内部沟通与交流，为员工提供和谐、高效、优质的服务，营造团结奋进、严格管理、不断创新、追求卓越的工作氛围。企业管理者在强调工作纪律与工作效率的同时，不能忽略人与人之间关系的和谐，更不能忽视对普通员工的尊重，要率先垂范，在企业中营造一种良好的人际氛围，体现人与人之间的人格平等；通过开展企业文化建设，培育共同的价值观和行为准则，营造相互鼓励、相互帮助的工作氛围，形成"胜则举杯相庆，败则拼死相救"的团队精神。和谐的工作环境不但使每个员工在企业中干得好，还干得开心，从而不断增强企业的凝聚力。

视频欣赏 3-1：探访华为总部

改善企业内部环境，要满足员工多层次需求。贴近员工开展思想政治工作，加强内容和形式的创新，贴近基层、贴近一线、贴近员工。企业内部各种宣传阵地、新闻媒体，都要增强员工可读性。大力表彰先进，总结先进单位、先进集体的经验，树立典型，大力推广。对各种荣誉获得者，要给予精神、物质激励，满足员工精神和物质的双方面追求。

（二）企业生活环境

企业的生活环境包括企业员工的居住、休息、娱乐等客观条件和服务设施，企业员工本身及其子女的学习条件。这些方面的好坏也会影响企业员工的工作热情和工作质量。因此，在优化企业生产环境的同时，要注重优化企业的生活环境，使职工免除后顾之忧，从而更加专注于工作中。

> **拓展阅读**
>
> #### 中国一汽：关爱员工，创建和谐企业
>
> 关爱员工是创建和谐企业的内在要求。坚持发展第一要务，用发展的成果创造员工新生活、建设和谐"新一汽"是中国一汽（全称中国第一汽车集团有限公司）在科学发展观指导下和谐发展的重要思路。几年来，伴随着企业的快速发展，中国一汽在不断壮大企业实力的同时，始终坚持扎扎实实地开展提高员工生活质量工作，在企业内营建了身心和谐、关系和谐、生产与生活环境和谐、生活水平不断提升的企业和谐发展的新环境。中国一汽是个大家庭，团结友爱、互相帮助是一汽人的优良传统，也是一汽队伍凝聚力所在。多年来，中国一汽不断夯实"三级管理、五级帮扶"体系，建立健全困难群体的档案资料，通过日常的勤走动、多了解，实现对困难员工群体的动态管理和随时帮扶。通过办理五险一金，实施"维权工程""鹊桥工程""雀巢工程""暖心工程""金秋助学""春风助学"等，对在就业、择偶、住房、子女上学等方面遇到困难的员工传送着企业亲情般的关爱。

二、企业建筑物

建筑是人类最重要的文化现象之一。一定时期的建筑总是反映出一定时期的文化内涵，作为企业建筑同样也反映出企业文化的内涵。

（一）企业建筑物与企业文化之间的联系

一个企业要形成具有个性的、强势的企业文化体系需要一个长期的过程。这个过程就是要将企业的核心价值观通过各种途径在员工中进行宣传，使员工由内心逐渐接受进而融入企业文化的塑造中。这种传播的途径大多是由上而下传播，包括听觉、视觉等，它是多方位的、长时间的渗透过程。企业建筑物毫无疑问是传播企业精神文化的主要载体，它要为员工创造一种工作的氛围，在这个氛围里，员工无时无刻不能感受到企业文化的价值内涵。在"建筑综合环境效应"下，员工的心理和生理会受到影响，在不知不觉中接纳企业的精神理念。所以，建筑与文化，这两者之间的联系有异曲同工之妙。可以说，自从有了企业文化，企业建筑就有了与之密不可分的联系，一定时期的建筑肯定反映了一定时期的文化，而一个企业的建筑也肯定需要反映出其企业文化的深刻内涵。

（二）企业建筑物体现企业文化的方式

第一，从传统文化与企业文化的结合中寻找构思源泉。企业建筑物要反映出企业文化的内涵，就一定要深刻理解该企业的核心价值观。因为企业文化总是建立在特定的民族文化的基础之上，并与该民族物质文明与精神文明的发展水平密切相关。例如，东方企业大多数受儒家思想潜移默化的影响，企业文化和儒家的价值观有很强的联系；而西方大多数企业崇尚个人主义和英雄主义，所以大多数企业文化的提法也比较直接。因此，企业一定要将企业建筑物所处的民族文化和企业本身的特质理解透彻，这样才能够将企业文化的内涵渗透到企业建筑物中。

第二，将企业的形象战略进行提取、拼贴、变异和进化，应用到企业建筑的造型、色彩及布局设计中。企业的"形象战略手册"（简称企业 CI 手册），是一个企业为规范企业的对外形象而制定的形象规范手册，包括了企业理念、企业行为系统、企业视觉识别系统三部分内容，特别是企业视觉识别系统部分和企业建筑物有着密不可分的联系。要将企业的形象战略应用到企业的建筑物上，可以对企业的标志、标准色、形象符号等进行提取、拼贴、变异和进化，从而很好地将企业文化体现在企业的建筑物中。

⊘ 拓展阅读

海尔的办公大楼

我国著名企业海尔的企业文化建设是非常出名的，它很好地将企业文化的精髓体现在海尔的建筑物中。海尔工业园中有两个最吸引人的地方，一个是海尔办公大楼，另一个是海尔大学。

海尔办公大楼从外观看是一幢四方形的建筑物，但从大楼里面看则是圆形的，这其实就很好地体现了海尔形象识别标志的内涵。海尔的形象识别标志称为方圆标志，意即"思方行圆"，它是由纵横 36 个圆形组成的，第一行第一列是个"方块"，其余全是圆点。"方块"放在阵中的排头表示以它为基础向纵深发展，它在这里代表了海尔的思想、理念、文化，它是一个中心，它指导着周边圆点的组合，体现了"思方行圆"的思想，即在工作中要将原则和灵活性有机地结合起来，以达到预定的目标和效果，同时也有发展无止境的寓意。海尔办公大楼的外围四周有四根红色的柱子，这是和标志中的红色标准色及圆点相一致的。

海尔办公大楼外部

海尔大学的建筑风格则完全是按照中国古代传统建筑设计的，这不仅体现了海尔所在之地——山东是孔孟之乡，同时又充分体现了海尔企业文化中的儒家思想。

海尔办公大楼内部

复习与思考

结合本单元所学内容，谈一谈你希望以后在什么样的企业环境中工作。

学习单元四
企业的产品和服务

↗ 【情景导入】

驼人：守护国人的健康

在河南省新乡市长垣市大广高速路口，"大白"们在返乡的车流中，格外抢眼，白白胖胖的模样十分可爱，既缓解了返乡车流检疫的紧张气氛，又拉近了医护人员和返乡群众的距离。这是一款由驼人集团研制的智能控温医用正压防护服，在防暑的基础上增加了防寒功能，冬季能把温度保持在26℃，真正实现冬暖夏凉。

据驼人集团创始人、总裁王国胜介绍，新冠疫情以来，该公司利用自主研发平台，不断突破技术瓶颈，相继研发出了新型防护头罩、正压防护服、季铵盐口罩等多款舒适安全的防护装备，为守护国人健康贡献出了"驼人力量"。驼人集团被授为2022年中央广播电视总台春节联欢晚会的健康守护官，旗下的季铵盐抗菌口罩也登上春晚舞台！

驼人集团产品系列

企业生产的产品和提供的服务是企业生产经营的成果，它是企业物质文化的首要内容。传统的产品以及对它的解释，常常局限在产品特定的物质形态和具体用途上，而在现代市场营销学中，产品则被理解为人们通过交换而获得的某种需求的满足，归结为消费者和用户期求的实际利益。由此，产品概念所包含的内容大大扩充了，产品是指人们向市场提供的能满足消费者或用户某种需求的任何有形产品和无形服务。有形产品主要包括产品实体及其品质、特色、式样、品牌和包装；无形服务包括可以给买主带来附加利益和心理上的满足感及信任感的售后服务、保证、产品形象、销售者声誉等。

一、产品的概念

现代产品的整体概念由核心产品、形式产品和附加产品三个基本层次组成。

（1）核心产品

核心产品是指产品的实质层，它为顾客提供最基本的效用和利益。消费者或用户购买某种产品绝不仅是为获得构成某种产品的各种材料，而是为了满足某种特定的需要。

（2）形式产品

形式产品是指产品的形式层，较产品实质层具有更广泛的内容。它是目标市场消费者对某一需求的特定满足形式。产品形式一般通过不同的侧面反映出来。产品形式向人们展示的是核心产品的外部特征，它能满足同类消费者的不同要求。

（3）附加产品

附加产品是指产品的扩展层，即产品的各种附加利益的总和。它包括各种售后服务，如提供产品的安装、维修、送货、技术培训等。在国内外许多企业的成功经验中，很重要的一条就是得益于良好的售后服务。它们除了提供特定的产品外，还根据顾客和用户的需要提供多种服务。在现代市场营销中，企业销售的绝不仅是特定的使用价值，而必须是反映产品的整体概念的一个系统。在日益激烈的竞争环境中，附加产品给顾客带来的附加利益，已成为竞争的重要手段。现代市场经济运行状况表明，新的竞争并非各公司在其所生产的产品上，而在于附加在包装、服务、广告、顾客咨询、资金融通、运送、仓储及具有其他价值的形式上。因此，能正确发展附加产品的公司，必将在竞争中取胜。

二、产品是企业信息的综合体现

案例分享
3-2：百年
张裕

企业把科技、生产、工艺、材料、市场促销、媒体传播、经济、社会、人文等多种学科的互动与协调，物化为产品。就是说，作为一个生产产品的企业，在其产品上会给人们提供一种综合的、全方位的信息。

通过该企业的产品，人们可以了解其科学合理的企业管理、严格的质量管理、创新的设计理念、精湛的工艺技术、高效的生产管理、完善的售后服务、高超的促销手段、吸引消费者的魅力等。产品折射出多种信息，从而塑造出脍炙人口的品牌，进一步塑造了企业形象。因此，企业形象，最终是体现在它的产品上，所有的软件资源是体现在产品这个实实在在的硬件上，因此，与其说消费者在消费该产品，不如说在消费信息，消费上述的种种软件资源。

三、产品生命周期与设计管理

任何一项成功的新产品都会经历从开发期经商品化而进入市场，为市场所接受，经过成长、成熟和衰退以及最终退出市场而消亡的过程。现代市场营销学中把产品从投入市场至退出市场的全过程称为产品生命周期，为了研究设计管理在其中的作用，这里我们把产品开发期也加入其中，形成广义的产品生命周期。当然，不同产品的生

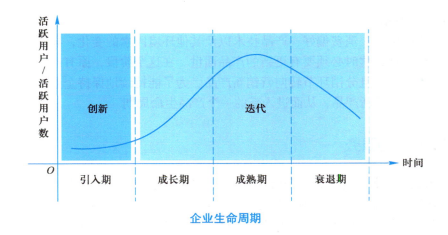

企业生命周期

命周期是不同的。有的新产品被市场接受的时间较长，有的则进入市场不久便夭折，有的甚至在投入市场之前便终止了继续开发。

产品的生命周期一般分为五个阶段：开发期、导入期、成长期、成熟期和衰退期。设计管理在不同的阶段参与的设计领域的重点不同。

（一）开发期

这一阶段是产品孕育的阶段，企业了解市场需求，提出产品概念，制作原型机，试制样品，为批量生产作准备。开发期在营销理论上常常不列入产品生命周期，因为营销理论研究的是产品进入市场后的价值实现，而在设计管理中这是非常重要的一个阶段。在开发期，设计管理主要进行产品创新设计管理。

（二）导入期

导入期是产品进入市场后的第一阶段，产品开始按批量生产并全面投入企业的目标市场。这个阶段最主要的特征是销量低和销售增长缓慢。在这个阶段，设计管理主要进行产品创新设计管理、展示设计管理、包装设计管理。

（三）成长期

新产品从投入期转入成长期的标志是销售量迅速增长。另一特征是竞争者纷纷介入，当新产品盈利较高时更是如此。在这个阶段，设计管理主要进行产品细节创新设计管理、广告设计管理、分销渠道设计管理。

（四）成熟期

成熟期时，产品市场基本饱和，虽然普及率继续有所提高，而销售量则趋于基本稳定。

由于竞争日益激烈，特别是出现价格竞争，使产品差异化加剧和市场更加细分，顾客对品牌的忠诚度开始建立，产品市场占有率的高低主要决定于重复购买率的高低，维护市场占有率所需的费用仍然很高，因此，少数财力不足的企业被迫退出市场。在成熟期，设计管理进一步对产品细节进行设计管理，利用企业形象设计管理，进一步维持市场。居安思危，及早考虑产品的升级换代，从功能、形态、技术等诸方面考虑新产品开发，以从总体上延续本企业产品家族的产品周期，使其保持连续不断。

（五）衰退期

市场竞争势态、消费偏好、产品技术以及其他环境因素的变化，导致产品销量减少而进入衰退期，这时必须要有更新的产品面世。在这个阶段，原有产品占有率迅速降低、成本回升，且分销环节转向营销新产品。为了能持续地保持企业的生命力，其必须投入已开发的新产品，从而进入新的一个产品生命周期。

四、企业的服务

在产品同质化日益严重的今天，售后服务作为现代市场营销的一部分已经成为众厂商争夺消费者的重要领地。良好的售后服务是下一次销售前最好的促销，是提升消费者满意度和忠诚度的主要方式，是树立企业口碑和传播企业形象的重要途径。企业把产品卖给顾客并没有万事大吉，良好的售后服务，才能得到广大消费者的认可。售后服务就是在商品出售以后所提供的各种服务活动。从推销工作来看，售后服务本身同时也是一种促销手段。在追踪跟进阶段，推销人员要采取各种形式的配合步骤，通过售后服务来提高企业的信誉，扩大产品的市场占有率，提高推销工作的效率及效益。

（一）售后服务的重要性

售后服务是售后最重要的环节。售后服务已经成为企业保持或扩大市场份额的要件（如天猫、京东等）。售后服务的优劣能影响消费者的满意程度。在购买时，商品的保修、售后服务等有关规定可使顾客摆脱疑虑、摇摆的心态，下定决心购买商品。优质的售后服务可以算是品牌经济的产物，在市场激烈竞争的今天，随着消费者维权意识的提高和消费观念的变化，其不再只关注产品本身，在同类产品的质量与性能相似的情况下，更愿意选择那些拥有优质售后服务的公司。客观地讲，优质的售后服务是品牌经济的产物，名牌产品的售后服务往往优于杂牌产品。名牌产品的价格普遍高于杂牌，一方面是基于产品成本和质量，同时也因为名牌产品的销售策略中已经考虑到了售后服务成本。

（二）售后服务的内容

售后服务主要包括以下七方面内容：

第一，代为消费者安装、调试产品；服务的内容多样化。

第二，根据消费者要求，进行有关使用等方面的技术支持与指导。

第三，保证维修零配件的供应。

第四，负责维修服务，并提供定期维护、定期保养。

第五，为消费者提供定期电话回访或上门回访。

第六，对产品实行"三包"，即包修、包换、包退（许多人认为产品售后服务就是"三包"，这是一种狭义的理解）。

第七，处理消费者来信、来访以及电话投诉，解答消费者的咨询；同时，用各种方式征集消费者对产品质量的意见，并根据情况及时改进。

售后服务基本流程，如下图所示。

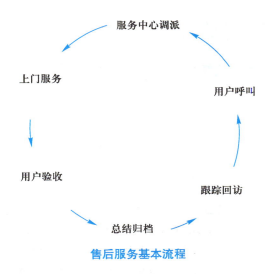

售后服务基本流程

🔗 拓展阅读

原来生活可以更美的

　　美的电器已成为人们日常生活中必不可少的电器，全国美的售后服务中心成立于 2009 年，自成立以来紧紧围绕"专业化"的服务标准，以"我用心，你放心"的服务精神促进企业发展壮大，以"诚信务实"的服务理念赢取市场和回报社会，使企业在竞争异常激烈的家电市场中连续多年稳健发展，取得了良好的经济效益和社会效益。

　　在全国范围内，美的针对空调、冰箱、洗衣机三大品类，进行免费上门健康保养，不但清洁产品、降低污染，让用户使用更舒适、更安心，还能达到节能省电、低碳环保的效果。这是中国家电行业迄今为止，首家对冰箱、洗衣机用户提出"上门健康保养"的服务举措，也是家电业内首家推出"一人上门完成三品类保养"的"一站式"创新服务模式。

复习与思考

　　结合本单元所学内容，分析产品和服务对企业发展的重要性。

学习单元五
企业物质文化中的职业道德

【情景导入】

中国移动的品牌文化

中国移动通信集团有限公司（以下简称中国移动）是我国在境外上市公司中市值最大的公司之一，也是全球市值最大的电信运营商。在个人客户品牌上，中国移动相继开创了"全球通""动感地带""神州行""And！和"四大知名子品牌，2019 年 6 月中国移动正式启动"5G+ 计划"。该公司前总裁、董事长王建宙曾说过，中国文化讲求人、社会与环境的和谐共生。承继这一理念，中国移动以"正德厚生，臻于至善"为企业的核心价值观，以"创无限通信世界，做信息社会栋梁"为使命，以"成为卓越品质的创造者"为企业愿景。事实也证明，中国移动的企业文化理念与品牌文化的精髓有着共通之处，其产品和服务也一脉相承。"正德"强调员工个人的品性修养；"厚生"强调员工的社会责任感和奉献精神；"至善"强调其产品和服务的不断提升，追求卓越和完美。

中国移动四大客户品牌

结合案例，请思考以下问题：

（1）企业应如何将职业道德融入企业物质文化之中？

（2）企业物质文化又是如何体现与催生职业道德的？

一、企业标识蕴含的职业道德

文化总要以外在形象得以体现，企业文化理念要通过有形的形象向社会、向利益相关者传达。企业标识是人们通过视觉认识企业的一种形式，对企业从感性认识到理性认识的上升，总是从企业外在的形象开始的。彰显企业的文化价值观念、传达企业的道德形象，要通过企业标识。所以企业标识在传递企业的文化信息和道德形象方面，总要以普世的，符合人类社会各民族文化价值、宗教信仰、审美情趣以及本民族的文化价值、社会传统的形式表达，要乐观、向上、和谐、进取。而企业职业道德内涵的表达，则通过外在形式以视觉传达的方式把诚信、责任、使命、友爱、团队、公正、清廉等道德规范表达出来，使社会各层和利益相关者通过对企业标识的感觉、知觉、表象产生审美意识，进而产生判断、分析、推理、综合的心理活动。这种视觉传达的目的是让社会各层和利益相关者视觉识别，从而达到对企业组织理念的认可、赞同，文化价值的相容共认以及产品和服务的购买和消费。价值观念上的认可和共容是企业标识设计管理中的重要因素，企业总是以独特的形式、鲜明的意向、蕴含企业职业道德的形式表达出让人感到协调的、祥和的、有美感的、使人产生持久记忆的企业标志，并以本民族的标准字体、标准色来传达反映企业的文化道德内涵。而又常以吉祥物形式传达企业的历史性、特异性、和善、仁爱、诚信、责任和对公众的情感。从物的形式反映出诚信的品质保证、热情和善的服务行为、关爱祝福的夸张形象，使不同民族、不同文化、不同语言背景、不同年龄的消费者产生认同和共鸣，从而对企业产品和服务产生持久的消费能力。所以，企业标识中的文化和道德内涵的表达是企业物质文化彰显的重要方式，优秀的企业总是从本企业的文化历史传统、职业道德规范形象、社会责任、企业使命等重要方面去设计形象，并以简约的方式反映企业的文化道德内涵。

企业的品牌标识在企业不同的发展阶段可能会有所变化，品牌标识的变化同时也体现了一个企业从无到有、从小到大的发展历程。在此期间，企业的文化内涵也在不断地积累、沉淀、丰富和创新。

🔗 拓展阅读

联想集团更换品牌标志

2003 年 4 月 28 日，联想集团正式放弃旧的品牌标志，以 Lenovo 取而代之。进入 21 世纪，联想确立了"高科技的联想、服务的联想、国际化的联想"的发展目标。国际化是联想既定的发展方向，联想要国际化，首先需要一个可以在世界上畅通无阻的、受人喜爱的英文品牌和新的品牌标志，为国际化的战略部署提前做好准备。Lenovo 这个新的英文名称，是在继承已有品牌资产基础上的发展与升华。"le"代表联想过去的英文名称"Legend"；"novo"是一个很有渊源的拉丁词根，代表"新意，创新"；整个品牌名称的寓意为"创新的

1984—2003年

2003—2015年

2015年至今

联想集团品牌标志的变迁

联想"。联想的标志创新通过对企业原有品牌的提炼和发展，将联想新品牌赋予四大重要特性：诚信、创新有活力、优质专业服务和荣誉。整个标志创新的过程，也是联想对多年来形成的企业文化的总结、提炼和创新，为企业的进一步发展打下了坚实的基础。

2015年4月15日，联想集团全球誓师大会在美国纽约举行，会上发布了新版的联想标志，新标志在上一版标志的基础上做了小幅改变，原来的斜体设计被改为箱形，以便对背景进行编辑，加入不同的颜色、材料、图片或视频，旨在表明联想将为用户提供一种更人性、更具吸引力和以用户为中心的全新体验，新标志反映了联想的个性，并且整合了收购来的各家公司留下的丰富遗产和公司最初的创业基因。新标志继续朝着"扁平、简洁、互联化"的方向发展，正如联想集团首席市场官 David Roman 所言："这个标志变得完全互联网化了，你可随时把它的背景进行变化，所以你能看到很多不同的标志。我们想把它变成一个互联网体系的品牌形象。

二、企业环境和建筑物蕴含的职业道德

企业环境中的工作环境是企业员工从事产品生产和服务的场所，是员工得以发挥能力水平的平台。企业发展战略的任何一个步骤、一个重点、一个层次、一个部分、一个阶段，都要在这个平台上得以实现。这个平台是企业发展的核心，所以企业工作环境中的实物形态和人文形态，从视觉传达到感觉表象，从视听环境到嗅觉环境，从外形特征到内部装饰，从道路走向到植被绿化，从设施布局到物流走向，都要给社会公众和利益相关者和谐、整洁、有序、蓬勃向上的精神气质和管理态势，给人以深刻印象，以表明这是一个向上的，对社会负有重大责任的企业。当企业员工、社会任何人员走入企业，从入口处就明显地感到其与众不同，橱窗陈列、标语设计、环境设计都向人们展示了企业的文化坐标和道德指向。从中外知名企业看，每一企业的工作环境无不如此，在工作环境、建筑物这一外在形式上，彰显出企业的文化价值观和道德价值指向，其共同点总是表现出向上、进取、团结、文明，以及对利益相关者负责、对社会负责、对环境生态负责的职业道德素养和风范。企业的制度文化、行为文化、精神文化总是在物质环境、在企业工作环境中体现出来。以人为本的制度文化、对社会负责的催人向上的行为文化、价值提升的精神文化，总是在企业工作环境中得以表达和实现。纵观国内外知名大企业，无不在企业工作环境中精心地构建企业的文化价值和职业道德指向，向员工宣示企业的文化和道德，似润物无声地给员工以视觉、行为、理念的传达，滋润孕育员工的文化价值和道德规范。而企业环境中的企业生活环境，则以整洁、有序、宽松、祥和、健康的形象体现企业的职业道德和文化价值指向。

企业建筑物作为企业最突出的物质形式，作为文化的积淀，除反映民族文化内涵外，也要反映企业的道德价值指向。从视觉传达、听觉传达、表象记忆上，给员工和

社会各层人员、利益相关者以庄重平和、历史传统、现代气息、持续发展、社会支柱的形象宣示，它给人的是时代的、前进的、发展的，继承着民族、国家使命的，对社会有责任心的一种道德形象表达。中外知名企业在建筑物的设计建造上，都可以看到这些。所以，企业建筑物的设计、建造应该体现企业的道德规范、道德价值，应向社会和利益相关者以及企业员工表达出企业道德传统积淀、道德示范、道德弘扬等信息。

⊘ 拓展阅读

五粮液的建筑文化

在中华酒文化的百花园中，绚丽多彩的五粮液酒文化格外引人瞩目。遍布于集团整个厂区的建筑和雕塑系统透彻地展示了五粮液集团有限公司（以下简称五粮液集团）的企业文化理念。在五粮液集团东大门的广场，在一个椭圆形镜碑上书写着集团的核心价值观。厂区内修建有奋进塔、奋发图、奋飞门、"五粮液史话"浮雕长廊，以及"传人"丰碑和"人面雄鹰"雕像等大型雕塑，这些建筑和雕塑无不诠释着其企业使命和企业精神。

奋进塔

其中，奋进塔是目前国内最高的企业精神形象雕塑。塔身由五根多面体巧妙构成，分别象征酿造五粮液的"五粮"——糯高粱、大米、糯米、小麦和玉米，其最高者足 50 米，余顺次按配料比例高度递减。塔柱立于水池之内，表明五粮液乃琼浆玉液。最高者内设旋梯，沿梯可扶摇直上，达各柱之巅，可极目眺望。塔肩上的时钟，象征着"岁月"和"时间"。塔顶上是一匹不锈钢骏马，凌空扬蹄，跃在时钟前面，寓意企业要与时间赛跑、竞争，并要始终走在时间的前面。奋进塔的造型意在激发五粮液人拼搏、奋进的企业精神，体现了现代五粮液人蓬勃向上的整体面貌。

三、职业道德在企业产品和服务中的彰显

产品和服务是企业文化价值、职业道德在物质形态上的积淀和彰显，企业的文化价值、职业道德形象、社会责任风范、国家民族使命的担当都要在企业的产品和服务中得以体现。企业的产品和服务是向社会和利益相关者体现企业操守和品性的资质。对社会负有责任、对国家负有使命的企业，在追求经济利益的同时，无不注重产品和服务所彰显的文化价值和职业道德形象。从产品的造型设计和产品制造上，千方百计

案例分享
3-3：大品
牌有大担当

地反映消费者的审美情趣、文化传统、时代气息，触发引领消费者的消费新观念，创造消费者新的消费方式。以健康、新潮、时尚、安全、亲和诚信、资源节约、环境友善的现代产品设计和制造体现企业道德形象、文化价值、社会责任、民族使命。中国知名企业海尔集团、华旗资讯、华为公司等均是如此，在产品设计和制造中，体现企业物质文化、行为文化、制度文化、精神文化各层面蕴含的文化价值和道德形象。在产品服务中，从广告的视觉张力开始，到包装装潢的设计，又到产品的运输、销售，再到产品使用的维修保养和保修退换等一系列环节，都蕴含着企业诚信、操守、气节、责任等职业道德因素。企业产品设计、制造、销售、售后服务的整个过程，实际上是企业彰显文化价值、职业道德形象的过程。而文化价值、道德形象的彰显向社会展示了企业的责任和信心、操守和能力、公正和效率。

复习与思考

结合本单元所学内容，就当地一家知名企业，谈一谈该企业是如何重视企业物质文化建设的，其物质文化中是如何体现职业道德的。

思政润心

用品质圈粉全世界

青岛啤酒（全称青岛啤酒股份有限公司）是中国制造的一张名片，时至今日，青岛啤酒已经走过了 100 多年的风雨历程。如今这位"百岁老人"非但没有表现出衰老与疲惫，反而激情勃发、活力十足，深受国内外消费者喜爱。"只为酿造一瓶好啤酒"，在青岛啤酒这句著名的口号里，其实暗含着这家百年老字号企业的初心与匠心。青岛啤酒始终坚持产品品质的提升和技术效率的变革。

青岛啤酒笑傲国内外市场的秘诀是对产品的高要求。青岛啤酒建立了一个面向全球消费者的大数据库，涵盖了从各种途径调研而来的市场信息——全球各个国家的啤酒风味、各种啤酒的生产工艺、各地消费者的消费偏好和口味变化等，在保持自身独特风味的同时，会根据不同国家、地区的特点，在配方、工艺、口味、造型上，因地制宜地进行调整。同时，青岛啤酒还能进行快速的产品创新，根据不同的消费阶段，及时地推出新研发的产品。

质量是百年青岛啤酒的立身之本，青岛啤酒依靠质量引领以历史的长度、覆盖的广度和品质的厚度，通过对食品安全、基础质量和特色质量的不懈追求，不断加快创新驱动，以优良品质造就品牌发展，凭借独特的酿造工艺和高质量的产品，成为"中国制造"的榜样力量。因而，青岛啤酒毋庸置疑成为中国享誉全球的知名啤酒品牌。品牌的背后是文化。青岛啤酒通过"文化引领"打造品牌特色，坚定文化自信、传递文化自信，让世界真正了解和接受中国文化，让中国文化在融合世界文化的过程中得到升华，赢得了大批海外消费者的青睐与点赞。青岛啤酒将啤酒这件舶来品做出了中国的特质，跨越了文化和地域，成为真正的中国民族品牌的代言者，为中国制造赢取到了更多的国际话语权。

深思启慧 走进"色彩王国"

自我检测 交互式自测题

当地知名企业物质文化状况调查

【实训背景】

企业物质文化是企业文化的重要组成部分，是整个企业文化的物质基础，也是企业生存发展的前提要素，对于企业具有举足轻重的价值和意义。优秀的企业物质文化是通过重视产品的开发、服务的质量、产品的信誉，以及组织生产和生活环境、文化设施等物质现象来体现的。同学们在毕业选择企业就业时，企业的物质文化的相关方面对员工未来的发展起着至关重要的作用。

【实训目标】

1. 通过实地调研企业文化的相关物质层，使学生更深层次地理解企业物质文化所包含的内容和特征以及重要性。

2. 通过本模块的学习，对企业的物质文化案例进行分析，帮助学生树立正确的择业观，在选择企业时有更为清晰的认知。

3. 使参训学生真切且深刻地感受企业的物质文化的重要性。

【实训组织】

1. 由教师选取当地一家较为知名的企业，向学生说明其经营范围、员工规模、企业文化现状等企业的基本情况。

2. 学生按 5~8 人分组，就该企业文化的物质层进行实地调查，并在课堂通过 PPT 的形式展示分析与分享。

3. 根据企业的物质文化状况撰写调查分析报告，包括企业标识、企业环境和建筑物、企业的产品和服务等。

【实训考评】

效果评价表

考评人		被考评人	
考评时间		考评地点	
考评内容		企业的物质文化状况分析	
考评标准	内容	分值 / 分	评分 / 分
	对所选企业文化物质层分析的全面性	40	
	PPT 语言通顺、图文并茂、叙述有条理	30	
	分工明确，认真负责，积极配合	15	
	调查分析报告整体情况	15	
合计		100	

模块四
企业行为文化与职业道德

▶ **学习目标**

知识目标： 了解企业行为文化的内涵，掌握企业行为文化在企业文化中的地位。

能力目标： 理解企业行为文化的内容，学会处理企业人际关系，掌握企业行为文化与职业道德的关系。

素养目标： 内化于心，深刻体会企业行为文化与职业道德的关系，规范言行举止，培养参与、协作、奉献的责任意识。

▶ **学前思考**

守望相助，风"豫"同"州"，我们在一起！2021年7月，河南遭遇特大暴雨，牵动着亿万中国人的心，各大企业纷纷捐款捐物资来尽一份自己的微薄之力，累计金额超过15亿元。但是，久不露面的鸿星尔克，却因捐款5 000万而被网友直呼心疼！

7月21日，鸿星尔克在微博上宣布，为援助河南洪水灾区共捐赠5 000万物资。由于鸿星尔克这一举动实在过于低调，甚至都没有外宣，以致网友们在第二天才发现。2000年创立的鸿星尔克，在2005年在新加坡成功上市，但在2008年就爆发了经济危机。2015年，一场大火又毁掉了鸿星尔克一半的生产设备。没有生产设备就会导致生产停滞不前、客户订单无法完成、资金无法回流……鸿星尔克想要翻身更是难上加难。

据统计，2020年，鸿星尔克的全年总营收仅为28.43亿元，无法与业界的"巨轮"们相提并论。但是就在这样"拮据"的情况下，其还捐出5 000万元的巨款来资助河南，也难怪网友们感动又心疼！

7月22日晚，在得知鸿星尔克捐款后，大量消费者涌入其直播间，超过200万人进行消费。截至7月23日，鸿星尔克直播间粉丝已经增至752.6万人，获赞38.9万次，而且这个数据还在不断增长。也许，鸿星尔克的春天终于要来了……

正如鸿星尔克总裁吴荣照所言："将企业命运与国家命运紧紧地连在一起，因为有国才有家，只有国家强盛了，我们企业才会强盛。"一场洪灾，也让我们见证了什么叫"国人的力量"。

鸿星尔克支援河南防汛救灾

探究："快倒闭"的鸿星尔克为什么要捐5 000万元物资驰援河南洪灾？企业的行为文化建设对企业的发展有什么影响？请在本模块学习中寻找答案。

学习单元一
企业行为文化概述

➜ 【情景导入】

胖东来——零售业的海底捞

胖东来（全称胖东来商贸集团有限公司），一个河南省三线城市的零售集团，与沃尔玛、家乐福等世界零售业巨头及中国本土零售业大腕相比，它似乎显得微不足道。它很小，市场仅限于许昌和新乡市。但是消费者对它却是赞不绝口，忠实如一。它被誉为国内零售业的"海底捞"，并曾被中国连锁协会的领导赞誉为"中国最好的店"。

胖东来品牌标志

做商场超市，它挤掉了实力雄厚的本土品牌、声誉卓著的全国连锁品牌；做家电，它所在的城市见不到家电巨头们的影子；做珠宝，其他珠宝店都开始瑟缩过冬。在零售这个充分竞争的行业，它所到之处都创造了商业奇迹。它的员工成为一个城市令人羡慕的群体。高工资、高福利，公共意识强，品德好。"如果你在大街上看到骑摩托车戴头盔、不闯红灯的人，十有八九是胖东来的员工。"许昌人这样说。它创新了众多服务项目，开创了一个个业界先河。1999 年，它率先推出免费干洗、熨烫、缝边、不满意就退货等增值服务。

面对 2020 年的新冠疫情，胖东来董事长于东来宣布捐款 5 000 万元，名列全国企业捐款榜单的第 15 位，同时又宣布，胖东来超市决定在疫情期间所有的蔬菜价按进价销售，这又和全国某些知名超市 60 元一棵的天价白菜形成了鲜明对比。可以说，胖东来是中国商超企业的一面镜子，连小米的雷军都曾到胖东来"打卡"学习。

结合案例，请思考以下问题：

（1）胖东来是如何创造了当地商业的奇迹？

（2）胖东来都体现出哪些企业行为文化？

一、企业行为文化的含义

企业行为文化是指企业及其员工在生产经营、学习娱乐中产生的活动文化，主要包括企业及其员工的行为和企业人际关系。企业的行为文化是通过企业及员工的行为表现出来的，而企业人际关系就是企业及其员工围绕生产经营而进行的各种相互交往与联系。企业行为文化是企业经营作风、精神风貌、人际关系的动态体现，也是企业精神、企业价值观的折射。企业行为文化建设的好坏，直接关系到企业职工工作积极性的发挥，关系到企业经营生产活动的开展，关系到整个企业未来的发展方向。企业行为文化集中反映了企业的经营作风、经营目标、员工文化素质、员工的精神面貌等文化特征，它直接影响着企业经营业务的开展和经营活动的成效。

二、企业行为文化的地位

企业行为文化是企业文化的重要组成部分，是企业文化的重要层次，作为一种动态的文化成果，它是企业文化的其他几个层次的修订、完善、补充。

首先，企业的行为文化是对企业的制度文化的完善，而行为文化往往又是以制度文化作为保证的。

在企业的生产经营活动中，企业家根据本企业生产实践特点和其他企业的经验对企业的制度文化进行修订、补充和完善。企业的生产实践是企业制度文化形成的基础和最终目的，因而企业行为文化完善了企业制度文化。从一些成功企业的文化范例中，我们也可以看到企业行为文化都是由企业制度文化作为保证的。

其次，企业物质文化价值的创造，依赖于企业行为文化的科学发展程度。

企业物质文化是指由企业职工创造的产品和各种物质设施等构成的器物文化，是一种以物质形态为主要研究对象的表层企业文化。它包括两大方面：一是企业产品文化价值的创造；二是企业各种物质设施的优化，其中包括企业的容貌、劳动环境和生活娱乐设施等。企业行为的最终目的是创造高品质的物质产品，这一目的的实现在相当程度上依赖于企业行为文化的发展程度。

最后，企业精神文化是企业行为文化的凝结和提炼，企业的行为文化对企业的精神文化具有补充和诠释作用。

企业精神文化是一种最深层次的文化，它处于企业文化系统的核心，既是其他层次文化的结晶和升华，又是其他层次文化的支撑。企业精神文化是一股无形的力量，能对企业员工的精神面貌产生持久的作用，并且通过制度文化的渠道造就对行为文化的影响，以此来促进企业制度文化的发展。企业的精神文化是在企业的生产经营活动中产生的，是企业行为文化的结晶。

案例补充4-1：我们的一小步，世界的一大步

三、企业行为文化的作用

首先，行为文化是企业文化的重要载体。

没有行为文化，企业文化就无法实现。人作为企业的构成主体，其行为当然蕴含着丰富的企业文化信息，是企业文化的重要载体，是企业文化最真实的表现。一个企业的企业文化的优劣、企业文化建设工作的成败，通过观察员工的日常精神面貌、做人做事的态度、工作中乃至社交场合的行为表现，就可以做出大致准确的分析判断。理念说得再美，制度定得再完善，都不如做得实在。

其次，行为文化建设是企业文化落地的关键环节。

没有行为文化，理念和制度都是空谈。在企业文化构成的层次关系中，理念是企业文化的核心，是指导一切的思想源泉；制度是理念的延伸，对行为产生直接的规范

和约束力；物质文化是人能看到、听到的、接触到的企业具象的表现形式，但是这三个层次都是通过行为文化来表现的。企业行为是企业核心价值观和企业制度共同作用的结果，如果行为与企业精神、价值观和制度不一致，理念就成了海市蜃楼，制度也将是一纸空文；物质文化是行为的表现，有什么样的行为文化就会有什么样的物质文化。

最后，行为文化建设是实现价值观管理的必经之路。

行为规范不是制度，而是倡导。制度是硬性的，而行为规范会根据不同的行为主体、不同对象采取不同的手段。如企业制度不会写上司用什么样的态度与下属谈话，行为规范就可以写出来。行为文化就是通过文字规范进行约束，慢慢变成员工的习惯，不符合企业核心价值观的行为会被文化无形的力量纠正，不认可这种规范的人会被企业排斥。当员工已经完全接受了企业的核心价值观时，员工的行为会超越制度的要求。所以当员工的价值观与公司的核心价值观一致后，规章制度就退后了，制度约束的行为已经变成了员工的自觉行为，这就是以价值观为本的组织控制，是价值观的巨大力量。

复习与思考

结合本单元所学内容，举例说明我们身边存在哪些企业行为文化现象，并对其进行评价。

学习单元二
企业及企业人的行为

【情景导入】

一盘萝卜丝的故事

一个星期六的晚上，某饭店3号包房来了一家姓徐的客人。服务员张兰发现徐妈妈把鹌鹑蛋上面的萝卜丝也夹到碗里吃，感觉这位客人一定很喜欢吃萝卜，于是立即打电话给厨房，让他们准备一盘萝卜丝。张兰将萝卜丝精心拌好，并端到了徐妈妈的桌子上，客人很是惊讶。

张兰笑着说："我估计阿姨爱吃萝卜丝，特意拌了一盘送给阿姨吃，不知道你们喜不喜欢？"

"喜欢，喜欢！太谢谢你了，小姑娘。"徐妈妈非常高兴，边招呼大家吃，边不停地夸张兰，还问这萝卜丝是怎么拌的。最后徐阿姨的儿子还要来了一碗米饭，拌着萝卜丝盘子里的汤吃光了，说这是他吃过最香的饭。接下来的一个月，徐妈妈全家接连来了三次，还把其他朋友也都介绍到这里来吃饭。

结合案例，请认真学习本单元内容，并思考以下问题：

（1）徐妈妈为什么会在一个月内连来三次？

（2）员工的行为在企业行为文化中处于什么样的地位？

一、企业整体行为

企业整体行为是指那些以企业整体形式表现出来的行为，是指企业为了实现一定的目标而采取的对策和行动。

（一）企业整体行为根据行为作用的范围进行分类

根据行为作用的范围，企业整体行为可分为以下两种：一是企业内部行为，包括教育培训、研究发展、生产管理、人事安排、奖金或福利分配、内部沟通、文体活动等；二是企业外部行为，包括市场开发、促销活动、广告宣传、招聘活动、资金筹集与股市活动、消费者权益保护、公益活动、环境保护等。企业在参与各种行为活动中，又会形成相应的子文化。如在企业内部活动中，企业会产生安全文化、沟通文化、感恩文化等；在企业外部活动中，会产生诚信文化、品牌文化、责任文化等。

（二）企业整体行为根据行为科学理论进行分类

根据行为理论，以行为动机为划分标准，企业整体行为可分为以下四种：

第一，目标合理行为，即为达到企业目标经过科学决策的行为。

第二，价值风险行为，即为企业获取更多价值的冒险行为。

第三，日常经营行为，即满足企业日常经营活动需要的行为。

第四，传统行为，即沿袭传统上业已习惯的行为。

（三）影响企业整体行为的因素

影响企业整体行为的因素主要取决于企业的治理结构、企业外部环境和企业家三方面，具体包括市场环境的变化、政府的政策导向、科学技术发展水平、投资环境和资金使用状况、企业内部的利益分配、企业领导的素质水平等。

1. 企业治理结构对企业行为的影响

企业是所有者、经营者和生产者三方不同利益主体的组合。不同的利益主体，都要求企业目标和本身利益一致。不同的利益主体可能产生不同的企业目标，不同的企业追求产生不同的企业行为。在社会主义市场经济条件下，企业要想兼顾多方利益实现企业目标，最好的途径是建立现代企业制度、明晰产权关系，并建立与之相应的组织结构。合理的治理结构，可以使所有者、经营者、生产者三方之间权责分明、互相制衡，可以充分调动三方积极性，促使企业行为合理化，避免短期行为和唯利是图的倾向。

2. 企业外部环境的变化对企业行为的影响

企业外部环境的变化往往是企业行为的直接诱因。这些外部环境包括政治、经济、社会、技术等多方面内容，会对企业的决策、战略的制定和执行、企业的经营活动等产生直接切实的影响。如对中国奶制品行业影响深远的"三聚氰胺事件"，使得所有的食品企业把安全和责任放在了首要考虑的位置；受全球金融危机影响，中国的制造行业尤其是外贸依赖性的企业经营模式开始发生了一系列显著的变化，至于企业的裁员、降薪等行为也是外部环境作用的直接结果。每个企业面对的外部环境都有一定的特性，它在一定时期大致是稳定的，但从长期来看，外部环境也是不断改变的。企业在做出管理决定时，要充分考虑外部环境的因素，并根据变化适当做出调整。

3. 企业家对企业行为的影响

企业家作为企业的灵魂人物，他们的知识能力和个性品质等是企业文化生成的重要基因，往往主导着企业文化的特质和风格，并制约和引导着企业文化的个性和发展，尤其在企业初创和企业文化形成阶段起着决定性作用。但是，我们的很多企业家往往忽视个人与企业的密切关系，在不合适的时机和不合适的场合展开一些不合适的行为活动，其结果对企业的影响往往是深重甚至是毁灭性的。

二、企业人的行为

企业人的行为是指包括全体企业员工在内的行为。从上层的企业家到中层的管理者，从企业的模范人物到普通员工，他们的行为都是企业行为文化的具体体现。因此，企业人的行为可分为企业家行为、企业模范人物行为和企业员工群体行为等。

（一）企业家行为

企业的经营决策方式和决策行为主要来自企业家，企业家是企业经营的主角。中外许多成功企业告诉我们：好的企业家是企业成功的一半。成功的企业家在经营决策时总会当机立断地选择自己企业的战略目标，并一如既往地贯彻这个目标直至成功。

实现这一目标并非一件易事，它要求企业家在制定决策时必须体现宏观性、预见性、创新性、联想性和坚韧性的统一。

拓展阅读

董明珠：中国商界的铁娘子

2019 年，"福布斯中国"（*Forbes China*）连续第六次推出的"中国最杰出商界女性排行榜"中，65 岁的格力电器董事长董明珠再次问鼎榜首。36 岁从基层业务员做起，她用自己超乎普通女性的能力，用自己的坚韧和执着走出了一条别人无法复制的路。对于董明珠，有人说她霸道强悍，有人说她六亲不认。竞争对手们用"董姐走过的路不长草"来形容她，可见这位铁娘子的厉害之处。

1995 年，董明珠成为格力的销售经理，董明珠上任后面对的第一个问题是在隆冬之时积压了 19 000 套空调。对此，大家通常的做法是每台降价 300 元卖出了事。董明珠说："不行，正常产品降价有损形象。"她出人意料的做法是把积压空调分摊给每个销售员。有一个年销售额达 1.5 亿元的大经销商来格力厂要求特殊待遇，语气中透着不容商量的傲慢。董明珠非但没有理他，反而狠狠反击：把他开除出格力经销网。所有人都在为这位女上司捏一把汗，一天之内，竟毫不犹豫地扔掉 1.5 亿元的年销售额。董明珠的回答很简单：只要违反原则"天王老子"也给我下马。女强人的铁腕让经销商们不得不服软。

董明珠经常说一句话：我觉得作为一个人，一定要有做人的原则，就是要对别人负责任，你是这个企业的员工，你要对你的企业负责任。对自己狠一些，逼自己努力，再过 5 年，你会感激今天发狠的自己，恨透今天懒惰自卑的自己。

在企业决策行为中，创新性是十分重要的。企业家独立自主地经营企业，不仅具有独立的生产决策权——企业生产什么、怎样生产、为谁生产的基本决策权；而且要对生产要素进行新的组合、要开发新产品、采用新工艺、开辟新市场、获得新原料、建立新组织，所有这些都需要有创新的意识和勇气。要创新，就要"多谋"和"善断"。所谓"多谋"，除了企业家自己开动脑筋外，还要集思广益，吸收广大员工的智慧。所谓"善断"，就是对这些谋略进行正确的筛选。要"断"得正确、"断"得及时。有些时候，虽属正确之判断和决策，但因延误了时机，也得不到应有的效果，所以及时和正确的判断对企业家来说是特别重要的事。"机不可失，时不再来"，所强调的就是要及时做判断和决策，把握好时机。

联想是创造的前提，人类文化发展史告诉我们，没有联想，就没有创造。就拿文学创作来说，没有联想就没有比喻，就没有诗歌和文学。联想的作用和范围远远超过了诗歌和文学。联想当然需要有广博的知识和深厚的生活阅历，要广泛地接触社会上的各种事物。眼光远大、思维活跃的企业家，总是善于从世界的各种事物中找到普遍的联系，善于从间接联系中联想到直接联系，从看似"无关"的联系中找到有关的联系。

在创办企业和企业经营中必定会遇到各种意想不到的困难和挫折，因此，企业家要有不怕失败、不怕挫折和百折不挠的勇气，要有献身事业、不惧风险、敢冒风险的精神。干任何事业，要达到预期的目标，都需要用一往无前的精神去支配自己的行为，而企业家更需要这种精神。因为，在经营企业中最大的风险是向没有把握的新项目或新的开发领域投资。要投资就要面对风险，在日趋激烈的市场竞争中，风险将来自各方面。例如，竞争对手推出新的产品或新的竞争策略，本企业无所觉察也毫无对策；或本企业研制的新产品及为此而进行的技术引进或技术改造，由于对销路摸得不准或对同行业技术进步、生产能力发展预测不准而销路不畅等，均可能使企业陷入困境。竞争、风险给企业带来希望，也潜伏着危机。在情况不清时只能按概率进行决策，风险总是难免的。一旦遭受不测，没有坚韧性就会彻底垮台。

🔗 拓展阅读

现代企业家应当具备的素质

良好的品格素质

大凡成功的企业家，无不体现锐意进取、自强不息的献身精神。企业家必须严于律己，要率先垂范做廉洁自律的榜样，正所谓"公生明，廉生威"。一个企业家，要有强烈的社会责任感，决不能为了追求个人价值的实现、追求企业的最大利益，而置社会公德和国家法律于不顾。企业家是企业经营管理的组织者和指挥者，这就要求其在待人处事时，要有广阔的胸襟，豁达大度、宽以待人；要有全局观念、远大目标，不计较一时的名利得失；敢于承担责任，做到胜不骄、败不馁；要精诚团结，能够团结一切可以团结的力量，共同为实现企业的目标而奋斗；要有踏实的作风，企业家要有求实、务实、扎实的工作作风，要讲求实效、不尚空谈、实事求是；要有认真、踏实的处事作风，在繁杂的经营管理事务中，要件件有着落、事事有回音；要诚以待人，光明正大；处事要公正，不徇私情。

系统的知识素质

企业家应该具有解决生产、供应、销售、管理、财务和其他需要解决的问题所必需的知识，这样才能胜任复杂的企业经营管理活动。企业家所涉及的专业学科，可按社会科学和自然科学来归纳其知识系统类型。许多研究表明，促成企业家成功的因素尽管多种多样，但其个人独特的个性素质也是不可缺少的重要因素。

坚毅与理智的性格

只有百折不挠、意志坚忍的人，才能承受各种艰难险阻的考验，才能矢志不渝地为实现企业的远大目标而努力奋斗。企业家还要有冷静的头脑，能够控制自我，把握自己，沉着、从容面对各种复杂环境，理智地处理各类棘手问题，做到"运筹帷幄，决胜千里"。

鲜明的个人气质

企业家不但要有良好的知识修养，还要有个人风格上的魅力。企业家的形象代表了企业，在国际商务活动中还一定程度地代表了国家。因此，企业家应在仪表、仪容和衣着打扮上形成自己独有的风度，以气质和魅力博得公众的好感，树立自己的公众形象。

（二）企业模范人物行为

企业模范人物是企业的中坚力量，他们的行为在整个企业行为中占有重要的地位。在有优秀企业文化的企业中，最受人敬重的是那些集中体现了企业价值观的企业模范人物。这些模范人物使企业的价值观"人格化"，他们是企业员工学习的榜样，他们的行为常常被企业员工作为行为规范进行仿效。这些模范人物大都是从实践中涌现出来的、被广大员工认同的普通人，他们在各自的岗位上做出了突出的成绩和贡献，因此成为企业的模范。

关于企业模范人物的名称，在不同的企业中我们总是能听到不同的称呼，例如，"劳动模范""工作标兵""先进工作者""杰出青年""三八红旗手"等。

企业模范人物行为又可以分为企业模范个体行为和企业模范群体行为两类。企业模范个体行为标准包括卓越地体现企业价值观和企业精神的某个方面，和企业的理想追求相一致，在其卓越地体现企业精神等方面取得了比一般职工更多的成绩，具有先进性，他们的所作所为离常人并不遥远，可以成为人们仿效的对象。企业模范人物行为总是在某一方面特别突出，而不是在所有方面都无可挑剔。所以，对企业模范人物不能求全责备，不能指望企业员工从某一个企业模范身上学到所有的东西。一个企业中所有的模范人物的集合体构成企业模范群体，卓越的模范群体必须是完整的企业精神的化身，是企业价值观的综合体现。企业模范群体行为是企业模范个体典型模范行为的提升，具有全面性。因此，在各方面它都应当成为企业所有员工的行为模范和学习榜样。

从企业模范人物行为可分为领袖型、开拓型、民主型、实干型、智慧型、坚毅型、廉洁型七种类型：

视频欣赏4-1：英雄机长刘传健

1. 领袖型

领袖型企业模范具有很高的精神境界和理想追求，有比较完善的符合社会主义企业发展规律的价值观念体系，常常从一个企业调到另一个企业担任领导，总能把企业办好，许多濒临绝境的企业被他们救活。

2. 开拓型

开拓型企业模范永不满足现状，勇于革新，锐意进取，开创新领域。他们具有创新意识，自身充满创新的活力和竞争的意识。

3. 民主型

民主型企业模范善于处理人际关系，善于发挥大家的聪明才智、集思广益，能把许多小股力量凝聚成为无坚不摧的巨大力量。

4. 实干型

实干型企业模范总是埋头苦干，默默无闻，数十年如一日，如老黄牛般贡献出自己的全部力量。

5. 智慧型

智慧型企业模范知识渊博、思路开阔、崇尚巧干，常有锦囊妙计，好点子层出不穷。

6. 坚毅型

坚毅型企业模范越是遇到困难干劲越足，越是危险越能挺身而出，关键时刻挑大梁，百折不挠。

7. 廉洁型

廉洁型企业模范一身正气，两袖清风，办事公正，深得民心，为企业的文明做出表率。

🔗 拓展阅读

中 国 机 长

2019 年国庆期间上映的电影《中国机长》画面真实震撼、情节扣人心弦，其不俗的表现，令人称赞。这部电影高度还原了川航 3U8633 航班"世界级备降"事件。2018 年 5 月 14 日，从重庆飞往拉萨的川航 3U8633 次航班起飞 42 分钟后，飞机右侧挡风玻璃爆裂，舱内瞬间失压，副驾驶半个身子被吸出窗外。机长刘传健承受着严寒和缺氧，手动驾驶飞机，凭借着超人的勇气和多年驾驶的经验，34 分钟后成功备降在成都双流机场，119 名乘客安全落地。

中国民航英雄机组

整个机组工作人员在危急关头能够坚守自己的岗位，凭借着过硬的业务能力准确地处理任务，才换来了 119 名乘客的平安，创造了全球民航史上的一次奇迹。机长刘传健被评为英雄机长，机长刘传健和机组人员创造了全球民航史上的一次奇迹。

事后，机组全体成员被授予"中国民航英雄机组"的荣誉，受到国家领导人的接见。关键人物机长刘传健更是收获了多项称号——中国民航英雄机长、最美退役军人、感动中国 2018 年度人物、全国道德模范，并且其在 2020 年新冠疫情期间执飞四川航空护送医务人员抵达武汉抗疫的第一线，令人敬佩。

（三）企业员工群体行为

企业员工是企业的主体，企业员工的群体行为决定企业的精神风貌和企业文明的程度，因此，企业员工群体行为的塑造是企业文化建设的重要组成部分。有人把企业员工群体行为塑造简单理解为组织职工思想政治学习，企业规章制度学习，科学技术培训，开展文化、体育及读书活动。诚然，这些活动都是必要的、不可或缺的，但员工群体行为的塑造不仅仅局限于此，至少还应包括以下三方面的内容：

第一，激励全体员工的智力、向心力和勇往直前的精神，为企业创新做出实际的贡献。

拓展阅读

美国信捷转运公司和贝尔实验室如何激励员工

美国最优秀的 100 家企业之一的信捷转运公司（提供物流转运业务），对自己企业员工提出了这样的行为规范：在工作中不断激发个人的潜能，积极主动地为自己创造一种不断学习的机会，尽管工作是日常性的，但工作的全部内容应当提升到与成就个人事业相联系的位置上，以便为个人的成长提供动力。

美国贝尔实验室拥有 9 000 名具有博士和硕士头衔的雇员，他们坚持每月举办系列学术讲座，并鼓励不同专业的人员互相交流，上至企业家、管理专家，下至各类专业人员和普通职员，所有员工共同探讨、交流各自的看法，在企业中形成一种勤于学习和善于钻研的良好风气。

第二，激励员工把个人的工作同自己的人生目标联系起来。这是每个人工作主动性、创造性的源泉，它能够使企业的个体产生组合，即超越个人的局限，发挥集体的协同作用，进而产生"1+1>2"的效果。它能唤起企业员工的广泛热情和团队精神，以达到企业的既定目标。当全体员工认同企业使命，每个员工体验到在共同的目标中有自己的一份时，他就会感到自己所从事的工作不是临时的、权宜的、单一的，而是与自己人生目标相联系的。当个人目标和企业目标之间存在着协同关系时，个人实现目标的能力就会因为有了企业而扩大，把这种组合转变成员工的个体行为，就会有利于员工形成事业心和责任感，建立起对企业的信念。

第三，企业应该让每个员工认识到企业文化不仅是企业共同的精神财富，也是自身宝贵的资源，从而激励他们以积极的人生态度去从事企业工作，以勤劳、敬业、守时、惜时等行为准则去指导自己的行为。

复习与思考

结合本单元所学内容，假设你是一名企业总裁，你希望招聘到什么样的员工？假如你是一名求职者，你又希望遇到什么样的老板？为什么？

学习单元三
企业的人际关系

↗【情景导入】

小李的烦恼

刚刚参加工作一年的小李找到公司总经理，强烈要求调换工作部门。总经理问她具体原因，她回答道："我实在受不了部门经理王某了，他的脾气太不好了，跟我们谁都合不来。我们大家都不喜欢他。"总经理回答道："据我了解，我们公司的部门经理的脾气都不太好，王经理的脾气在部门经理中算是比较好的。你说，你想去哪个部门呢？"小李陷入了深深的思考中。

结合案例，思考以下问题：

（1）小李的做法合适吗？她应该怎么做？

（2）如何才能处理好企业的人际关系？

一、企业外部关系

在市场经济条件下，企业作为经济运行的行为主体，在具有高度自主性、独立性的同时，也增强了对外部环境的依存性。任何一个企业在生产经营过程中，都随时会与外部环境发生千丝万缕的联系，并由此形成广泛多样的外部关系。各种外部关系从不同程度、不同侧面影响企业生产经营活动的顺利进行，制约企业的生存和发展。

（一）社会责任

企业的社会责任是指企业遵守、维护和改善社会秩序，保护和增加社会福利方面所承担的职责义务。随着社会经济的迅速发展和企业主体地位的加强，社会对企业提出了更高的要求，即在行使自身经济功能的同时，承担起更多的社会责任，更好地发挥自身社会功能。企业的社会责任内涵经过多次演变，已涉及诸多方面，如提供就业机会，资助社会公益事业，保护生态环境，支持社会保障体系等。承担社会责任是企业协调外部关系的基础。只有积极履行各项社会责任，为促进实现相关公众的利益和改善社会环境做出贡献，企业才能获得良好的生存和发展条件，从而更加有效地实现经营目标。

知识补给 4-1：2018十大经济年度人物

📖 **拓展阅读**

硬核五菱

上汽通用五菱汽车股份公司（以下简称五菱）在新冠疫情期间，面临全国口罩紧缺的情况下，率先改造车间生产口罩，掀起了一波工厂转产口罩的热潮。不仅生产口罩，五菱牌口罩机随后宣布正式下线。从造口罩到造口罩机，五菱成为国内第一家既生产口罩也生产口罩机的企业，真正体现了"人民需要什么，五菱就造什么"的社会担当。

人民的五菱

面对口罩生产设备全国紧缺的情况，五菱紧急调集超过120名专家、精英技师组成核心团队，24小时不间断轮班，夜以继日地围绕"五菱牌口罩机"开展攻坚，正常情况下，整个生产周期需要10天，五菱仅用一天时间就完成了结构设计，76小时就实现了口罩机的正式下线，从而为扩大口罩产能提供了有力保障，再一次刷新了"五菱速度"。

（二）环境管理

随着社会、经济和生产力的极大发展，人类创造了前所未有的巨大物质财富，大大推进了文明发展的进程。在经济急剧扩张的同时，也带来了城市扩大、人口激增、资源过度消耗、环境严重污染和生态日益破坏，并演变成全球性的重大问题。社会的环境意识蓬勃兴起，对企业经营的环境管理日益严格。环境管理是将环境保护贯穿于企业各项活动的系统化管理方式，是企业主动承担社会责任的表现。环境管理不仅要求企业在产品设计、生产、销售和经营活动的各个阶段，在经营过程中实现污染预防和持续改进，更重要的是把环境保护的理念贯彻到企业的经营理念中，培养员工的环保意识，从根本上实现企业的绿色生产经营和绿色低碳发展。

环境管理包括了各方面的综合措施：

第一，环保理念政策化，实施环保培训，明确经营的绿色规定。

第二，改进产品的环境性能，降低产品使用中对环境的影响。

第三，改造或更新设备，改革工艺和材料，降低生产过程对环境的影响。

第四，实行对废弃物分类处理和回收利用。

第五，加强对能源、资源消耗的管理，实现节能降耗。

第六，进行多方面交流，发展环保技术。

（三）股东关系

股东关系是指企业与投资者以及投资相关者的关系，也称投资者关系。股东关系中包括的公众对象有三类：其一，为数众多的个人股东；其二，各种投资机构；其三，专业的金融舆论专家。所谓股东关系即是企业与以上三类公众关系的总和。

股东关系对企业的制约表现在：

第一，协调股东关系关系到企业能否获得充足的资金来源。

第二，搞好股东关系可以使企业获得有益的咨询和建议。

第三，股东关系还影响到企业和产品的知名度。

协调股东关系的根本要义是充分尊重股东的基本权利和特权意识。协调股东关系的具体工作包括两个方面：

第一，及时向股东通报企业的有关情况，取得他们的理解、信任与支持。

第二，进行持续的股东调查，了解他们对企业经营状况的熟悉程度，广泛征求股东对企业的意见和建议，对股东合理的需求尽量予以满足。

（四）消费者关系

消费者是企业面临的数量最多、范围最广的公众群体。其不仅包括直接从企业购买商品的顾客，还包括所有商品使用者和潜在需求者，而且包括各种精神产品及劳务的购买者和使用者。消费者的购买行为直接关系到企业利益和目标的实现程度，协调好消费者关系对企业经营至关重要。

企业通过树立正确的经营宗旨，提供优质产品与服务，从多方面采取措施加强与消费者的联系，具体包括：

第一，及时向消费者传递有关企业的信息。

第二，了解消费者的需求及其变化。

第三，保护消费者权益。

第四，加强对消费者需求和消费行为的科学分析。

（五）交易伙伴关系

交易伙伴关系指企业与在经营活动中发生业务往来的其他企业组织的关系，根据业务关系的性质不同，可以分为供应商关系、经销商关系、同业关系等。这类关系的协调好坏与否，直接影响着企业生产经营活动的顺利进行。

供应商是为企业提供设备、原材料、零配件、产成品的其他企业组织。与供应商建立良好关系，可以为企业的生产经营活动的连续性和稳定性提供保障；可以促进产销一体化协作，增强企业的经济实力和竞争能力；可以充分发挥供应商的积极性和合作精神，帮助企业提高经济效益；可以在市场竞争激烈或企业陷入困境时，得到供应商的支持和援助。协调与供应商的关系可采取的措施包括：

第一，寻求和发展双方的共同利益。

第二，制定正确的采购政策。

第三，保持与供应商的密切联系。

经销商是以经销、代销、批发、零售等方式为企业销售商品的各种企业组织。经销商凭借网络化的经销渠道、专门化的经销设施和技术手段，以及丰富的销售经验，可以加快商品销售过程、节约流通时间、降低流通费用，为企业生产的连续稳定进行提供保证，同时，经销商也很容易改善或损害企业的形象。明智的企业经营者必须高度重视与经销商建立良好的关系。

企业为经销商提供质量优良、设计新颖、价格合理、适销对路的商品，是建立良好经销商关系的基础和前提。协调与经销商关系的具体途径主要包括：

第一，根据企业的销售状况和发展前景，不断发展和完善经销关系网络。

第二，多加沟通，促进互信，据以制定和调整企业的产品销售政策。

第三，加强对经销商的业务培训。

第四，为经销商提供相关服务。

第五，当经销商面临销售困难、陷入危机时，企业应给予有力的支持和援助。

此外，企业还应正确处理好与同业伙伴的关系，加强彼此交流、共处与合作应该是基本的关系原则，要积极避免采取损害同业利益和声誉的行为，维护共同的行业利益，并寻求在适当领域里的恰当合作。

（六）政府关系

政府是具有特殊性质的社会组织。政府既代表国家运用权力对全社会进行统一管理，又是国家利益和社会总体利益的代表者和实现者，政府行为对社会各个领域和组织的利益都具有不同程度的影响。因此，与政府的关系是企业协调外部关系的重要方面。政府对企业的影响作用表现在：

第一，政府运用宏观调控手段对企业的微观经济行为实行间接调节和控制。

第二，政府对企业经济利益的实现程度和分配具有影响和制约作用。

第三，政府对企业的生产经营活动具有信息导向功能。

第四，政府是企业重要的资金来源和客户。

因此，企业应及时了解和熟悉政府颁布的各项政策法令；自觉遵守政府的各项法规条令，规范企业的生产经营活动；主动与有关部门工作人员保持经常联系，协调关系；主动向政府有关部门通报企业经营情况，为政府制定有利于企业发展的政策和法令提供依据；主动协助政府解决一些社会问题，求得政府的信赖。

（七）媒介关系

媒介关系又称新闻界关系，指企业与掌握和运用各种新闻传播媒介的社会组织机构、人员的关系，包括报纸、杂志、广播、电视等媒介实体，以及编辑记者等新闻从业人员。新闻媒介是塑造企业形象的主要力量，能够加强企业与社会各界公众的广泛联系，也可以大大加快企业与公众之间的信息交流。因此，企业有必要协调好与各种媒介组织及新闻人员的关系。协调媒介关系需要做到：

第一，尊重新闻媒介的基本权利，与新闻界人士建立依赖关系。

第二，了解各种新闻媒介的特点和要求，如传播方式、传播渠道、受众情况、报道重点和范围等，以便选择适宜的传播媒介，同时提供各种适当的新闻素材。

第三，及时向新闻媒介提供各种真实准确的信息。

第四，保持与新闻界的密切联系，力求建立良好的人际关系。

二、企业内部人际关系

正如社会中人们需要交往和沟通一样，企业群体中的人们也需要交往和沟通，它源于企业在生产经营过程中的工作与活动。企业人际关系就是企业中的人们围绕生产经营而进行的各种相互交往与联系。

（一）企业的交往沟通关系

企业的交往沟通关系可以分为两类，包括纵向关系和横向关系。

1. 纵向关系

纵向关系是指企业中领导和部下、管理者和被管理者之间的人际关系，也称垂直关系，这是企业内部不同层次的关系。在纵向关系中，虽然关系双方的角色和地位不同，其交往行为也有主动与被动之分，但就地位来说，双方应是平等的，其中领导者在这种关系中占主导作用。

上下级的关系是否融洽，取决于领导者的实际影响力。领导者的影响力有两种，即权力性影响力和非权力性影响力。权力性影响力又称强制性影响力，主要源于法律、职位、习惯和武力等，通过外推力的方式发挥其作用。非权力性影响力是领导艺术中最微妙的因素，它似乎看不见、摸不着，却无所不在，它是融洽企业上下级之间相互关系的重要因素。

2. 横向关系

横向关系是企业中同层次人员之间的人际关系，也称平行关系。横向关系的双方有相同的共同活动空间，有着相同的权利和义务，因而在地位上也是平等的，不存在主从关系。重视横向关系的建设有利于企业形成良好的群体氛围，使企业人存在于一个和睦融洽的人际关系当中。美国 IBM 公司前董事长托马斯·沃森（老沃森）就公开宣布："我们早就强调搞好人际关系，这倒并不是出于利他主义，而是基于一种简单的信念，那就是如果我们尊重我们的职工，并帮助他们尊重自己，公司就将得到最大的利润。"因此，企业人际关系的"文化沟通"，实际上是企业中人与人之间的一种意识的交流、一种心灵的撞击，是一种融协调、配合、互补、和谐、统一等状态的双向平衡活动。

（二）两种沟通的方式

企业沟通的方式有情感沟通和需求沟通两种。

1. 情感沟通

情感沟通要求交流双方通过互相体验对方的处境来理解对方的心境，取得情感的融洽和相互的理解。

从现代管理的角度看，情感沟通就是"感情投资"，是建立企业的"人情场"，它是协调企业良好人际关系的最佳方式。具体地说，就是企业的领导者通过一系列能够引起被领导者感情共鸣的手段，包括物质、金钱、时间和精力上的付出，使被领导者在心理上产生敬重、爱戴、拥护和信任的感情，心甘情愿地为企业的目标而奋斗。

🖉 拓展阅读

以人为本，同心向前

　　始建于 1923 年的天津宏仁堂药业有限公司，近年来实现了跨越式发展。坚持"以人为本"，建设"同心同向"的和谐人文环境，一直以来都是公司稳步向前的活力之源。公司加强和推进基层党组织建设和干部队伍建设，通过开展党员承诺践诺、支部立功立项、"百名党员抒感言"献礼建党 100 周年等活动，切实发挥党员的先锋模范带头作用。

宏仁堂牌匾

　　每逢春节、劳动节、中秋节、国庆节等重要节假日，公司都会为员工发放节日慰问品。流感高发季节，公司会为员工发放清热解毒口服液、银翘解毒片等感冒药品；高温季节，公司会发放防暑降温药品。公司主要领导和工会负责人在每年重要年节坚持慰问劳动模范、困难员工、困难党员，给这些员工带去温暖。

　　"感人心者，莫先乎情"，感情虽不是商品，却是一种重要的资源。这种资源的内在价值不是可以用金钱衡量的。但感情的投资，必定会产生物质的效果，创造企业的财富。凝聚力是靠感情来维系的，用情感沟通的手段来培养和巩固企业的内聚力，这是现代企业"文化制胜"的表现。

　　2. 需求沟通

　　需求是有机体缺乏某种事物时产生的一种主观状态，人类有两种性质的需求：一种是沿着生物系统上升方向逐步变弱的本能需求，包括"物质"和"安全"两方面，这是人的基本生理需求；另一种是随着生物进化而逐步呈现的潜能需求，包括"社交""尊重"和"自我价值"三个方面，这是人的高层次的心理需求。

　　需求沟通，要求交流双方通过自身的行为使自己的需求得以满足，从而促进相互理解和相互支持。从某种意义上说，企业中领导者与被领导者的活动，实际上是双方所进行的一种需求沟通活动。企业领导者，是企业权力的代表者，他指挥被领导者，并使之服从自己，以达到预期管理的内在需求。而企业的被领导者，却又有一种双重的心理需求，既要依赖企业，表示自己想成为一名服从、合群的成员，又想成为"明星"，渴望领导发现自己。另外，当领导的意志与员工的思想相悖的时候，或者领导的做法是错误的时候，员工会自然产生"对抗"的心理。因此，协调企业中领导与被领导的关系，关键在于领导要明白员工的需求意向、尊重员工的这种实现自我价值的欲望，通过自己的领导行为为满足员工多方面的需求提供并创造条件。而企业员工的需求，随着社会文明程度的提高而转入较高层次的尊重需求、信任需求、理解需求和个人价值实现需求。

🔗 拓展阅读

海底捞的企业文化：把员工当成家人

　　餐饮业的竞争归根到底是服务的竞争，而服务质量的好坏取决于一线员工，员工的幸福才是生产力。鉴于此，海底捞（全称四川海底捞餐饮股份有限公司）创始人张勇提出"把员工当成家人"和"员工比顾客重要"的理念，因为一线员工决定着企业的生死存亡。大多数餐饮业打工者的工作流动率非常高，但是在海底捞，工作流动率却非常低，而且员工的工作收入很是不菲。一般的餐饮业打工者的住宿环境比较差，但是海底捞为员工提供的都是正式的住宅公寓，距离店面步行10分钟左右，公寓的电气化设备一应俱全，有专门的清洁工为员工打扫公寓。如果是大堂经理和店经理以上的领导，其父母每个月都能领到几百块钱。此外海底捞还十分关心员工的家庭状况，在一定地方建立了私立寄宿制学校，让员工的孩子在那里免费上学，解决子女的教育问题。企业为员工提供了带薪休假，五险一金等福利待遇。海底捞深信，员工是用来尊重的，不是用来管理的。这种家文化的企业氛围下，让这些背井离乡的打工者真正感受到关怀与温暖，也增强了海底捞人的凝聚力。

复习与思考

　　结合本单元所学内容，思考作为一名企业员工，怎样才能得到领导和同事的共同认可？

7-Eleven：便利店之王

在零售业有这样一种说法：世界上只有两家便利店——7-Eleven 便利店和其他便利店。

7-Eleven 品牌原属美国南大陆制冰公司，后由日本零售业经营者伊藤洋华堂于 1974 年引入日本，在日本经济严重衰退的情况下，仍保持了连续 40 多年的增长势头，成为全球最大的便利店集团，在全世界 17 个国家和地区拥有 6 万多家店。

日本 7-Eleven 的缔造者和掌托人铃木敏文曾坦言：商业不是系统产业，而是人的生意，7-Eleven 努力做好了四个基本原则。第一原则就是以顾客为中心。铃木敏文认为，真正的竞争对手并不是其他品牌的便利店，而是不断变化的用户需求，始终站在顾客立场考虑的企业，无论在什么样的大环境下，都能够淡然处之。第二原则就是清洁干净，建立让顾客舒适的购物环境，这与亲切的服务同等重要。从店内到店外，甚至到厕所都打扫干净，保持干净整洁，营造令人舒适的购物环境。第三原则就是保障商品品质。拿食品来讲，要保证食品的风味和新鲜度，售卖高品质的商品。第四原则就是品类齐全。传统意义上的便利店，大多仅仅停留在为顾客购物提供便利的层面。然而对于 7-Eleven 来说，不甘心只做售卖商品的店铺，而是要让消费者生活的各个方面都获得便利。于是，基于其密集的线下网点，7-Eleven 扩展了一系列的全天候便民服务，比如送餐服务、生活缴费服务、电讯相关服务、票务服务、代收报名服务等，以此更加贴近消费者，并全方位提升消费体验。

结合案例，思考以下问题：

（1）7-Eleven 为什么能成为全球最大的便利店？

（2）7-Eleven 的成功得益于什么样的企业行为文化？

企业在塑造自己的行为文化时，必须建立企业行为规范、企业人际关系规范和企业公共关系规范，实现企业员工职业化。从企业运作的过程看，企业行为包括企业与企业之间、企业与顾客之间、企业与政府之间、企业与社区之间的行为。

一、企业行为规范

在企业运营过程中，企业家的行为、企业模范人物的行为以及企业全体员工的行为都应有一定的规范。在规范的制定以及规范的履行中，就会形成一定的企业行为文化。例如，在企业管理行为中，就会产生出企业的社会责任，包括企业对消费者的责任、企业对内部成员的责任、企业经营者同企业所有者之间的责任、企业在各种具体经营中所必须承担的责任等。承担这些责任就必须有一定的行为规范加以保证。

企业的社会责任要求企业在谋求自身利益的同时，必须采取保护和增加社会利益的行为。企业作为社会物质生产的主要部门和社会物质文化的创造者，担负着为社会公众提供物质产品和服务的责任，它通过营利来繁荣社会的物质生活，这是企业不可推卸的责任。重视盈利是企业生存、发展的需要，也是社会经济发展的需要。但是企业毕竟是社会系统中的一个组成部分，它和社会系统中的其他要素和部分存在着千丝万缕的联系。企业的经营活动正是在同政府、顾客、股东、金融机构、协作商、新闻媒介、公众、社区的相互联系中得以实现的。因此，企业绝不能置其他利益于不顾，单纯追求自身的利益，片面强调利润目标最终会给企业自身的发展带来困难。企业长期稳定的发展不仅取决于企业自身的经营效益和竞争能力，而且也有赖于社会的方方面面，企业存在的价值和意义有赖于社会各界公众的认可和支持，这就要求企业在制定经营目标时，应当认真考虑自己对社会承担的责任和义务，应当力图使企业的发展和社会的进步得到统一。

为了使利润最大化而放弃自己的社会责任或损害社会公共利益都是违背企业行为规范的，只能导致企业失去公众的信任和支持。履行企业的社会责任，协调企业的社会责任与经济责任之间的关系，是企业行为中的一条重要规范。

此外，服务行为是企业行为的重要方面，是提高企业知名度的重要法宝。人人都知道服务的重要性，但在实际操作中往往存在许多问题。

一个企业要在市场竞争中取胜，必须努力赢得人心：一方面要赢得企业员工的心；另一方面必须赢得顾客的心。以优质高效的服务活动和服务行为不断地争取顾客、赢得顾客的心，是企业一切活动的出发点和归宿，也是竞争制胜的主要原因。所以，良好的服务形象是企业的无形资产，是企业形象增加附加值的永恒法则。

⊘ 拓展阅读

记住你的名字

一名中国知名企业的员工说："我将永远效力于我的公司，原因很简单，就是因为在七年的工作里，我虽然只与公司的高管开过一次集体会议，但是，领导却在几年后的一次偶遇中准确地喊出我的名字，并与我闲聊了几分钟，这就让我下定了决心，要为这家企业奋斗一辈子。虽说是企业领导的一个小小的举动，但员工却从中感受到了足够的尊重，以及精神上的满足感和自豪感。"

对顾客来说，有时服务质量等软件因素比设备等硬件因素更为重要。企业形象美的设计应当从把企业改造成为全方位的服务单元的战略目标出发，从给顾客提供最佳服务的考虑出发，内容比装潢、设施更重要。

一般来说，产品的价值来自品牌、品质与服务等三个方面。由于技术手段和消费水平的提高，各产品在内在质量方面已无太大差别，因此，在各个市场渐趋饱和和全球竞争日益激烈的情况下，产品的差别化战略将配合良好的服务，构成竞争的主要手段。优质的服务带来的是长期的信任、长期的购买、长期的利润回报。美国一家研究市场营销策略的机构曾做过一次调查，这个机构把一组公司按照顾客的意见分成服务较好和较差两类。服务较好的公司商品价格约高9%，而销售额很快翻了一番，其市场占有率每年增加6%，而服务较差的公司其市场占有率每年下降2%。综合调查结果显示，顾客认为服务质量最好的企业，其销售利润可达12%，而其余企业则为1%，差别之大呈现出商品营销的市场弹性。

优质服务并不仅仅是服务态度，各种服务手段要相互配合，方能形成整体的服务优势。从营销服务上看，必须满足消费者整体的不断变化的需求以及不同消费者的不同需求。服务质量的配套包括六个"适当"：

第一，适当的目标消费者，即服务目标指向某一群体的消费者。

第二，适当的商品，即商品本身（数量、性能、用途、花色、规格、造型、颜色、包装、商标、信用保证等）满足消费者物质的审美需求。

第三，适当的时间，即让消费者在其最需要、最惬意、最适当的时刻得到满足。

第四，适当的地点，即让消费者在其认为最方便、最适当的地方得到满足。

第五，适当的价格，即确定消费者最愿意接受、最乐意支付的价格。

第六，适当的信息沟通方法，即通过适当的信息渠道告诉消费者来享受为其提供的各种服务。

二、企业员工职业化

知识补给
4-2：一些
知名企业的
培训体系

现代企业的核心竞争力在于员工的职业化素质高低的较量，员工是否具有职业化素质以及职业化程度的高低决定了企业自身的未来和发展，也决定了员工自身的未来和发展。

职业化是一种工作状态的标准化、规范化、制度化，即在合适的时间、合适的地点，用合适的方式，说合适的话，做合适的事；使员工在知识、技能、观念、思维、态度、心理上符合职业规范和标准。职业化是以标准化和制度化为基础的。因此，员工要成为职业化人才，必须尊重企业的规章和制度，认同企业文化，包括企业行为文化。员工只有认同企业文化，才能与公司共同成长。

职业化是一种管理模式。企业发展到一定规模，必须引入职业化管理模式，用标准化、流程化和信息化管理企业。越来越多的企业意识到：职业化是企业在全球化竞争中制胜的关键因素，提高企业职业化和个人职业化的水平，是时代发展的要求。因此企业实施职业化管理，制定员工职业化行为规范，有助于企业行为文化的塑造。职业化包含职业化精神、职业化习惯和职业化形象三方面内容。

1. 职业化精神

职业化精神是指一个人在自己所从事职业活动中表现出来的价值观与态度，是人们内在的精神动力。在现代开放竞争的环境中，职业化精神是企业立业之本和保持基业长青的必要条件；对于个人而言，要想成为职场中的佼佼者，就必须成为职业化员工，具备敬业、热忱、诚信、团队的职业精神。

2. 职业化习惯

职业化习惯是指适应职业要求而必须具备的良好习惯。通常，良好的职业习惯包括尊重他人、善于沟通和高效工作。习惯决定性格，性格决定命运，成功者与失败者之间最大的差别在于是否具有良好的行为习惯。作为职场人，必须不停地适应职业习惯、培养职业习惯，实现从优秀到卓越的飞跃。

3. 职业化形象

职业化形象，是指员工在特定的职业活动中按照职业人的仪表规范，应当展示出来的恰当形象，包含服饰礼仪、形体礼仪、职业礼仪和宴会礼仪等。树立良好的职业化形象不仅有助于个人事业的发展，展示自己成功的潜力，也体现了企业的精神风貌。例如，在办公室中，要礼貌待人，经常保持职业微笑，与人交往要主动、热情、诚恳，主动配合同事工作，建立良好的合作关系。在工作时间不要剪指甲、上网闲聊，不要用办公电话办私事，不要大声说笑干扰他人工作，不要随便翻别人东西，不要到处串门聊天。职业化形象，反映了企业对员工职业素质的要求，更能反映一个企业外在形象及内在素质所蕴含的文化，是塑造企业行为文化的重要组成部分。

拓展阅读

《杜拉拉升职记》场景思考

场景一

杜拉拉如愿进入一家世界500强外企任行政秘书，每天她的包里会装着一双高跟鞋，当她穿着平跟鞋到公司楼下时，她都会换上高跟鞋去上班。

思考：穿着对一个职场人士尤其是初入职场的人，意味着什么呢？

场景二

销售总监王伟虽然是公司很多女职员的爱慕对象，但他脾气暴躁，公司派给他的秘书都做不长久，被称为"强迫症＋工作狂式"的上司。

思考：在现实生活中，职场里也不乏类似的工作狂上司，我们又该如何面对呢？

场景三

玫瑰是个能力很强的女人，她认为以自己的能力，职位早就应该升迁，但多年来她始终未能如愿。公司同事兼前男友王伟提醒她是否自身也有做得不够的地方，但玫瑰无法接受这一观点。

思考：现实生活中，我们是不是也经常认为自己能力很强而怀才不遇？我们又该如何平衡能力与升职之间的心理落差呢？

三、企业人际关系规范

企业人际关系规范的推行，是一场意识革命和全新价值的创造。它分为对内关系和对外关系两大部分。

（一）对内关系

企业员工的一举一动、一言一行都体现着企业的整体素质，企业内部没有良好的员工行为，就不可能有良好的企业形象。如果员工行为不端、纪律散漫、态度不好，将给企业形象带来严重的损害。

将企业的理念、价值观贯穿在企业的日常运作、员工行为中，最重要的就是确立和通过管理机制实施这些规范。从人际行为、语言规范到个人仪表、穿着，从上班时间到下班时间都严格按照这些规范行事。要做到这一点，很大程度上依赖于行之有效的培训，通过反复演示、反复练习，从规矩的学习演变到自觉的行为。培训的方法有：讨论与座谈，演讲与模范报告，实地观摩与示范演练；在实际工作中纠正不符合规范的行为偏差，边检查，边纠正；重复性演示与比赛。培训的目的在于使广大员工自觉地接受这套行为规范，不折不扣地贯彻在日常工作中。

📎 拓展阅读

从毛泽东的领军之道看企业管理

毛泽东处理官兵关系的两条重要经验：端正根本态度和建立阶级友爱。关爱士兵与严格要求是辩证统一的。带兵既要严格要求，又要关爱士兵，两者相辅相成。自古"慈不掌兵"，不敢严格要求的领导，绝对带不出好兵。关爱士兵是严格要求的基础，严格要求是关爱士兵的突出表现。其身正，不令而行；其身不正，虽令不从。

官兵关系就是员工关系，应人人平等。干部要深入基层与员工融为一体，才能让员工心甘情愿地努力工作，让员工成为学习和效仿的对象。同时企业必须要有严格的管理，因此同心同德成为团结合作的前提，只有心在一起才能通力合作，共赢未来。

（二）对外关系

对外关系主要是指企业经营面对不同的社会阶层、市场环境、国家机关、文化传播机构、主管部门、消费者、经销者、股东、金融机构、同行竞争者等方面所形成的关系。其中，处理好与同行竞争对手的关系十分重要。企业应联谊竞争对手，在竞争中联合，在竞争中共同发展。任何企业不仅要面对竞争，而且要勇于竞争。要在竞争中树立自己的良好形象。每个企业都应当争取在竞争环境中广交朋友，谋求公众的支持与合作，最终使企业获得经济与社会效益的双丰收。竞争是社会发展和进步的源泉，竞争无所不在、无所不有，竞争的表现形式也是多种多样的。某些企业为了招揽顾客，对竞争对手进行攻击、拆台，甚至不择手段地使用贿赂等手段，这种破坏同行关系的做法对于双方都是有百害而无一利的，最终可能导致两败俱伤。

四、企业公共关系规范

企业公共关系活动的作用体现在：树立企业信誉；搜集信息，全面而准确地分析企业所处的人事环境和舆论环境；协调谅解，包括及时处理组织与公众之间存在的矛盾、建立预警系统并实行科学管理、协助处理纠纷等工作；咨询建议，包括提供企业形象、公众心理、公众对企业政策的评价咨询，提出公关工作建议；传播沟通，通过信息传播影响舆论，争取公众，做双向沟通以达到与公众协调的目的；社会交往，为企业创造和谐融洽的社会环境。

企业公关策划是一个设计行为方案的过程。在这个过程中，企业依据目前组织形象的现状，提出组织新的形象的目标和要求，并据此设计公共关系活动主题，然后通过分析组织内外的人、财、物等具体条件，提出若干可行性行动方案，并对这些行动方案进行比较、择优，最后确定出最有效的行动方案。根据公关行为的传播特性，公关策划应当遵循以下三方面规范。

（一）公众利益优先

所谓公众利益优先，并非要企业完全牺牲自身的利益，而是要求企业在考虑自身利益与公众利益的关系时，始终坚持把公众利益放在首位。要求企业不仅要圆满完成自身的任务，为社会做出贡献，同时还要重视其行为所引起的公众反应，并关心整个社会的进步和发展，以此获得自身利益的满足。企业只有坚持公众利益至上，才能得到公众的好评，使自己获得更大的、更长远的利益。

（二）独创性与连续性相统一

公关活动与广告所追求的重复与反复信息刺激不一样。一般而言，不会有两个相同的公关活动策划。这是因为企业所处的环境与公众都在不断变化，唯有富于特色的、标新立异的公关活动，才能适应社会条件和公众心理的变化，使之与竞争对手的形象产生差别，从而突出自己的企业形象。企业公关活动策划不仅要考虑一次活动的独创性，还要考虑本次活动与前后活动的连续性，使独创性和连续性统一起来。这样，才能更为科学有效地实现企业整体形象塑造的传播效果。

（三）计划性与灵活性相统一

公关策划所形成的行动方案，放入企业的整体计划中，构成企业整体活动的一部分，通常是不能轻易改变的。这种计划性带有对企业行为识别系统最佳效果的战略布局，但是，这种预见性及超前的计划性往往也会因企业主客观条件的变化而出现不适应或不合时宜的情形，这就需要及时调整、完善计划的前瞻性和现实的操作性，积极支持灵活措施的实施。

确定公关活动对象，重点是通过分析公众，选择和确定有利于发挥目标效应的公众，展开活动。公关活动是以不同的方式针对不同的公众展开的，而不是像广告那样通过媒介把各种信息传播给大众。因而，只有确定了公众，才能选定最有效的公关活动方案。不同的公众群体有着不同的权利条件：社区要求企业能扶持当地社会经济发展；政府要求企业遵纪守法；媒介要求企业提供采访的方便条件等。分析公众就是找出各类公众的特殊要求，那些带有个性的问题是制定企业特殊形象的基础。把那些有特殊要求的公众作为公关活动的对象来确定公关活动目标的主题，可增强企业行为的鲜明度。

复习与思考

学习完本单元内容，自行观看电影《杜拉拉升职记》，并谈谈对自己未来职业化道路的启示。

学习单元五
企业行为文化与职业道德的关系

【情景导入】

海尔服务人员"雪中送炭"

有一年，冷空气突然来袭，吉林省延吉市下起了鹅毛大雪，气温降到了零下二十几度。家住吉林省延吉市小营乡的张先生看着妻子洗衣冻裂的双手，很是心疼，于是，他在海尔延吉昊天社区店购买了一台海尔洗衣机。

海尔社区店的服务人员郝天宇开车帮张先生把洗衣机送回家，但乡村路况不好，雪厚路滑，汽车开到村口无法前行。村口距离张先生家还有1公里，郝天宇干脆背起了25公斤的洗衣机，一直从村口背到了张先生家。张先生和妻子看到满头大汗的郝天宇，心里非常感动，握着郝天宇的手说："海尔真是雪中送'炭'啊！"

结合案例，思考以下问题：

企业行为文化与职业道德二者是什么样的关系？

企业的各种行为，包括企业人的经营行为和非经营行为以及企业中的人际交往关系，都体现了企业的文化品位和价值取向，折射了企业的经营理念、管理哲学、工作作风、审美意识等文化特色。同时，企业行为对于职业道德的彰显则更为直接。企业行为文化与企业职业道德都以企业行为作为载体，相互融合，共同促进企业的发展。每个企业的文化虽然不同，但职业道德的因素在企业行为文化中都有所体现，只不过各有侧重而已。如香港金利来集团有限公司的企业文化理念是勤、俭、诚、信；美国朗讯科技公司的价值观为具有团队合作精神，具有强烈的社会责任感，具有饱满的工作热情；可口可乐公司的用人标准是诚实正直，富有责任心、敬业精神和团队精神。忠诚、诚信、勤奋、热情、敬业、节俭、协作等职业道德在企业内部和外部行为中彰显出企业的文化价值观，形成企业的活动文化成果。

一、企业人行为蕴含的职业道德

企业行为文化以行为的方式体现企业的价值理念。作为企业行为文化的重要组成部分，企业人行为在企业对外经营活动中向社会、向客户传达企业的社会责任感、忠诚度，在对内生产活动中通过产品体现员工对节俭、勤奋、热情、敬业等企业文化价值观和企业道德内涵的认同。

企业家行为是企业行为文化的重要内容，企业家精神是企业文化的核心。企业家节俭、勤奋、敬业的美德以及他们对国家、对社会强烈的责任心，促人奋发向上的思想必然渗透于整个企业文化中。企业家对内的企业管理，如对员工进行企业文化宣传、进行各种文体活动给员工直接的行为、理念的传达，滋润影响着员工道德规范的养成和企业文化的价值指向；对外的人际交往行为，如向公众进行企业形象和口碑宣传，则向社会展现了企业的职业道德形象、文化价值。

企业模范是企业文化人格化的结果。企业模范是企业群体中的一面旗帜，他们的品德通过言行对企业员工进行潜移默化的文化熏陶与道德塑造，他们对企业的忠诚、勤奋、敬业都彰显了企业文化的哲学理念，反映了企业的文化道德指向。

企业员工的群体行为决定企业整体的精神风貌和企业文明的程度，企业员工群体行为是企业行为文化的重要组成部分。企业员工的群体行为是企业文化的外在表现。企业员工整体的精神风貌、对待工作的态度、生产经营活动的工作作风都体现了企业的行为文化，同时也向社会公众展示了企业和谐、严谨、负责、向上、诚信的职业道德风尚。

企业人行为中彰显的职业道德可以归纳为以下内容。

（一）忠诚

忠诚是人类最宝贵的品质，是无价之宝。现代企业的员工忠诚，主要指员工对自己选择的企业所做出的守诺行为。员工的忠诚度是企业发展的基石，对于企业的健康持续发展弥足珍贵。毫无疑问，企业需要忠诚的员工，它体现了最珍贵的情感和行为的付出。因为对企业忠诚，员工才愿意尽心尽力、尽职尽责地为企业服务，并敢于承担一切。在任何时候，忠诚都是企业生存和发展的精神支柱，也是企业的生存之本。

21世纪最宝贵的资源莫过于人才，对于一个企业来说，人才难求，而求得对企业高度忠诚的人才更是难上加难。高忠诚度的员工，往往会自觉地把企业的利益放在首位。他们把企业的前途兴衰与个人的荣辱紧密联系在一起，做到"想企业之所想，急企业之所急"。在眼前利益与长远利益、局部利益与全局利益、个人利益与企业利益之间发生矛盾和冲突时，他们都能忠诚于企业，顾全大局，做到"心底无私天地宽"。

忠诚不仅有道德价值，还蕴含着巨大的经济价值、社会价值、文化价值。一个忠诚的员工是能够带给他人信赖感的，并乐于让管理者接纳，在赢得管理者信任的同时，更为自己的职业生涯带来莫大的好处。相反，如果一个人失去了忠诚，就等于失去了一切——朋友、客户、工作，因为谁都不愿意与一个不可信赖的人共事和交往。第二次世界大战时美国著名的麦克阿瑟将军说过："士兵必须忠诚于统帅，这是义务。"同样，对于一个企业而言，员工的忠诚就是整个团队实现自己目标的关键因素。因为忠诚，企业才能形成巨大的合力，企业才能无坚不摧，战无不胜。

当然，忠诚并不是一定要从一而终，它是一种职业的责任感，不是对某个企业或某个人的忠诚，而是一种对你选择职业的忠诚，是承担着某一责任或从事某一职业表现出来的敬业精神。

📖 **拓展阅读**

西门子的教训

在西门子公司刚进入中国的时候，一个分公司曾经招聘了一批员工，然后对他们大力培养，使他们成为业务骨干，企业也订单不断，利润大增。分公司老板欣喜若狂，对这批骨干宠爱有加，频频加薪。谁知好景不长，那个业务主管本是个本分人，但做了几年业务下来，脑子就"活泛"多了，开始偷偷背着公司自己联系业务，为了给自己拉拢更多的客户，他甚至和客户串通，合伙赚钱。最严重的一次，他竟然在与外商谈判时在中间做了手脚，结果导致公司损失惨重。分公司老板知道后愤怒不已，把这批业务人员全部辞掉，但企业却因此元气大伤、损失惨重。遭此一创，分公司老板心中阴影难消，以后再招聘员工时，他明确规定，一定要保证员工的忠诚度，哪怕他的知识水平差一点，经验不太足，这些都可以通过培训来弥补，但如果员工缺乏对企业的忠诚，即使他是天才，也要将他拒之门外。

（二）勤奋

《易经》曰："天行健，君子以自强不息。"意为人应该效法天地，刚健不息，积极有为。儒家主张积极入世、用世、奋发图强，积极有为，苦干实干。这种积极的人生哲学和参与精神与现代企业强调全员的开拓精神和参与意识是一致的。儒家思想文化素来倡导吃苦耐劳、自强不息、刚健有为的精神，这正是现代企业发展的原动力。弘扬儒家思想，重塑企业职业道德，就要培养和造就自立、自强的企业精神，埋头苦干的主人翁精神和自力更生、艰苦奋斗的创业精神。培养企业员工的责任感、使命感，激励他们勤奋工作、积极进取、奋发有为。

推动企业发展的并不是那些天资卓越、才华横溢的少数天才人物，而是那些无论在哪一个行业、哪一个部门都勤勤恳恳、劳作不息、埋头苦干的大多数员工。

勤奋首先指的是一种积极向上的人生态度。其次，它也是员工成才的必经之路，是公司和企业生机与活力的集中表现。不论你从事何种职业，要想成功，就必须具备勤奋的工作态度，没有勤奋的工作，再美好的愿望都只是空谈。

拓展阅读

杨晓：为五菱安上"心脏"的人

五菱品牌在中国汽车市场上一直是一个特殊的存在，没有昂贵的价格和华丽的包装，但是它的口碑却一直不错，国外杂志《福布斯》也曾这样评价五菱："迄今为止，朴实无华的五菱是中国最好卖的车。"它甚至被车友们冠以"神车"的称谓，五菱的动力总工程师杨晓荣获了全国五一劳动奖章。他就是亲自为这一"神车"安上"心脏"的人——杨晓。

杨晓出生于一个普通家庭，他立志成为一名技术领域的优秀人才。怀揣着这份梦想，他考入了哈尔滨理工大学电气工程专业，毕业后加入了柳州微型汽车厂从事研发工作。他从一名普通的助理工程师，一步一个脚印地迈向教授级高工。多年的一线工作经验不仅让他深深爱上了发动机研发这份工作，也让他更加明确了自己的奋斗目标，那就是成为汽车领域的专业人才，为我国的发动机研发贡献一份力量。20年来，他主持并参加过各级重大课题11项，主持申报专利269项，发表论文10余篇，凭借着对发动机技术的勤奋学习，披荆斩棘，渡过无数难关，成为行业当之无愧的翘楚，也为五菱提供着源源不断的技术支持。

视频欣赏
4-2 人生，
就是要不断
出发

（三）责任

责任就是要每位员工在自己的岗位上竭尽心力。责任感是一种担当、一种约束、一种动力、一种魅力。一个人只有有了责任感才能够实现自己的承诺，只有有了责任感才能够正视困难勇往直前，只有有了责任感才能够得到别人的尊重，塑造高尚人格。

责任重于泰山

任何一个企业都很注重员工的责任感，可以说，员工没有责任感，企业就不能成为一个企业，员工的责任感在很大程度上能够决定一个企业的命运。员工需要同时对企业和自身的职业负责：对企业负责，就是要求企业能够生存与发展；对职业负责，就是要锻炼自己的职业修养与能力，谋求更大的发展空间。

员工的责任心，就是企业的防火墙。其实许多企业巨人轰然崩塌都与企业员工的责任缺失有关。因此，责任心目前成为越来越多企业的用人标准。在三星公司用人理念中，其中重要的一条就是要求员工有责任心。也正是因为有这样的要求，才成就了三星的辉煌。工作是安身立命之本，既然有了一个施展才能的平台，忠于职守、勤勉尽责就是最起码的职业操守和道德品质。

责任没有大小之分，一丁点儿的责任，可以为一家公司挽回数以千计的损失；一丁点儿的不负责任，也可能会使一个百万富翁倾家荡产。因此，对企业来说，正因为有了责任感，员工才能尽职地做好各项工作，才能保证企业的发展，提高企业的凝聚力、竞争力。而也只有那些勇于承担责任的员工，才可能被赋予更多的使命，在企业担当重任，也才有资格获得更多的发展机会和更大的荣誉。

> 📎 **拓展阅读**
>
> #### 守岛就是守国
>
> 2021 年 6 月 18 日，电影《守岛人》在全国公映。影片取材于全国"时代楷模"王继才、王仕花夫妇的先进事迹，深情讲述他们 32 年如一日守护开山岛的真实故事，表达了夫妻情、父子情、战友情，立体呈现"守岛就是守国"的家国情怀。开山岛是一个位于江苏连云港附近的偏僻荒岛，虽然远离大陆，但是依然是属于我国不可分割的领土。为了守护这座小岛，王继才从 1986 年离开家乡，直至 2018 年，王继才因常年劳顿和气候原因，不幸去世，年仅 58 岁。这期间，夫妇二人不畏艰苦、忍受寂寞，守卫着这片小岛，把一生都奉献给了国家，让我们看到了时代楷模的责任心。

（四）热情

热情就是一个人保持高度的自觉性，以执着必胜的信念、真挚深厚的情感，投入到他所从事的事业中，也就是把他全身的每一个细胞都激活，为了坚定不移的理想而不懈努力。

　　热情不仅是事业成功不可缺少的条件，同样也是一个企业对员工最基本的要求。一个企业是否具有对企业目标的热情决定着企业的成败，一个员工是否具有对自己工作的热情决定着员工个人职业生涯的成败。

　　美国"成功学大师"戴尔·卡耐基把热情称为"内心的神"。他说："一个人成功的因素很多，而位于这些因素之首的就是热情。没有它，不论你有什么能力，都发挥不出来。"可以说，一个员工如果没有满腔热情，那么他的工作就很难维持和继续深入下去。很难想象，一个缺乏热情的员工能够始终如一地高质量完成自己的工作，当然也就更谈不上创造什么业绩了。

　　企业最大的资本在于员工的知识、创意以及热情。但是，在一个企业中，不论你有多少知识和创意，如果没有热情，那还是等于纸上谈兵，终究一事无成。

　　没有一个人愿意跟一个整天无精打采的人打交道，更没有人愿意雇用一个毫无工作热情的员工。但是，如果一个人知识水平一般，才能也比较平庸，但却有着满腔的工作和学习热情，愿意努力奋斗，所谓勤能补拙，他就一定可以做出很好的业绩。前纽约中央铁路公司的总经理佛瑞德瑞克·威廉生曾说过这样的话："我越老就越感觉到热情的重要性。成功的人和失败的人在知识、能力和智慧方面的差别往往不大，但是如果两个人各方面才能相差无几，其中那个具备热情的人一定能够得偿所愿。你能力不足没关系，但你的热情一定可以使你超过能力高超但缺乏热情的人。"

✏ 拓展阅读

江海意无穷

　　2022 年的感动中国人物有一位来自香港的媒体人陈贝儿，给她的颁奖词是：从霓虹灯的丛林中转身，让双脚沾满泥土。从雨林到沙漠，借溜索穿过偏见，用钢梯超越了怀疑。一条无穷之路，向世界传递同胞的笑容，你记录这时代最美的风景。

　　2021 年，纪录片《无穷之路》"破圈"。主创陈贝儿带着真诚、友善的目光，跋涉万里、走进内地 6 个省份，奔走于 14 个偏远的、中国曾经最贫困的地区，不辞辛劳，纪录脱贫攻坚成果，并通过镜头将真实场景展示给观众，再次回想这条"无穷之路"时，陈贝儿哽咽道，"我碰到了很多很了不起的人……也许他们可能就是一个老村民，一个扶贫的书记，他们碰到困难时的那种坚持跟他们对于生存下去的那种生命力是非常非常强的"。

《无穷之路》片头

（五）节俭

　　法国大作家大仲马曾精辟地说道："节俭是穷人的财富，富人的智慧。节俭是世上所有财富的真正起点。"成由勤俭，败由奢。节俭是一个人的重要品质，很难想象，一个从小大手大脚随意浪费的人能创造一番事业。

节俭不仅仅是美德，更是一种成功的资本，一种核心竞争力。在微利时代，节俭的企业，会在市场竞争中脱颖而出；节俭的员工，永远是企业的金牌员工。很多世界500强企业，每年利润丰厚，但依然将节俭当成衡量员工的一个基本标准。

在竞争十分激烈的今天，企业要想保证一定的利润，又要快速扩张，更要降低企业的各种成本。而要降低成本，就需要企业的全体员工一起努力，一起节俭。节俭还是公司作为一个现代企业和一个职业化企业应该具备的基本素质和文化，无论是企业领导还是员工，都应该保持节俭的作风。节俭从来就不是一个大问题，但却需要一个人有大本领才能做得彻底，做得不留遗憾。只有节俭，企业才能生存；只有节俭，员工才能有所发展。

也许有人会想节俭和成本控制是公司的事，公司亏损跟员工没有什么关系，只要按时给员工工资就可以了。实际上，企业的兴衰关系到每个员工的切身利益，也牵系在每个员工的手中。"企业兴，则员工荣"，只有企业兴盛了，员工才能获得更多收益。所以，对于企业而言，节俭的员工才是受欢迎的员工。

🔗 拓展阅读

身价百亿却过着大众生活的中国企业家们

宗庆后是娃哈哈集团的创始人，也是名震世界的企业家，其家族以千亿元财富在胡润百富榜上名列前茅，称得上是巨富之家。但宗庆后并没有任意挥霍这些财富，平时消费都是适可而止，连坐高铁都时常买二等座，据他的骨干员工讲述，宗庆后一年的全部花费连15万都不到。这样低调的企业家，真是令人赞叹不已。

李书福掌舵的吉利集团，堪称是中国汽车业的骄傲。随着吉利集团的发展壮大，李书福的身价也迅速暴涨，早已成为各类富豪榜上的常客。可尽管富甲一方，但李书福十分低调，在穿着方面从不讲求排场和奢华，但凡超过100元的皮鞋，他都舍不得穿。看来，真是勤俭持家的好手，难怪吉利企业的发展势这般强劲。

二、企业人际关系彰显的职业道德

现代企业的人际关系在企业发展中发挥着重要的作用，因而，任何一个企业都非常重视人际关系的构建。企业人际关系也是企业行为文化的重要组成部分。在企业内部人际关系中，无论是横向人际关系还是纵向人际关系，团结协作的群体氛围，和睦共处的人际关系，都是企业追求的行为文化模式，也是人际交往中的职业道德目标。在企业对外人际关系中，企业员工对客户服务所体现的诚信、敬业、勤奋、协作，都是企业所要追求的文化价值理念和道德理念。企业人际关系彰显的职业道德主要包括协作和诚信。

（一）协作

协作就是要求员工具有团队精神。有人说："一堆沙子是松散的，可是它和水泥、石子、水混合后，比花岗岩还坚硬。"

当今的世界是一个合作的世界，作为一名公司的职员，单凭一个人是无法完成一个上规模的项目的。公司的命运和利益包含着每一个公司员工的命运和利益，没有哪个员工可以使自己的利益与公司相脱节。一个积极向上的团队能够鼓舞每一个人的信心，一个充满斗志的团队能够激发每一个人的热情，一个善于创新的团队能够为每一个成员的创造力提供足够的空间，一个协调一致、和睦融洽的团队能给每一位成员一份良好的感觉。只有整个团队获得更多利益，个人才有希望得到更多利益。因此，每个员工都应该具备团队精神，融入团队，以整个团队为荣，在尽自己本职的同时与团队成员协同合作。日本企业能够具有强大竞争力的直接原因不在于其员工个人能力的卓越，而在于其员工整体"团队合力"的强大，也就是深深扎根于他们血液中的"团队精神"。

🖉 拓展阅读

一封来自总书记的回信

2020 年 4 月份，习近平总书记对一家企业给予了书信表扬，感谢这家企业在新冠疫情中做出的付出和奉献，这家企业就是郑州圆方集团。"伟大出自平凡，英雄来自人民"，那么该企业究竟做出了什么样事迹，让习近平总书记亲自来信致谢呢？

郑州圆方集团成立于 1994 年 5 月，由下岗女工薛荣带领 16 名下岗工人艰苦创业，奋发进取，从一个不起眼的保洁、家政公司，发展成为集物业管理、家政服务、高空清洗、劳务派遣、劳务外包、母婴、妇产医疗护理等为一体的大型企业集团。新冠疫情期间，该企业 6 万名职工坚守岗位，服务了全国 126 家医院。其中，更有累计 4 000 多人战斗在湖北武汉，十堰、河南信阳等疫情高风险地区。并且，63 岁的集团负责人薛荣女士也在湖北十堰人民医院和病人零距离接触，做了近一个月的保洁和消毒工作。不仅如此，她还要求自己的儿子投身到抗疫一线中去。在这次疫情中，圆方集团发挥了参与、协作、奉献的责任意识，值得每一个企业、每一个员工、每一个人去学习。

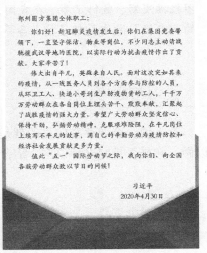

习近平给郑州圆方集团
全体职工的回信

（二）诚信

"言而不信，行之不远"，诚信是中华民族的传统美德，是古老道德文明的基石。

诚信，也是市场经济的行为准则，是企业生存发展的根基。诚信是依附在人之间、组织之间和商品交换中的一种信任关系。诚信构成现代商业交往的基础，没有诚信，就没有现代商业。

市场经济是契约经济、信用经济。重约守信、言而有信、诚信为本，是现代企业必须具备的职业道德，也是公平有序竞争的基本条件。企业要盈利，首先应该弄清楚为什么获利，怎样获利的问题。企业赚钱要讲良心，获取的应该是"阳光下的利润"。在社会主义市场经济条件下，企业要牢固地树立契约意识和忠实履约的道德精神，信誉至上，注重商业道德，反对随意毁约、商业欺诈和言而无信。

企业成员要诚实、忠实、老实，要坦诚相待，信守承诺。要诚心待客，货真价实。要恪守信用，严格履约。企业成员要通过自律、自省、自觉，从思想上消除"机会主义动机"，减少"道德风险"。不弄虚作假，不瞒上欺下，不歪曲事实，不偏听偏信。只有诚信不欺、重约守信，自觉维护公平竞争的市场秩序，维护社会公共利益，才能维护企业的信誉和形象。欺诈、哄骗，言而无信，昧着良心赚钱，就会使企业失去信用，最终也会失去市场，失去自下而上的根本依托。

🔗 拓展阅读

东芝公司的质量问题

1999 年，日本东芝笔记本电脑曾因存在严重质量问题被起诉。事件发生后，东芝公司对美国用户及时实施经济赔偿，对本土以外的东亚用户却一拖再拖，妄图轻描淡写、敷衍了事。在我国，东芝公司这种"给美国人美金，给中国人补丁"的"双标"做法引起了社会各界的强烈不满，结果导致其笔记本电脑销量暴跌。

复习与思考

有人说，企业存在的目的就是追求经济利益最大化，因此只要是能赚钱的事都可以做。你是否赞同这种说法，结合本单元所学内容，谈谈自己的理由。

思 政 润 心

温暖你我他

波司登是目前国内最具影响力的服装品牌之一，自成立以来，波司登集团始终坚持弘扬主旋律，传递正能量，积极担当企业的社会责任。新冠疫情暴发，波司登集团为全国 438 家医院及单位驰援捐赠羽绒服共计 151 368 件，总价值超过 3 亿元，得到了社会各界的一致好评。

在抗击疫情的关键时期，波司登集团在了解到抗疫一线工作者们日夜奋战的同时，仍面临着"倒春寒"的困扰：一线医务人员工作场所不能开空调，以及户外工作人员要在气温极低的夜晚作业的现状后，波司登集团第一时间发起"波司登3亿羽绒服驰援抗疫一线"的公益活动。为了让一线的英雄们能快些收到羽绒服，波司登基金会与集团商品部、物流中心及全国各分公司等相关部门快速对接，采取了直接联系一线送达的方式，让捐赠物资火速直达一线，"把物资第一时间送到疫情最紧急、最需要的地方"。

与此同时，波司登集团还接到了生产抗击疫情一线防护用隔离衣的需求，在了解生产隔离衣的迫切情况后，波司登集团利用企业长期积累的供应链优势，第一时间组织设备、原料和员工，加紧赶制，支持疫情防控。波司登集团紧急启动产前准备，仅用了两天时间，筹集了隔离衣生产所需面辅料，并向政府提交复工申请，并采购一次性医用口罩、测温仪、消毒液、消毒酒精等物资，积极进行自身疫情防控，保证员工的健康与安全。

波司登赶制防护服

作为一家有社会责任感的品牌企业，波司登集团一直热心慈善公益，以产品暖人、以慈善暖心。抗击疫情、守望相助。此外，波司登集团还代表中国时尚力量登上伦敦时装周，站在国际的舞台上展现民族企业应有的自信与自强，向世界传递中国正能量。在波司登集团看来，能够为抗击疫情出一份力，既是作为民族品牌的责任担当，更是彰显大爱的民族情怀。一个有责任感的企业，并不是一座孤岛，而是一个星星之火，当所有有责任感的企业聚集在一起，就可以燎原。波司登集团践行企业社会责任感，积极传播中国正能量，弘扬民族情。

新时代中国企业文化的发展

交互式自测题

企业行为文化案例收集与分析

【实训背景】

企业行为文化是企业文化的重要组成部分，是企业文化的重要层次，既是企业文化的重要载体，又是企业文化落地的关键环节。行为文化建设是实现价值观管理的必经之路。企业行为文化集中反映了企业的经营作风、经营目标、员工文化素质、员工精神风貌等文化特征，它直接影响着企业经营业务的开展和经营活动的成效。

【实训目标】

1. 通过发现身边知名企业的行为文化现象，进一步加深参训学生对企业行为文化的内涵和重要性的理解。

2. 通过本模块的学习，对收集知名企业行为文化的案例进行分析，帮助学生树立正确的择业观，在选择企业时有更为清晰的认知。

3. 使参训学生真切且深刻地感受企业行为文化的重要性。

【实训组织】

1. 学生每 5~8 人分组进行，利用各种合理有效的方法和途径收集企业文化方面的案例。

2. 案例中要包含企业家行为、模范人物行为和员工群体行为等。

3. 在课堂通过 PPT 的形式进行分析报告。

【实训考评】

效果评价表

考评人		被考评人		
考评时间		考评地点		
考评内容	企业行为文化案例收集与分析			
考评标准	内容	分值 / 分	评分 / 分	
	对所选企业的行为文化分析全面性	40		
	PPT 图文并茂、叙述有条理	30		
	分工明确，认真负责，积极配合	15		
	案例分析报告整体情况	15		
	合计	100		

模块五
企业制度文化与职业道德

> ▶ **学习目标**
>
> **知识目标**：了解企业制度文化的内涵以及重要性。
>
> **能力目标**：理解企业制度文化与精神文化、物质文化、行为文化的关系，理解企业制度文化在企业发展中的作用，掌握建设企业制度文化的要领。
>
> **素养目标**：把企业制度入脑入心地融入职业道德中，感知企业制度文化与职业道德的关系，强化纪律规矩意识、增强制度执行力。

▶ **学前思考**

　　"制度"一词从中国古老的史料《尚书》开始，就有了记载。吸收夏商文化的周朝，用"礼"这种特定形态的制度主导社会秩序，礼乐文化成了后来中国制度结构的主要内容。古人云："没有规矩，不成方圆"，规矩也就是规章制度，是我们应该遵守的，用来规范我们行业的规则、条文，规矩。国不可一日无法，党不可一日无纪，家不可一日无规，企业不可一日无制度。

　　邓小平同志在深刻总结我们党的建设历史经验和教训，他指出："制度问题，关系到党和国家是否改颜色，必须引起全党的高度重视。"邓小平同志的讲话，充分说明了制度在党的建设中的重要地位。对于企业来说，也同样重要。

　　企业的规章制度，正如一个健全人身体的功能一样，各司其职，按章办事。规章制度是企业发展之根本，是一个企业发展、强大的重要保证。一个企业如果没有规章制度其根本是无法生存和发展的，因此，企业制度是企业发展的法宝。作为中国最受尊敬的民营企业之一——华为，其接班人问题一直备受外界关注，但是早在2011年实行的轮值CEO制度，似乎已经给出明确的答案。

实行轮值CEO制度的华为

　　探究：为什么在改革开放的今天，无论国企还是民企都得建设科学的企业制度？好的企业制度如何能使员工感到自己被尊敬而不仅仅是被管制？"过度的"企业制度为什么反而会影响企业的经营？请在本模块学习中寻找答案。

学习单元一
企业制度文化概述

这样一对"师徒"

汪老师利用业余时间，自己开了一家"瓷砖专卖店"，要招聘员工了，汪老师想了想，自己教的学生自己最放心，就找来了一个认为和自己关系很合得来又已经毕业的学生小李帮自己看店卖瓷砖。初次干没什么经验，但是汪老师认准了"人际关系"的重要性，他觉得制度什么的显得"外气"，不搞也罢。原先已经给自己招聘来的学生说好，不管经营怎样，每月都给1 500元工资，因为汪老师心里想：我这招就叫"疑人不用，用人不疑"，肯定能大大激发员工的工作积极性。但是，三个月下来，生意和自己想的大不一样，汪老师一盘算，如果发给员工4 500元工资，自己这三个月就得赔6 000余元。怎么办？拖一拖吧。小李因为是汪老师的学生，见汪老师三个月还没发工资，也不好意思直接问，就闷在肚子里，心想看看再说吧，老师不可能坑自己。这样一直持续到年底，销售情况一直很不乐观，小李的工资也一文没得。最后……结果可想而知，师徒二人闹翻了脸，如今形同路人。

根据上述事例认真学习本单元内容，并分析解答下列问题：

（1）曾经关系和睦的"师徒"为什么最终"反目"？

（2）现代企业若想"立于不败之地"，没有"制度"行吗？

（3）为什么说所有企业都要重视企业制度文化建设，这样其发展才能稳健久远？

所谓企业制度文化，就是围绕企业核心价值观，要求全体职工共同遵守的，按一定程序办事的行为方式及与之相适应的组织机构、规章制度的综合。制度文化体现了企业管理的刚性原则，是支撑企业发展的相对稳定的制度安排，它既有相对独立性，又是连接物质文化、行为文化与精神文化的中间环节，缺少制度文化，企业难以形成良好的运作机制，内外层文化建设也很难长久和落到实处。加强企业制度文化建设，关系到企业文化能否有生命力，能否持续长久，也是一个企业是否成熟的重要标志。

一、企业制度文化的性质和范围

（一）企业制度文化的性质

企业制度文化是企业为实现自身目标而对员工的行为给予一定限制的文化，它具有规范性。企业制度文化的"规范性"是一种来自员工自身以外的，带有强制性的约束，它规范着企业每一个人，企业工艺操作规程、厂规厂纪、经济责任制、考核奖惩制度等都是它的内容。因此，企业制度文化就是由企业的法律形态、组织形态和管理形态构成的外显文化。

📎 拓展阅读

《中华文本库》中有关企业经营的制度文本

　　《中华文本库》中的制度文本共有75种之多，其中有关企业经营的制度文本主要有：安全保卫制度、安全制度、办公用品及物资管理制度、保密制度、财产管理制度、财务报销制度、财务控制与稽核审计制度、财务制度、采购供应管理制度、仓储管理制度、车辆管理制度、出差制度、档案管理制度、福利保险管理制度、工程管理制度、工资薪酬奖金管理制度、工作生活设施管理制度、公关制度、会议管理制度、计量器具管理制度、计算机网络管理制度、接待制度、经营管理制度、考核奖惩制度、廉政制度、问责制度、售后服务管理制度、回访制度、人力资源管理制度、组织领导管理制度、质量管理制度。

（二）企业制度文化的范围

　　企业制度文化属于企业文化的制度层，一般认为主要包括企业领导体制、企业组织机构和企业管理制度三个方面。

1. 企业领导体制

　　企业领导体制是企业领导方式、领导结构、领导制度的总称，其中主要是领导制度。企业的领导制度，受生产力和文化的双重制约，并随着生产力水平的提高和文化的进步而不断变革。不同历史时期的企业领导体制，反映着不同历史时期的企业文化。在现代企业制度文化中，领导体制影响着企业组织结构的设置，制约着企业管理的各个方面。所以，企业领导体制是现代企业制度文化的核心内容。卓越的企业家就应当善于建立统一、协调的企业制度文化，特别是统一、协调的企业领导体制。

📎 拓展阅读

高强度的秩序文化

　　比亚迪股份有限公司（以下简称比亚迪）是一家拥有IT、汽车及新能源三大产业群的高新技术民营企业，时至2022年已拥有65万员工，但是让人难以想象的是，比亚迪这个公司内部秩序的结构非常独特，它是从上到下集权的公司，效率非常高，甚至高到让人觉得很诧异。原因在于比亚迪像一个独特的生命体一样，24万人实际上是一个

比亚迪总部

人，在这个公司，董事局主席王传福是集权的，几乎没有民主。在他建立的这套秩序中，公司内部100万以上的预算他都要亲自过问、签字，而且员工上的是内网，不允许上微信、QQ、视频，只能看跟工作相关的东西，这是对员工思想的管理。比亚迪这样严苛的制度要求，恰恰是其倡导的"认真度"的体现，不仅仅要求员工是专注、仔细地做事；更重要的是有敬业负责的态度。比亚迪把"认真度"作为一项考核标准在全公司推行，让"认真"成为比亚迪人特有的标签。

2. 企业组织机构

企业组织机构是指企业为了有效实现企业目标而筹划建立的企业内部各组成部分及其关系。如果把企业视为一个生物有机体，那么组织机构就是这个有机体的骨骼。因此，组织机构是否适应企业生产经营管理的要求，对企业生存和发展有很大的影响。不同的企业文化，有着不同的组织机构。大凡优秀的企业总是顺应时势，不断改变企业的组织结构以适应企业目标的变化，从而在竞争中获胜。影响企业组织机构的不仅是企业制度文化中的领导体制，而且，企业文化中的企业环境、企业目标、企业生产技术及企业员工的思想文化素质等也是重要因素。组织机构形式的选择，必须有利于企业目标的实现。

📎 拓展阅读

脱颖而出的申通快递

管理的最高境界是什么？无为而治。怎样实现无为而治？靠制度。

申通快递当年能从众多快递公司的竞争中脱颖而出离不开一个人——戴天宇。时任申通快递"首席制度官"的戴天宇设计了一个超强的管理制度。多年后，被众多快递公司争相模仿，形成了现如今的快递格局。简而言之，就是一套自运行的企业制度。该制度分为四块：一是自组织；二是自激励；三是自约束；四是自协同。

3. 企业管理制度

企业管理制度是企业为求得最大效益，在生产管理实践活动中制定的各种带有强制性义务，并能保障一定权利的各项规定或条例，包括企业的人事制度、生产管理制度、民主管理制度等一切规章制度。企业管理制度是实现企业目标的有力措施和手段。它作为职工行为规范的模式，能使职工个人的活动得以合理进行，同时又成为维护职工共同利益的一种强制手段。因此，企业各项管理制度，是企业进行正常的生产经营管理所必需的，它是一种强有力的保证。优秀企业文化的管理制度必然是科学、完善、实用的管理方式的体现。

⌀ 拓展阅读

7S 活动

整理（Seiri）——就是彻底地将要与不要的东西区分清楚，并将不要的东西加以处理，它是改善生产现场的第一步。整理的目的是：改善和增加作业面积；现场无杂物，行道通畅，提高工作效率；消除管理上的混放、混料等差错事故；有利于减少库存，节约资金。

整顿（Seiton）——把经过整理后需要的人、事、物加以定量、定位。简言之，整顿就是人和物放置方法的标准化。整顿的关键是做到定位、定品、定量。抓住了这三个要点，就可以制作看板，做到目视管理，从而提炼出适合本企业的东西放置方法，进而使该方法标准化。

清扫（Seiso）——就是彻底地将自己的工作环境四周打扫干净，设备异常时马上维修，使之恢复正常。清扫活动的重点是必须按照计划确定清扫对象、清扫人员、清扫方法，并准备清扫器具，严格实施清扫的步骤，唯其如此，才能真正起到作用。

清洁（Seiketsu）——是指对整理、整顿、清扫之后的工作成果认真维护，使现场保持完美和最佳状态。清洁，是对前三项活动的坚持和深入。清洁活动的要点则是：坚持"三不要"的原则，即不要放置不用的东西，不要弄乱，不要弄脏；不仅物品需要清洁，现场工人同样需要清洁；工人不仅要做到形体上的清洁，而且要做到精神上的清洁。

素养（Shitsuke）——要努力提高人员的素养，养成严格遵守规章制度的习惯和作风。素养是"7S"活动的核心，没有人员素质的提高，各项活动就不能顺利开展，就是开展了也坚持不久。

节约（Saving）——就是对时间、空间、能源等方面合理利用，以发挥它们的最大效能，从而创造一个高效率的、物尽其用的工作场所。实施时应该秉持三个观念：能用的东西尽可能利用；以自己就是主人的心态对待企业的资源；切勿随意丢弃，丢弃前要思考其剩余的使用价值。节约是对整理工作的补充和指导。

安全（Security）——就是要维护人身与财产不受侵害，以创造一个零故障、无意外事故发生的工作场所。实施的要点是：不要因小失大，应建立、健全各项安全管理制度；对操作人员的操作技能进行训练；"勿以善小而不为，勿以恶小而为之"，全员参与，排除隐患，重视预防。

二、企业制度文化与精神文化、物质文化、行为文化的关系

企业虽然是一个开放的系统，但它毕竟是一个"组织"，工作在不同"组织"里的人在思想与行为上必然要受到组织环境的影响，这种影响正是企业文化的影响。本

书模块一学习单元三提到，按企业文化的结构分类，由里及表可分为企业精神文化、企业制度文化、企业行为文化和企业物质文化。下面我们将分别叙述企业制度文化与其余三者之间的关系。

（一）企业制度文化与企业精神文化

二者之间是辩证统一的关系，具体表现在：一方面，企业制度文化是一定企业精神文化的产物，它必须适应企业精神文化的要求。人们总是在一定的价值观指导下去完善和改革企业的各项制度，企业的组织机构如果不与企业目标的要求相适应，企业目标就无法实现。卓越的企业总是经常用适应企业目标的企业组织结构去迎接未来，从而在竞争中获胜。另一方面，企业制度文化又是企业精神文化的基础和载体，并对企业精神文化起着反作用。一定的企业制度的建立，又影响人们选择新的价值观念，成为新的精神文化的基础。企业文化总是沿着"精神文化—制度文化—新的精神文化"的轨迹不断发展、丰富和提高的。

（二）企业制度文化与企业物质文化

企业物质文化是企业制度文化的存在前提，只有具备一定的企业物质文化才能产生与之相适应的企业制度文化，现代化的生产设备要求形成一套现代化的管理制度，企业制度文化要随着企业物质文化的变化而变化，企业劳动环境和生产的产品发生了变化，企业的组织结构就必须做出相应的变化，否则就不能发挥其应有的效能；而企业制度文化则是企业物质文化建设的保证，优秀的企业制度文化又可以促进企业物质文化的形成和发展，没有严格的岗位责任制和科学的操作规程等一系列制度的约束，任何企业都不可能生产出优质的产品，也不可能提供令客户满意的服务。

（三）企业制度文化与企业行为文化

企业的制度文化规定并制约了企业的行为文化，同时又是企业行为文化得以正常运行的保证。二者的具体关系在本书模块四学习单元一中有所论述，此处不再赘述。

三、企业规章制度

企业规章制度，是企业经营活动保持稳定运转的信号系统，它把企业周而复始的行为，以明确、具体的程序和标准固化，使企业精神、理念通过制度形式表现出来。企业制度文化规定了企业行为中哪些应该做、好好做，哪些不该做、不能做，顺"规"者奖，逆"规"者罚，通过鼓励与约束、赞赏与惩处，最终达到企业控制的目标。如果说企业精神是软约束，那么企业制度常常发挥着一种硬约束的作用。由此可见，制度文化的作用，主要是通过行为偏差修正来实现的。那些成功地实现企业哲学、经营理念，遵从制度规范的员工及其行为都会受到表扬，而那些违背企业核心价值观的员工则会受到相应的惩戒。所以说，制度文化建设平台是企业文化建设的支撑基础。

知识补给
5-1：知名企业的特色制度

事实上，企业制度文化建设是实现企业文化核心价值观的需要。企业的很多问题都是由于企业文化核心价值观与企业制度文化建设脱节造成的，企业文化变革的关键不在于提出了什么样的先进理念，而在于企业制度文化建设工作的好坏。这一判断主要是基于两方面的原因：一是企业价值观是管理制度创新的直接依据；二是管理制度是检验价值观是否合理的尺度。可见，价值观与管理制度是一个问题的两个方面，价值观只有转化为管理制度才具有生命力，同时，任何管理制度都是在某种具体价值观的指导下制定的。

拓展阅读

企业文化理念"落地"

不少企业的企业文化建设只停留在企业文化理念宣传的阶段，不能深入到制度制定方面，一方面在于领导者缺乏系统建设企业文化的决心和勇气，另一方面就是对企业文化的塑造有误解，认为企业文化是以理念塑造为主的，如果把它变成制度，就会削弱企业文化的凝聚作用。其实并非如此，优秀的文化要落到纸面，让大家有法可依，有章可循。尤其对于人力资源制度，包括招聘、培训、考核、薪酬、任免、奖惩等，都应该深刻体现出公司的企业文化。著名企业惠普公司的文化非常强调对人才的培养，因此该公司制定了完善的培训制度，员工从入职开始，就一步步地接受各种有针对性的培训。另外，作为制度的一部分，惠普把培训也列入每个经理人的职责，他们90%的培训课程是由经理们上的。在惠普公司的理念中，认为这是投入产出比最高的投资。惠普公司之所以能成为行业内的楷模，就在于它不仅树立了一种优秀的"以人为本"的文化，更使这种文化生根发芽，并制定了科学的制度来落实这些优秀的理念。

如何使优秀的企业文化理念"落地"？这是留给每个企业的一道必答题。

复习与思考

请你选择一家知名企业，结合本节所学内容，分析制度文化在该企业发展中的重要作用。

学习单元二
企业制度文化建设

↗ 【情景导入】

刘邦的"约法三章"

公元前206年，刘邦率领大军攻入关中，到达离秦都咸阳只有几十里路的灞上。为了取得民心，刘邦把关中各县父老、豪杰召集起来，郑重地向他们宣布道："秦朝的严刑苛法，把众位害苦了，应该全部废除。现在我和众位约定，不论是谁，都要遵守三条法律——杀人者要处死，伤人者要抵罪，盗窃者也要判罪！"父老、豪杰们都表示拥护"约法三章"。接着，刘邦又派出大批人员，到各县各乡去宣传"约法三章"。百姓们听了，都热烈拥护，纷纷取了牛羊酒食来慰劳刘邦的军队。由于坚决执行"约法三章"，刘邦得到了百姓的信任、拥护和支持，最后取得天下，建立了西汉王朝。秦朝由于法律严苛、丧失人性而导致刘邦、项羽等纷纷造反，在起义过程中刘邦却用"简单明了"的"约法三章"取得了民心，为什么？我们的现代企业制度文化建设又应如何从这一历史文化的学习中做到"古为今用"？

为了弄清这个问题，你需要在本单元中学习和思考以下问题：

（1）"文化"与"制度"是什么关系？

（2）建设企业制度文化需不需要一般员工的积极参与并获得他们的认同？

（3）企业制度是不是要随着时代和环境的变化而变化？

一、制度与文化的辩证关系

在企业文化建设过程中，人们对"制度与文化"的认识经常陷入一种误区，或把二者对立起来，或把二者混为一谈，分不清二者在企业管理中的地位与作用。实质上，企业制度与企业文化既存在紧密联系，又相互区别，具体表现在以下两方面：一方面，制度与文化是互动的，而且永远是并存的。当管理者认为某种文化需要倡导时，他可能通过培养典型人物的形式，也可能通过开展活动的形式来推动和传播。但要把倡导的新文化渗透到管理过程中，变成人们的自觉行动，制度则是最好的载体之一。人们普遍认同一种新文化可能需要经过较长时间，而把文化"装进"制度，则会加速这种认同过程。当企业中的先进文化或管理者倡导的新文化已经超越制度文化的水准，这种文化又会催生出新的制度。制度再周严也不可能凡事都规定到，但文化时时处处都能对人们的行为起约束作用。反之，虽然制度永远不可能代替文化的作用，但也不能认为文化管理可以替代制度管理。由于人的价值取向的差异性和对组织目标认同的差异性，要想使个体与群体之间达成协调一致，光靠文化管理是不行的。实际上，在大生产条件下，没有制度，即使人的价值取向和对组织的目标有高度的认同，也不可能达成行动的协调一致。另一方面，制度与文化又有很多不同，如表现形式不同、演进方式不同和概念不同等。

拓展阅读

制度变革增活力

习近平总书记高度重视国有企业改革工作，多次做出重要指示批示。2020年6月30日，中央全面深化改革委员会第十四次会议审议通过《国企改革三年行动方案（2020—2022年）》。中国邮政（全称中国邮政集团有限公司）坚决贯彻落实中央决策部署，以《国企改革三年行动方案（2020—2022年）》为行动纲领，积极对标对表，突出问题导向，制定并印发《中国邮政集团有限公司改革三年行动实施方案（2020—2022年）》，全面推进中国邮政深化改革。

党建引领，党的领导融入公司治理

以党的科学理论为"矢"，瞄准打造行业"国家队"之"的"，中国邮政坚持把习近平新时代中国特色社会主义思想作为指引改革发展的根本遵循。集团公司党组始终坚持先学、先懂、先信、先用，引导带动各级邮政企业领导班子真学、真懂、真信、真用。"深入学习贯彻十九届六中全会决议，看清楚过去我们为什么能够成功，弄明白未来我们怎样才能继续成功，推动中国邮政'二次崛起'，以实际行动迎接党的二十大胜利召开！"中国邮政以现场和线上相结合的形式，针对全系统党组管理干部举办学习贯彻党的十九届六中全会精神专题培训班。领导班子讲授专题党课。全系统形成党员教育培训体系，近年来累计投入经费3.4亿元，举办党员培训班15 600余期，分批轮训党员171 076名；数次修订中国邮政《党员应知应会》和《创新发展知识点》口袋书，发挥"中邮先锋"党建信息化平台作用。

中国邮政集团有限公司总部

建立机制，厘清治理主体权责边界

2022年1月，中国银保监会批复同意中邮保险（全称中邮人寿保险股份有限公司）注册资本从215亿元增加至286.63亿元，新增注册资本由友邦保险有限公司认购。这是我国保险业截至目前最大的增资扩股引战项目。

中邮保险引战方案是2021年2月集团公司董事会组建运行后，充分参与、调研论证、集体审议。2019年年末，中国邮政集团有限公司在京正式揭牌成立，根据规定，公司设董事会、经理层，建立法人治理结构。中国邮政以公司制改制为契机，健全完善中国特色现代企业制度。

强化约束，建立规范管理内控体系

风起于青蘋之末，浪成于微澜之间。在企业管理层面，中国邮政治理和风险防控犹如硬币的一体两面，缺一不可。建立风险防控机制，全面提升管理水平能力已经成为新发展理念下，企业实现健康可持续发展的必经之路。将风险防控机制建设深度融入企业管理体系，成为企业治理体系、治理能力进化升级的显著标志。

二、企业制度文化建设的步骤

建设企业制度文化概括起来，不外乎以下三个步骤。

1. 提炼文化理念

企业为达到自己的根本目标，实现根本宗旨，要提炼或设计出明确的核心价值观和核心理念，并在其指导下，提出每一个分系统的理念或价值观。例如，海尔的企业精神是"敬业报国，追求卓越"，这种精神体现在质量管理上，就是"零缺陷、精细化"；体现在销售上，就是"先卖信誉、后卖产品"；体现在产品开发上，就是"客户的难题就是开发的课题"；体现在市场开发上，就是"创造需求、引导消费""自己做个蛋糕自己吃"；体现在服务上，就是"零距离、零抱怨、零投诉"……将这些精神、理念或价值观进行宣传，让员工学习、体会，进而产生认同。

2. 树立行动典型

当企业提出自己的某一理念或价值观时，个人理念和价值观与企业比较接近的人能够直接认同并接受下来，用这种理念做指导，做出具体行动。这部分人可能是少数。但是，恰恰这少数人就是企业的骨干，企业应该把这部分骨干的行为树立为典型，充分利用其示范效应，使理念形象化。这时，原先没有认同理念的员工，一部分会直接模仿典型行为，产生企业需要的行为，还可能有一部分员工，从典型人物的行为中理解和认同了企业理念与价值观，从而做出企业需要的行为。

3. 强力巩固成果

在企业提出理念、树立典型后，还会有极个别员工无视理念与制度的存在，依然我行我素，违犯制度。这些人一般是企业的"刺头"，如果严格按照制度对其进行惩罚，则会"得罪"这些人，许多管理者为了不"得罪"这些人，宁肯不对其进行真正惩罚，那么，管理制度在这些人物身上就会失效。这种失效现象会像瘟疫一样迅速蔓延，很快会波及整个制度体系的有效运行。严重时甚至会使人产生对企业理念与价值观的怀疑。实际上很多企业的文化理念与管理制度就是这样失败的。所以，企业在执行制度过程中，必须使管理者素质过硬，真正使制度的执行公正、公开、公平。这样，通过制度的执行，企业理念与价值观不断得到内化，最终变成员工自己的理念与价值观。

通过以上"三部曲"的实施，企业就可以形成"管理制度与企业文化紧密结合"的企业制度文化体系。在这种体系中，对个人价值观与企业价值观相同的员工，自然受到极大激励，甚至可以做出"一切以企业利益为重，毫不利己，专门利人"的行为。对个人价值观与企业价值观不相同甚至相反的员工，由于制度规定了员工行为的"底线"，员工可以不认可企业理念，但是不能违背制度规定。一旦发生违背制度的行为，或不按照制度提倡的方式采取行动，要么受到惩罚，要么得不到奖励。于是出于自我利益的考虑，这类员工可能做出利己也利企业的行为。

三、企业制度文化建设需注意的问题

（一）坚持"两个理念"是核心

企业制度文化建设需要坚持两个核心理念：

第一，要激发职工的内动力。企业真正有价值、有魅力、能流传下来的东西，很大一部分是文化，尤其是被员工认同的制度文化。企业制度未被员工认同，只能是管理者一厢情愿的"文化"，至多只是管理规范，只是对员工外在的约束。企业制度只有真正被员工接受并自觉遵守，它才变成一种有力量的文化，才能使企业成为制度共守、利益共享、风险共担的大家庭。要做到这一点并非易事，企业制度文化建设必须在激发职工的内动力上下功夫，培育和创造一种符合企业实际、催人向上、开拓创新、永争一流的团队精神。

第二，领导干部要成为企业制度的模范倡导者和实践者。这既是企业核心价值观发展规律所要求的，也是企业制度文化建设的关键所在。"海尔"文化之所以能成为企业发展的利器并广为人称道，与张瑞敏本人在企业文化建设中的个人行为和修养功不可没。但是，如果他光说不做，那么，即使再科学的管理方法也不能在各部门各环节有效运作。IBM公司的创始人托马斯·沃森把"营销导向"作为企业理念，把关心用户、关心社会作为公司价值观的支柱，从公司各级领导到各制造厂的工人们，都要接受企业规章制度的严格培训，从而把"IBM就是服务"的理念灌输到每一个员工的思想之中。目前，一些企业之所以基础管理薄弱，制度规范形同虚设，一个重要原因是领导者人格境界不到位，不能认真地、不折不扣地去执行制度，要求别人做到的自己却做不到，有时还在有意无意破坏这些规章制度。因此，要使企业制度建设得以持续健康推进，领导干部必须既当好"导演""编剧"，又当好"演员"。通过各级管理者的身体力行，带头示范，形成制度面前人人平等的良好氛围，形成人人自觉遵守企业制度的良好习惯，使企业制度的激励约束作用落到实处，真正成为维系企业文化核心价值观的重要因素。

🔗 拓展阅读

新希望领袖的自律精神

新希望集团有限公司（以下简称新希望）是由刘氏四兄弟创办的，它是我国最早的私营企业之一。鲜花、掌声、声誉，对新希望董事长刘永好来说，比谁都不差。但是他清醒地认识到：一个人在困难的时候要挺住，在鲜花、掌声、荣誉包围的时候要保持清醒的头脑，看到自己的不足。当时虽然已是亿万身家，但是他坚持不显富、不奢华，吃"老三样"，

新希望集团标志

穿普通衣服，每天花费"不超过100元"，每天工作不少于12小时等。正因为如此，刘永好得到了员工们的敬重。他的自律是集团员工最好的学习榜样。在我国经济体制大变革时期，像刘永好这样的商业领袖能够做到不浮躁，着实难得。

（二）坚持"四个标准"不动摇

企业文化作为亚文化现象，无时不在受社会文化传统与社会制度形态的影响。新时期企业文化应以中国梦的相关重要精神为指导，以先进文化为引领，以适应现代企业制度为核心，以增强企业核心竞争力为目标，以团结敬业为纽带，全方位营造先进的企业文化氛围。因此，搞好企业制度文化建设的标准有四个：

第一，要坚持科学性、实践性和群众性。没有科学性，不体现企业生产经营规律，不体现变化了的市场环境，就容易走形式，步入误区；没有实践性，不从实际出发，没有可操作性，就不能长期坚持，难以形成机制，真正贯彻下去；没有群众性，不尊重群众的首创精神，不符合员工心理需求，就难以得到群众的认同。

第二，要以人为本，体现人文关怀，既要给人以约束力，更要给人以动力，为职工自我升华、自主管理打好基础。

第三，要有利于加快现代企业制度建设，有利于推进企业体制、机制创新，使企业政策、机制建立在公开、公平、公正的原则基础之上，把传统的人治管理变为科学合理的制度管理。

第四，要有利于建立学习型组织，不仅要让管理层知识化、职业化，而且要让所有员工知识化、职业化，将个人创新、协作创新纳入企业的日常管理和绩效评估中，使学习和创新持久化、制度化，为形成高品质的、有竞争力的强势企业文化奠定基础。

（三）坚持"六性原则"不缺项

1. 法理性原则

这一原则指出，员工行为规范的每一条款都必须符合国家法律、社会公德，即其存在要合法合理。坚持合乎法理性原则，就是要对规范的内容进行认真审核，尽量避免那些看起来很重要但不合法理的要求。比如"黑砖窑"这样的所谓"企业"，不仅没有合法注册，而且还存在侵犯人身生命安全等"犯罪行为"，在这种前提下，无论它内部的经营运转看起来多么的"有效率"，也应该对其"绳之以法"。

2. 一致性原则

一致性具体要求包括员工行为规范必须与企业文化理念要素保持高度一致并充分反映企业文化理念，成为企业文化理念的有机载体；对员工行为的具体要求不得与企业制度相抵触，行为规范要与企业已有的各项规章制度充分保持一致；不可出现自相矛盾之处，行为规范自身的各项要求应该和谐一致。在现实中，我们经常会看到有些企业内部各项"规章制度"相互矛盾，甚至尖锐冲突，结果令员工无所适从，造成了巨大的"内耗"。可以说，"政出多门"是目前许多民营企业存在的比较普遍的现象。

3. 针对性原则

这是指员工行为规范的各项内容及其要求的程度，必须从员工的行为实际出发，以便能够对良好的行为习惯产生激励和正强化作用，对不良的行为习惯产生约束和负强化作用，使得员工实施行为规范的结果能够达到企业预期的强化或改造员工行为习惯的目的。当前我国许多国有企业、民营企业在出台规章制度时，往往是"大而化之"，针对性不强，这样不仅不能遏制不良的行为，反而可能会使一些员工的良好行为受到不应有的"抑制"。这种情况主要是由于制度制定者本人没有经过深入的调查研究，只是凭借自己的主观臆测所导致的。

4. 普遍性原则

员工行为规范的适用对象不但包括普通员工，而且包括企业各级管理人员，也包括企业最高领导，其适用范围应该具有最大的普遍性。不具有普遍性的规章制度，其实就是"人治"，它往往会造成同一企业内不同部门的员工之间产生"敌视"，彼此都认为自己受到了上级部门的"不公正对待"，企业领导存在"厚此薄彼"的"人格问题"。

5. 操作性原则

行为规范要便于全体员工遵守和对照执行，其规定应力求详细具体，这就是所谓的可操作性原则。规范要求中如果含有不少空洞的、泛泛的提倡或原则甚至口号，不仅无法遵照执行，而且会在执行过程中走样，甚至会影响整个规范的严肃性，最终导致整个规范成为一纸空文。可以说，"可操作性"是企业各项规章制度的"生命线"，没有了操作性原则，各项行为规范、规章制度就如放生在沙漠里的鱼一样，无论如何也"活"不下去，更别说能为企业经营带来"活力"了。

拓展阅读

《阳光南航公约》

"我宣誓，遵守《阳光南航公约》，弘扬'勤奋、务实、包容、创新'的南航精神……"880 名新员工带着喜悦的心情到南航（全称中国南方航空股份有限公司）报到，在南航新员工入职培训班上进行了宣誓。如今，《阳光南航公约》成了新员工们的"必修课"，"阳光南航"的理念，如春风化雨，从他们踏入南航的第一天起，已润入他们的心田，照亮了其前行的道路。

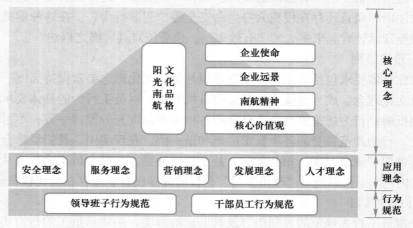

阳光南航公约

时任南航董事长、党组书记王昌顺说："制度必须内化于心，员工只有从情感上认同才能自觉践行。南航通过持续宣讲、开展'我为《阳光南航公约》代言'等活动，将阳光南航的文化理念深度融入，树立起了南航人的文化自信。打造阳光南航，就是要竖起这面凝心聚力、开拓奋进的大旗。培育和建立起南航人共同的思想基础、共同的价值基础、共同的道德文化和共同的行为准则。"

6. 简洁性原则

尽管对员工行为习惯的要求很多，可以列入规范的内容也很多，但每一个企业在制定员工行为规范时都要尽量避免面面俱到，而要选择最主要的、最具有针对性的内容，做到整个规范特点鲜明、文字简洁，便于员工学习理解和对照执行。如果一味追求"大而全"，连篇累牍、洋洋洒洒，反而不具有实用价值。企业生产有点像指挥军队打仗，如果"军官"的命令拖沓冗长，那么战争的结果就可想而知了。

知识补给
5-2：企业的制度决定企业的未来

（四）制度建设要与时俱进

现在，我们正向第二个百年奋斗目标迈进。必须坚持科技是第一生产力、人才是第一资源、创新是第一动力，深入实施科教兴国战略、人才强国战略、创新驱动发展战略，开辟发展新领域新赛道，不断塑造发展新动能新优势。要让员工勇于创新，必须建立催人奋进的制度，没有鼓励创新制度的企业文化会导致企业的麻木和老化。所以，企业规章制度要与时俱进，顺应时代、顺应市场需求，不断充实、修改、补充和完善，鼓励职工以企业发展为目标不断创新。

创新是一个民族进步的灵魂，是国家兴旺发达的不竭动力。勇于创新是企业发展的基础和动力。经济全球化的不断加快，国内外市场竞争的不断加剧，要求企业进行技术创新、产品创新等多方面的创新，否则就会被市场无情地淘汰。勇于创新是我们建设先进企业制度文化的重要途径。为了最大限度地发挥企业文化导向、约束、激励等作用，保证企业健康发展并不断壮大，我们必须以积极创新的精神来建设企业制度文化，要在建设战略上创新，在经营理念、人才培养和管理、企业形象确定等具体内容制度上创新，在手段和方法上创新。只有这样，我国具有时代特征和鲜明特色的企业先进文化才能得以塑造和形成。

🔗 拓展阅读

华为成功的"五种力量"

任正非曾在《一江春水向东流》里公开表示说，公司能否成长主要靠五种力量。

价值观的力量

通过《华为基本法》的编写，帮助华为公司统一了思想，达成了共识，使华为完成了系统思考的第一步。归根结底，企业能否生存下去，取决于企业能为利益相关者带来什么贡献。

利益分配的力量

建立一个多元的利益分配机制和一套完善的能力绩效评价体系，对中国企业的价值与意义是巨大的。华为的成功，其关键点还在于一套行之有效的评价体系——能力评价、绩效评价、岗位评价、潜能评价，还有劳动态度评价。

制度的力量

华为公司的管理平台在中国企业中可以说是最为完备的。华为公司十大管理平台体系的建立是花了几十亿的咨询费、前后请了全球30多个咨询公司共同打造的。1995年至1999年是国内华夏基石咨询公司，1999年以后是IBM。华为在与不同咨询公司的合作中，建设了销售与服务平台、财务平台、生产和供应链平台、研发平台等一系列管理平台体系，为一线打大仗、打胜仗提供强有力的支持。

团队的力量

团队的力量就是如何从老板个人的成功转向团队的成功。华为有个著名的"狼狈机制"，在前方一线打仗的是"狼"，前腿要很发达，善于捕捉猎物；而后台总部服务的人是"狈"，后腿很发达，要为前方打仗的"狼"提供强有力的支持。于是，华为公司的团队呈现出这样一个特色：前方打仗的人拥有决策权，后方不再是一个官僚机构，而是能够为每一个在前方打仗的将士提供强有力的专业化支持。

机制的力量

企业要形成一个激活的机制，持续激活以奋斗者为本。华为树立了"干部能上能下，工作能左能右，人员能进能出，待遇能升能降"的机制。

复习与思考

如果你创立了属于自己的企业，结合本单元所学内容，思考应该如何构建自己企业的制度文化？

学习单元三

在企业制度中融入职业道德

【情景导入】

究竟是人性的扭曲还是道德的沦丧

2008年的三鹿"毒奶粉"事件，以数万名儿童的生命和健康为代价，掀起一场在全国范围食品安全大讨论。事件起因是很多食用三鹿集团股份公司生产的奶粉的婴儿被发现患有肾结石，随后在其奶粉中被发现化工原料三聚氰胺，对全国3万多名的幼儿造成身体健康影响。2009年2月，三鹿集团股份公司宣布破产。

《2022年中央广播电视总台3·15晚会》曝光了湖南某菜业、某瑞食品等收购"土坑酸菜"。企业不对其卫生指标进行检测，在土坑酸菜制作过程中，工人们赤脚或者穿着拖鞋踩在酸菜上面，甚至有烟蒂、树叶等杂物也会掺杂其中。而这些酸菜有的是为知名方便面品牌商酸菜包的原材料，有的是为餐饮业后厨提供的酸菜产品。在"土坑酸菜"乱象曝光后，这些企业统一发文致歉，部分产品已在京东、淘宝、盒马鲜生等电商平台上纷纷下架。

结合案例，请思考以下问题：

（1）三鹿"毒奶粉"和"土坑酸菜"事件发生的核心原因是什么？

（2）企业制度的"背后"，有没有企业能够长盛不衰？

现代企业是一个法人组织，作为一个组织"整体"，同自然人一样具有社会活动的主体资格，特别是具有商业活动——这一人类古老职业活动所要求的主体资格。从一定意义上讲，企业的制度文化建设正是促进企业这个组织"整体"成熟与完善的重要"工程"。因此，企业制度在建设中就必须培育与企业的商业职业活动主体资格相应的职业道德内涵，同时，在成熟的企业制度规章中必须体现相应的职业道德，在企业制度的执行过程中，也必须处处彰显职业道德的要求。

一、在制度建设中培育职业道德

如本模块学习单元二内容所述，企业制度文化建设需要经历"三个步骤"，并且要注意"四个方面"的问题。由于企业制度在建设中处于尚未成型、成熟的状态，因此，职业道德的内涵所"辐射"的主要对象就应该是本企业的员工群体，而不是外在的顾客群体。当然，此时的职业道德在内容上更多的是偏向于各种职业所必须共同遵守的行为规范，这种"共性"的职业道德内涵体现的正是"以人为本"的精神追求。换句话说，企业在其制度建设过程中植入职业道德内涵主要体现为对该企业的制度建设者本人给以人性化的对待和充分的尊重。事实上，我们很难想象一个连自己的员工都不能给以人性化对待和充分尊重的企业，会在其商业职业活动中给顾客群体"慷慨抛洒"职业道德的甘露。

例如，当一个员工因工作业绩较差，技能、经验达不到企业要求等原因即将遭到企业解雇时，企业最好告诉员工，让员工明白的确是因为绩效较差的原因才接到了解雇的通牒，企业还可以给员工改进绩效的时间和机会，希望员工能把握机会，找出自己的不足，迅速调整自己，以达到与企业的要求同步发展，否则，企业将不得已实施解雇行为。事实上，因解雇而发生的劳动争议官司在我国的企业界是很普遍的现象，原因很简单，企业没有将员工的工作表现及时反馈给员工，当员工工作表现不佳时没有给员工必要的"预警"和提示，只是在企业认为时机恰当（比如劳动合同到期、公司组织结构调整等）的时候断然做出解雇的决定。

案例补充5-1：海尔坚持"以人为本"的管理机制

其实，在企业制度建设的"三个步骤"和"四个方面"注意中所强调的"注重员工个人价值观与企业价值观的有机统一，以便在制度文化建设中提炼企业核心价值观；激发员工的内在动力，以便鼓励他们积极参与制度建设；尊重员工的首创精神，以便在制度建设中实现群策群力；给员工以充分的人文关怀，以便及时巩固制度建设的成果等内容，突出的正是对企业员工的主人翁地位的尊重与保护"，一语以概之，就是企业"以人为本"思想的体现，而这种思想所要达到的境界也是各种职业道德所要追求的"终极共性"。

从制度文化建设中职业道德的培育、巩固和阐发等环节的连续过程来看，企业在制度建设过程中给予员工以人性化对待和充分尊重，正是培育员工优良职业道德素养的最初一课，同时也是企业为自己职业道德形象树立所掘取的"第一桶金"，这一环节的情况怎样，直接影响到另外两个环节的实际效果，并最终关系到企业整体职业道德形象的树立。

二、在制度规章中体现职业道德

在有关企业经营管理的制度中，能够直接显示职业道德内涵的制度包括：售后服务管理制度、产品召回制度、最低赔偿制度、产品质量保证制度、问责制度等。这些制度中所体现的职业道德内涵与职业道德基本规范的内容是相同的，只不过前者是用制度的"硬外壳"包装起来的，而后者则是用舆论监督的"软外壳"包装起来的，二者可谓异曲同工。比如售后服务管理制度强调企业在产品售出后，不能就完事大吉，还必须为顾客在消费该产品时提供必要的技术、咨询、维修等服务，这与"服务群众"职业道德基本规范的要求高度一致。其他的如产品召回制度的相应要求与"诚实守信"职业道德基本规范的要求高度一致；最低赔偿制度的相应要求与"办事公道"职业道德基本规范的要求高度一致；问责制度与"爱岗敬业"职业道德基本规范高度一致，等等。

📎 拓展阅读

《缺陷汽车产品召回管理条例》（摘录）

第八条 对缺陷汽车产品，生产者应当依照本条例全部召回；生产者未实施召回的，国务院产品质量监督部门应当依照本条例责令其召回。

第十一条　经营者获知汽车产品存在缺陷的，应当立即停止销售、租赁、使用缺陷汽车产品，并协助生产者实施召回。

经营者应当向国务院产品质量监督部门报告和向生产者通报所获知的汽车产品可能存在缺陷的相关信息。

汽车召回

第十二条　生产者获知汽车产品可能存在缺陷的，应当立即组织调查分析，并如实向国务院产品质量监督部门报告调查分析结果。

生产者确认汽车产品存在缺陷的，应当立即停止生产、销售、进口缺陷汽车产品，并实施召回。

第十八条　生产者实施召回，应当以便于公众知晓的方式发布信息，告知车主汽车产品存在的缺陷、避免损害发生的应急处置方法和生产者消除缺陷的措施等事项。

第十九条　对实施召回的缺陷汽车产品，生产者应当及时采取修正或者补充标识、修理、更换、退货等措施消除缺陷。

生产者应当承担消除缺陷的费用和必要的运送缺陷汽车产品的费用。

三、在制度执行中彰显职业道德

企业制度的设计制定和巩固成形总体上属于"主观精神"方面的活动和内容，而企业制度的执行则是"客观实践"，因此，在企业制度设计制定过程中精心培育的职业道德内涵，以及在巩固下来的规章制度中着意体现的职业道德约束，最终都是要在企业制度的执行过程中得到彰显和发挥的。所以对于企业制度文化与职业道德的关系来讲，最为核心的内容就是在企业制度执行过程中，通过企业组织整体和企业员工个人的职业行为，以制度为依托，在顾客群体以及全体社会成员中，彰显职业道德的人文关怀和情感魅力。

在企业制度的执行过程中彰显职业道德，一般来说有两种情况，其中一种情况是严格按照既定的规章制度，规范企业及其职工的职业行为。在这种情况下，一般是依靠企业职工个体良好的职业道德素养并结合自身独特的气质和魅力，从而使顾客群体感受到职业道德的温情关怀。

⌀ 拓展阅读

职业道德标兵李素丽

李素丽是北京市公交总公司的一名汽车售票员。在日复一日的工作中，把最真诚的笑脸、最热情的话语、最周到的服务、最细致的关怀，奉献给了南来北往的乘客，被誉为"老人的拐杖、盲人的眼睛、外地人的向导、病人的护士、群众的贴心人"。连续几年被评为：全国优秀售票员、全国职业道德标兵、全国优秀共产党员、全国三八红旗手。"多说一句、多看一眼、多帮一把、多走一步、话到、眼到、手到、腿到、情到、神到"是李素丽对自己工作的要求。李素丽不愧是北京公交的一面旗帜，服务创业的楷模。她说："我为我的职业、我的岗位自豪，是它给了我每天都能向他人奉献真情的机会，让我每一天都感到充实。"李素丽之所以对自己的工作岗位能够产生如此深厚的感情，并深深为之自豪，完全是因为她几十年如一日地把三尺票台当成为人民服务的岗位，在对乘客忠实地履行自己乘务员的职责中，在自觉遵守公交公司的管理规章制度中，逐渐将自己的职业道德素养升华的结果。

另外一种情况是通过对企业规章制度的深刻理解，并根据不断变化的市场形势，创造性地执行这些制度，在这种对企业制度创造性执行的过程中，企业及其员工的职业道德境界得到进一步的提升。与第一种情况相比较，二者正好形成"一静一动、动静结合"的良好态势，其中"静"是从空间层面上显示企业制度文化与职业道德的密切关系，"动"是从时间流逝中显示企业制度文化与职业道德的密切关系；"静"是对"动"的成效的巩固，"动"是对"静"的可持续开拓。优秀的企业一般在这两方面做得都很好。

目前，国际国内许多著名企业都采用了 ISO9000 质量管理体系，ISO9000 族标准提出的八项原则之一即"以顾客为关注焦点"，这就要求企业要在对市场的动态变化中迅速捕捉潜在的顾客群体，并事先做好为这些潜在的顾客群体提供产品服务的准备。

🔗 拓展阅读

ISO9000 族标准八项原则

以顾客为关注焦点

组织依存于其顾客。因此，组织应理解顾客当前和未来的需求，满足顾客要求并争取超越顾客期望。

领导作用

领导者建立组织统一的宗旨及方向。他们应当创造并保持使员工能充分参与实施组织目标的内部环境。

全员参与

各级人员是组织之本。只有他们的充分参与，才能使他们的才干为组织获益。

过程方法

将活动和相关的资源作为过程进行管理，可以更高效地得到期望的结果。

管理的系统方法

识别、理解和管理作为体系的相互关联的过程，有助于组织提高实现目标的有效性和效率。

持续改进

持续改进整体业绩应当是组织的一个永恒目标。

基于事实的决策方法

有效决策是建立在数据和信息分析的基础上。

与供方互利的关系

组织与其供方是相互依存的，互利的关系可增强双方创造价值的能力。

"以顾客为关注焦点"原则可以从两个方面来理解：一是顾客定位与企业的核心能力；二是顾客需求的识别管理与市场战略。其中，"顾客定位与企业的核心能力"要求企业必须依据自身的核心能力有针对性地选择自己所依靠的顾客或消费群体，如饭店的顾客定位就十分重要，普通饭店有再豪华的总统套间也不会吸引有钱的顾客光临；"顾客需求的识别管理与市场战略"要求企业必须具备超前把握顾客需求的意识和能力，因为顾客或消费群体的需求有时是十分模糊的，甚至只是一些"苗头"，这时就需要我们为顾客着想，引导顾客去消费，并使顾客在消费产品或服务的过程中得到更多的方便和实惠。比如，在 20 世纪 70 年代初，市场上人们并没有对计算机提出明确的需求，但是提高工作效率、充分地使用信息的需求是明确的，而计算机正是满足这种需求的一种便捷工具，所以像 IBM 公司、苹果公司等一些大企业率先识别了这种潜在的需求，超前地洞悉了信息化潮流的即将来临，适时地向人们推出了计算机产品，并最终牢牢地占据了计算机市场。同时，这些企业也在其顾客群体中牢固地树立了良好的职业道德形象。

复习与思考

请你结合本单元所学知识，谈谈对"企业家身上要流着道德的血液"这句话的认识。

制度保障引领疫苗安全

长春长生生物科技股份有限公司（以下简称长生生物）是科技部认定的高新技术企业，正是这样一家被众人看好的企业，却因其亲手制造的"假疫苗事件"（2018年 7 月，国家药品监督管理局声明长生生物生产的狂犬疫苗存在造假行为，随后又被查出婴幼儿的百白破疫苗检验不合格）让全社会舆论哗然，引发无数民众的愤怒。习近平总书记做出重要指示，国务院调查组赶赴吉林展开调查，对疫苗生产、销售等全流程、全链条进行彻查，涉的所有企业决不姑息。医药企业提供的产品本是为了拯救生命、恢复健康，提高人们生活的质量。但是劣质假冒的药品却能断送生命、有害健康，这是多么讽刺的事情。人民的健康、生命和生活质量都得不到保障，又何来的企业形象和未来。

人们在痛心疾首的同时，我们更应该深究这次事件的源头，假疫苗问题归因于企业追求经济利润，但更主要的原因是相关企业制度不够健全、疫苗相应的监管制度不健全，彻底根除假冒伪劣疫苗要靠完善的企业制度：首先，企业要制定严格的生产标准，必须符合我国疫苗行业的标准，才能进入流通市场；其次，企业制定检查制度，疫苗的生产企业要时刻检测，相关卫生部门也必须不定期抽验，确保疫苗生产的安全。

"乱象治理需重典"，2019年6月29日，十三届全国人大常委会第十一次会议表决通过了《中华人民共和国疫苗管理法》（以下简称《疫苗管理法》）。《疫苗管理法》明确，疫苗犯罪行为依法从重追究刑事责任；对违法生产销售假劣疫苗，违反生产、储存、运输相关质量管理规范要求等情形的，设置了比一般药品更高的处罚；落实"处罚到人"要求，依法实行罚款、行政拘留、从业禁止直至终身禁业等。目前，国家药品监督管理局建立健全疫苗全程电子追溯制度，将对疫苗生产实行严格准入制度、疫苗批签发制度、疫苗责任强制保险制度和疫苗安全信息统一公布制度等。药品生产企业要开展全员大学习、大培训，特别是企业法定代表人、主要负责人、质量受权人、生产负责人等关键岗位人员要带头学深悟透药品法律法规的精髓要义，营造学法、尊法、知法、守法的浓厚氛围。

深思启慧　我国知名企业的管理制度

自我检测　交互式自测题

企业制度文化研讨会

【实训背景】

企业制度文化体现了企业管理的刚性原则，是支撑企业发展的相对稳定的制度安排，它既有相对独立性，又是连接物质文化、行为文化与精神文化的中间环节，缺少制度文化，企业难以形成良好的运作机制，内外层文化建设也很难长久和落到实处。企业的制度关系着企业的每一位员工，企业的制度文化与员工的工作生活息息相关，同学们在就业工作时也要遵守相应的企业规章制度。

【实训目标】

1. 通过实地调研或者网上查询企业的相关制度文化，使学生更深一层次地理解企业制度文化的内涵、建设以及重要性。

2. 通过对企业制度文化案例进行详尽分析，指导学生日后工作能够很好地贯彻并执行企业的规章制度。

3. 使参训学生真切深刻地感受企业的制度文化的重要性，在今后的工作中能够更好地践行企业的制度文化。

【实训组织】

1. 学生按 5~8 人分组，每个小组任选某一知名企业，并对其组织和管理制度等情况进行总结。

2. 通过本模块的学习，对制度文化的范围及建设等进行分析，在课堂上通过 PPT 的形式展示并进行讨论。

3. 指出不同类型、不同行业的企业在企业制度文化上的区别，并进行对比研讨。

【实训考评】

效果评价表

考评人			被考评人		
考评时间			考评地点		
考评内容		企业的制度文化研讨会			
考评标准	内容			分值/分	评分/分
	对所选企业的组织和管理制度的分析			40	
	PPT 语言运用通顺、图文并茂、叙述有条理			30	
	不同企业在制度文化上的区别			15	
	分工明确，认真负责，积极配合			15	
合计				100	

模块六
企业精神文化与职业道德

▶ **学习目标**

知识目标：熟知企业精神文化及其建设的主要内容，体会企业精神文化在企业文化中的地位。

能力目标：理解"以人为本"的现代企业价值观，内化于心，外化于行。

素养目标：掌握企业精神文化与职业道德的关系，激励学生在未来的职业生涯里，为实现自我价值和企业发展不断进取。

▶ **学前思考**

　　晋商自宋元产生，鼎盛于明清两朝，曾纵横捭阖，雄居国内商界达 5 个多世纪，在封建社会商品经济快速发展的历史时期，曾一度执全国商业、金融界之牛耳。当晋商富足以后，他们不是继续开拓新的领域，而是盖起了一个又一个的大院，使自己和子孙世世代代扎根、厮守于这片黄土地上，于是晋商的衰落就是不可避免的事情了。禁锢晋商的是什么呢？

　　100 多年前美国通用电气公司（GE）的创始人——伟大的发明家托马斯·爱迪生生产电灯泡时，他的公司第一个使命是"让天下亮起来"，生产的灯越亮越好。今天，通用电气公司已成为一家全球领先的科技、服务和金融公司，致力于解决世界上最棘手的一些问题。在能源、健康、交通及基础设施等领域持续创新，推动人类进步。客户遍及全球 100 多个国家，拥有 30 多万名员工。

　　2021 年 11 月 5 日，海尔集团召开第八届职工代表大会并进行换届，会上，创始人张瑞敏辞让海尔董事会主席。会议选举产生了新一届管理委员会和董事局。新一届董事局邀请张瑞敏担任新一届董事局名誉主席。这是海尔集团创业 37 年来主要领导者的第一次传承。创业 37 年来，海尔集团之所以能从一个濒临倒闭、资不抵债的集体所有制小厂发展成为如今物联网时代世界引领的生态型企业，身为改革开放后第一代企业家群体代表人物的张瑞敏可谓厥功至伟。据统计，世界 500 强企业的平均寿命已从过去的 60 年，缩减到现在的 18 年。有人说，海尔的成功之道在于创新，其基业长青是源于自身的不断变革。海尔把"以用户为是，以自己为非"的是非观、"创业精神和创新精神"的发展观、"人单合一双赢"的利益观作为企业的核心价值观，积极打造出了更新的企业管理典范和独立的企业生态系统，这才是其行稳致远的秘诀所在。

汇通天下的晋商

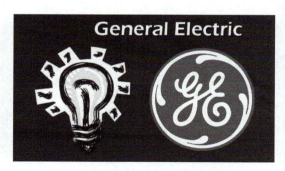

持续创新的通用电气公司

　　探究：是什么原因导致企业的寿命长短不一？这与企业的精神文化有无关系？企业的精神文化是不是虚无缥缈的？它有何用处？请在本模块学习中寻找答案。

学习单元一

企业精神文化概述

▶ 【情景导入】

中远海运集团的企业文化

《中远海运集团企业文化核心价值理念纲要》（以下简称《纲要》）指出，作为开创新中国航运历史的航运央企和世界规模排名前列的航运企业，中远海运集团承接着历史，肩负着未来，坚守初心、矢志不渝，向着打造"更规模化、更全球化、更有竞争力、更具价值"的优秀企业前行，致力于货通天下、物畅其流，为国家、为社会、为客户、为员工创造价值、连接梦想，打造具有国际竞争力、品牌影响力和客户美誉度的世界一流航运物流企业。

《纲要》萃取了最核心、最简洁的企业文化理念价值要素，最终形成了以"四个一"为统领的文化目标，以企业使命、企业愿景、企业价值观、企业精神、企业作风、企业广告语为主元素的"1+6"主体框架。

"四个一"文化目标：一个团队、一个文化、一个目标、一个梦想。

企业使命：创造价值、连接梦想。

企业愿景：承载经济全球化使命，整合优势资源，打造以航运、综合物流及相关金融服务为支柱，多产业集群、全球领先的综合性物流供应链服务集团。

企业价值观：客户为上、人才为本、安全为基、创新为魂。

中远海运集团标志

企业精神：同舟共济。

企业作风：务实、高效、协调、融合、智慧。

企业广告语：安全温馨、用心服务。

结合案例，请思考以下问题：

（1）中远海运集团的企业文化对它的发展带来了什么影响？

（2）你所理解的企业精神有哪些？

一个成功的企业必然要有优秀的企业文化。现代社会，企业文化作为一种"软"管理手段，虽然是无形的，却可以为企业创造很多有形的价值。而企业精神文化又是企业的上层建筑，是企业的灵魂和核心，对企业的生存和发展举足轻重。因此，了解企业精神文化的主要内容，认识企业精神文化的建设，把握企业精神文化中的职业道德，对于人们加强职业道德修养，提高人文素质，推动企业发展和社会进步，意义重大。

企业精神文化是企业在生产经营过程中受一定的社会文化背景、意识形态影响而长期形成的一种精神成果和文化观念。

一、企业精神文化的地位

案例补充
6-1：万科
地产的企业
精神文化

相对于企业文化系统的其他层次来说，企业精神文化是一种最深层次的文化，它处于企业文化系统的核心，既是其他文化层次的结晶和升华，又是其他文化层次的支撑。

（一）企业精神文化是由企业精神力量形成的一种文化优势

企业文化优势是由企业信念、道德、心理等多因素综合而成的一种企业精神力量。

企业信念是企业人对某种现实或观念抱有深刻信任感的精神状态，它能使人把思想和行动上的有效原则或目标统一起来。当一个企业树立了为全体员工共同接受的信念时，这个企业就获得了一种无形的自导力。它规定和支配着企业员工的行为方向，引导和促使整个企业向着共同的目标前进。企业道德是企业及其员工在生产、经营活动中应遵循的行为规范的总和，它通过规范干部职工的行为，为企业营造一个和谐共处、遵纪守法、诚信奉献的良好氛围，从而达到以德治企、以德兴企的目的。企业心理是企业员工在各种环境中有效把握自己行为的一种内心活动，企业的竞争不仅是经济实力的抗衡，更是员工心理素质的较量和意志的拼搏。在顺境中，员工们不满足；在逆境中，员工们亦不气馁。这种心理素质即是企业文化优势的应激力。

企业文化优势的不断增长不仅是企业精神文化建设的体现，更重要的是，它是企业发展、创新的动力和源泉。

（二）企业精神文化是企业人文化心理积淀的一种群体意识

企业精神文化不像企业物质文化、行为文化和制度文化那样，可以在一定条件下铸就，它的塑造则很复杂，需要各种因素的互补。企业精神文化源于企业长期的生产经营活动和文化学习，并且受社会文化环境和舆论的影响，是群体文化心理的长期积淀。

一个企业的精神文化最能体现一个企业的文化精华。这不仅因为精神文化是企业最深层的文化，更关键的则是它深深地植根于企业员工的心理之中，并且通过一定的文化习俗或仪式呈现出来，继而得到传承和发展。因而，企业精神文化能供企业员工共享，而不像"物质文化"那样为个人占有，或经过一次或几次消费就消失无踪。

（三）企业精神文化是企业文化的核心

企业文化是一个大的系统结构，居于系统核心的精神文化一方面主导和决定着其他文化的变化和发展，另一方面又是其他文化的结晶和升华。精神文化是随着企业的产生而产生的一种与物质形态相适应的意识形态，它是一种无形的力量，能对企业员工的精神面貌产生作用，并且通过文化系统中的行为文化，来促进企业物质文化的增长。

二、企业精神文化的主要内容

企业精神文化是企业的上层建筑，它包括企业哲学、企业价值观、企业精神、企业伦理道德、企业风貌等内容，是企业意识形态的总和，它是企业物质文化、行为文化的升华。

（一）企业哲学

企业哲学，是指企业在经营管理过程中提升的世界观和方法论，是企业在处理人与人（雇主和雇员，管理者与被管理者，消费者与生产者，企业利益与员工利益，局部利益与整体利益，当前利益与长远利益，企业与企业之间相互利益）、人与物（产品质量与产品价值，员工操作规范、技术开发与改造、标准化、定额、计量、信息、情报、计划、成本、财务等）关系上形成的意识形态和文化现象。处理这些关系中形成的经营哲学，一方面与民族文化传统有关，另一方面与特定时期的社会生产、特定的经济形态及国家经济体制有关。

📎 拓展阅读

中国首善曹德旺的企业哲学

曹德旺，男，1946 年 5 月出生，福建福清人。他是福耀集团创始人、董事长，曾带领福耀从乡镇小厂成长为大型跨国工业集团，在全球 9 个国家和地区建立数十个并联协同的产销研基地，产品被全球汽车品牌选用，市场份额全球第一。他是中国首个人才交流市场的提出和促成者，也是最早引进的独立董事制度。他荣获"改革开放 40 年杰出民营企业家""中国消除贫困捐赠奖"等荣誉，被社会称为"中国企业家精神的代表"和公认的中国首善。他是不行贿的企业家，自称没"送过一盒月饼"，以人格做事；据不完全统计，曹德旺累计个人捐款已达 120 亿元。他认为财施不过是"小善"。2009 年 5 月，曹德旺登顶企业界奥斯卡之称的"安永全球企业家大奖"，是首位华人获得者。

企业经营哲学还与企业文化背景有关。一个企业在确立自身的经营哲学时，必须考虑到企业文化背景对企业的影响力。外向型企业、跨国公司、企业跨国经营，更需要重视这一点。东西方民族文化传统不同，在企业经营中，从方法到理念上存在着明显的差异。欧美国家的企业受其文化传统影响，崇尚个人的价值——聪明的企业家、诺贝尔奖得主、工资收入悬殊、技能培养自我负责、任意辞职或任意解雇，追求利润最大化。他们崇尚天马行空、独来独往式的英雄，崇尚个人奋斗和竞争；在管理中比较强调"理性"管理，强调规章制度、管理组织结构、契约等。而东方文化圈的企业更强调"人性"的管理，如强调人际关系、群体意识、忠诚合作的作用；强调集体的价值——企业集团、社会负责技能训练、团队精神、对公司的忠诚、产业发展战略以及推动经济增长的产业政策。一个以理性为本，一个以情感为本，两种文化传统形成鲜明的对比，从而也形成两种不同的企业经营哲学。

📎 拓展阅读

日本企业的经营哲学

日本在吸取中国传统文化基础上形成的日本式经营哲学已引起了世界的关注，这种经营哲学也直接影响着日本企业运营的绩效。第二次世界大战后，日本仅用 10 年时间，就医治了战争的创伤，并保持了 10% 的年平均增长速度，人均国民收入从 1945 年的 200 美元增长到 1980 年的 8 940 美元。日本的汽车、家用电器等产品源源不断地大量输入美国，以其质优、价低、物美对美国的产品构成极大的威胁。日本经济高速增长的因素很多，但其企业经营哲学之独特是一个重要因素。管理专家和企业家发现，美国企业家重视管理"硬"的方面，即重视理性主义的科学管理，而日本企业不仅重视"硬"的方面，更重视企业形成共同的目标、共同的价值观念、共同的行为方式、共同的道德规范等精神因素。

在东亚文化圈的企业经营哲学中，非常重视集体精神的价值，每当公司制定发展战略，一定要征求公司员工集体的意见。在日本企业内，雇员被放在利益相关集体的首位，客户次之，股东则更次之。由于雇员的利益最重要，日本公司总是设法不断提高雇员的工资，以培养雇员对公司集体的忠诚。

在当前，任何一个企业在创造具有本企业特色的经营哲学时，都应包括或体现下列哲学观念：

第一，系统观念。企业应将自身置于社会这个大系统之中考虑问题，处理好整体和局部的关系，分析、解决问题时，必须从社会这个大系统的整体出发，使企业的功能最优化。

第二，物质观念。世界是物质的，企业的经济活动是物质实践活动。因此，企业的行为必然要受客观条件的制约，这就要求我们从实际出发，按照企业发展的客观规律办事。

第三，动态观念。企业是一个动态系统，物流、资金流、人流、信息流都处在运动变化之中。这个系统不应该是封闭静止的，而应该时时与外界交换物质、能量与信息，以保持本企业的平衡与发展。

第四，效益与效率观念。企业要讲求经济效益和社会效益，使企业经营状况最优化。

第五，风险与竞争观念。企业要敢于开拓新的领域，敢于承担风险，不怕失败，勇于在竞争中改革和创新。

此外，企业还要有市场观念、信息观念和人才观念。

（二）企业价值观

> 🔗 拓展阅读
>
> #### 中国知名企业的愿景使命、价值观
>
> **大疆**
>
> 使命：大道无疆，创新无限。
>
> 愿景：我们相信，那些回归常识、尊重奋斗的人，终将洞见时代机遇，并最终改变世界。
>
> 价值观：秉持公心、反思自省、求真品诚、激极尽志、积极正向、知行合一。

字节跳动

使命：激发创造，丰富生活。

愿景：全球创作与交流平台。

价值观：始终创业、多元兼容、敢为极致、共同成长。

百度

使命：用科技让复杂的世界更简单。

愿景：成为最懂用户，并能帮助人们成长的全球顶级高科技公司。

价值观：简单可依赖。

伊利

使命：不断创新，追求人类健康生活。

愿景：成为全球最值得信赖的健康食品提供者。

价值观：卓越、担当、创新、共赢、尊重。

小米

使命：始终坚持做"感动人心、价格厚道"的好产品，让全球每个人都能享受科技带来的美好生活。

愿景：和用户交朋友，做用户心中最酷的公司。

价值观：真诚、热爱。

企业价值观，是指企业在经营过程中所推崇的基本信念和奉行的目标。从哲学上说，价值观是关于对象对主体有用性的一种观念。而企业价值观是企业全体成员或多数员工一致赞同的关于企业意义的终极判断，反映企业对其生产经营和目标追求中价值关系的基本观点。企业价值观是企业长期积淀的产物，是把所有的员工联系在一起的纽带，是企业生存发展的内在动力，是企业行为规范制度的基础。企业价值观是企业精神文明主体结构和企业文化大厦的基石。企业价值观主要由员工个人价值观、全体价值观和整体价值观构成。

这里所说的"价值"是一种主观的、可选择的关系范畴，一个事物是否具有价值，不仅取决于它对什么人有意义，而且还取决于是谁在做判断。不同的人很可能做出完全不同的判断。如一个把"创新"作为本位价值的企业，当利润和效率与"创新"发生矛盾时，它会自然地选择后者，使利润、效率让位。同样，另一些企业可能认为："企业的价值在于致富""企业的价值在于利润""企业的价值在于服务""企业的价值在于育人"。那么这些企业的价值观分别可称为"致富价值观""利润价值观""服务价值观""育人价值观"。

在西方企业的发展过程中，企业价值观经历了多种形态的演变，其中最大利润价值观、经营管理价值观和企业社会互利价值观是比较典型的企业价值观，分别代表了三个不同历史时期西方企业的基本信念和价值取向。最大利润价值观，是指企业全部管理决策和行动都围绕如何获取最大利润这一标准来评价企业经营的好坏。经营管理价值观，是指企业在规模扩大、组织复杂、投资巨额而投资者分散的条件下，管理者受投资者的委托，从事经营管理而形成的价值观。一般地说，除了尽可能地为投资者获利以外，还非常注重企业人员自身价值的实现。企业社会互利价值观，是20世纪70年代兴起的一种西方社会的企业价值观，它要求在确定企业利润水平时，把员工、企业、社会的利益统筹起来考虑，不能失之偏颇。

中国企业的价值观，包含了更加丰富的内容。

（1）人本观。尊重作为企业主体的人，重视企业生产经营中人的重要性，发挥人的积极性、创造性，把人作为世界最可贵的资源，是企业价值观之首位。

（2）知识观。知识经济时代，知识的价值已不言而喻。尊重知识、学习知识、运用知识，以知识为资本，以知识为谋生手段已被人所共识。

（3）竞争观。产品迅速更新换代；设计和产品生命周期变短；以价格和适销对路为基础的竞争十分激烈；企业尝试满足顾客需要的新方法等，21世纪的企业处于超强竞争时期，企业必须向顾客提供优于其竞争对手的服务，必须做一些使其竞争对手不能或不会做出反应，甚至不会理解的事。

（4）信息观。科技的高速发展，特别是信息技术的发展，极大地推动生产力的迅猛提高和经济迅速飞跃。信息资源已与能源、材料等自然资源并列为人类的重要资源，成为影响综合国力和国际竞争的主要因素。

（5）卓越观。卓越表现一个人或一个企业有能力和无止境地学习，有能力以积极的方式适应所在环境，使之不断地获得进步。追求卓越，已成为21世纪的企业家在善于学习、克服自满、反躬自省、一心向上中，塑造自我的高境界的价值观。

（6）风险观。随着知识经济的到来，世界企业开始新的变革，面对信息技术革命等一系列新发展的冲击，企业的工作环境和工作内容都将彻底改变。由于人们对新科技的接纳程度不同，社会上可能出现前所未有的不一致。同时，由于现有法律无法规范日新月异的新科技，使企业发展面临更多的风险。未来到底对企业是危机还是转机，就看企业采用什么样的价值观、采取什么样的行动。

（7）民族观。民族观即为中华民族争光的价值观，把企业的一切生产经营活动，置于中华民族的地位、中华民族的声誉、中华民族的精神的大目标下，创中华民族新世纪之辉煌。

当代企业价值观的一个最突出的特征就是以人为中心，以关心人、爱护人的人本主义思想为导向。过去，企业文化也把人才培养作为重要的内容，但只限于把人才培养作为手段。西方的一些企业非常强调在员工技术培训和技能训练上投资，以此作为企业提高效率、获得更多利润的途径。这种做法，实际上把人作为工具来看待，所谓培养人才，不过是为了改进工具的性能，提高使用效率罢了。当代企业的发展趋势已经开始把人的发展视为目的，而不单纯是手段，这是企业价值观的根本性变化。企业能否给人的发展创造一切可能和条件，这是衡量一个当代企业或优或劣、或先进或落后的根本标志。德国思想家康德曾指出，在经历种种冲突、牺牲、辛勤斗争和曲折复杂的漫长路程之后，历史将指向一个充分发挥人的全部才智的美好社会。随着现代科学技术的发展，21世纪文明的真正财富，将越来越表现为人通过主体本质力量的发挥而实现对客观世界的支配。这就要求充分注意人的全面发展问题，研究人的全面发展，无论对企业中的人，还是对全社会，都有着极其重要的意义。

📎 **拓展阅读**

中车恪守"正心正道"价值观　实现产业报国理想

中华文化源远流长、历久弥新。文化兴则国运兴，文化强则民族强。在中华文明传承中，从 1881 年唐山成立中国最早的铁路机车车辆工厂，到如今成为民族工业的"国家名片"，中国中车（全称中国中车股份有限公司）生生不息的背后，是深沉而持久、历久而弥新的文化力量。

正心正道，善为善成

连接世界、造福人类是中国中车的使命。成为以轨道交通装备为核心，全球领先、跨国经营的一流企业集团，是中国中车的愿景。

中国中车的核心价值观是：正心正道，善为善成。这是中车人做人、做事的基础，是知行合一的和谐统一。正心正道是要树立远大目标，坚持正确方向，它是中国中车诚信和责任价值观与产业报国理想的集中体现，也是新时代企业和员工的担当。

正心正道，要求中车人做人、做事都要"正"，要求企业及员工都恪守诚信、勇担责任、遵纪守法、互利共赢。善为善成，是善于做事，力求做到最好，它是中国中车矢志创新、追求卓越的集中体现，也是中车人敢想事、敢做事、善成事、能成事的写照，其要求中车人始终坚持学习和修炼，不断提升自我，企业及员工都要坚持实干、敢于创新、注重实效、精益求精。

中国中车文化植根于百年机车车辆工业的历史积淀。中国中车文化的起点是1881 年中国第一家铁路装备制造企业成立之时，自此，铁路装备制造企业以星火燎原之势在神州大地吹响产业报国的号角。1960 年，中国初步构建起中国铁路装备制造工业体系。中国中车文化"培根"于改革开放 40 多年的征程之中。40 多年来，中国轨道交通装备制造业达到了前所未有的高度，中国中车文化已然郁郁葱葱。中国中车文化"融根"于民族复兴旗帜下产业发展的崇高使命。百年中国中车文化在"植根、培根"之后，再度融合、新生，并服务中车做强国战略的担当者、国企改革的先行者、行业发展的引领者、造福人类的贡献者，驱动中国中车为实现中华民族伟大复兴的中国梦贡献力量。中国中车文化扎根于新时代中车人"双打造一培育"的奋进征程：打造受人尊敬的国际化公司，打造中车党建"金名片"，培育具有全球竞争力的世界一流企业。

以企业文化服务战略、塑造品牌

中国中车文化的根脉在国家，中国中车文化传承根脉最本质和最核心的是产业报国，通过产业报国践行"连接世界，造福人类"的使命。经过中车人一代又一代的接续奋斗，通过创新驱动、自主创新、技术引领，把大国重器掌握在了自己手里。

"十四五"时期是中国中车创建世界一流示范企业、实现高质量发展的关键时期，也是打造受人尊敬的国际化公司、实现中车人梦想和期盼的关键时期。中国中车负责人表示，新时代的中国中车文化将在"双打造一培育"的战略目标引领下不断完善发展，以一流的企业文化服务战略、提升管理、凝心聚力、塑造品牌。

用优秀的文化影响人、塑造人是中国中车企业文化的发展之本。要尊重员工的人格和劳动，持续关注员工的健康安全，为员工创造安全、健康的劳动条件和工作环境。加大工匠精神的培育力度，用榜样的作用、平台的作用塑造员工精益求精、创新创造、追求卓越的精神品质。

坚持守正与创新相统一，是中国中车文化发展的必由之路。中国中车将加大文化的创新力度，赋予文化更多的创造力。建立广泛的专项文化，系统引领专项业务发展，建立起依法合规的经营文化、标准化作业的工业文化，完善现有的安全文化、质量文化等。用文化的力量营造创新氛围，进一步推动体制创新、技术创新、业务创新、管理创新等各项创新活动，激发人的创造价值。

服务用户和贡献社会是中国中车文化追求的最高境界。中国中车已建成了能与世界领先水平比肩的轨道交通装备产品技术平台和制造基地，以高速动车组、大功率机车为代表的系列产品，达到世界先进水平。

中国中车从传承根脉、产业报国的深度看待文化发展，从承载梦想、国家名片的高度继承中国中车文化，从推动承接责任、造福人类的角度创新发展中国中车文化，这都是实现"双打造一培育"奋斗目标、建设世界一流示范企业的根本性力量。

价值观建设的成败，决定着企业的生死存亡，因而成功的企业非常重视企业价值观的建设，并要求员工自觉推崇与传播本企业的价值观。其主要功能表现在：

第一，为企业的生存与发展确立了精神支柱。企业价值观是企业用以判断企业运行中大是大非的根本与原则，是企业提倡什么、反对什么、赞赏什么、批判什么的真实的写照，是企业领导与员工判断事物的标准。当个体价值观与企业价值观一致时，员工就会把企业工作看作为自己的理想在奋斗。

第二，企业价值观对企业及员工行为起到导向和规范作用。企业价值观在企业中占主导地位的管理意识，能够规范企业领导者及员工的行为，使企业员工在具体问题上达成共识，从而大大节约企业运营成本，提高经营效率。

第三，企业价值观能产生凝聚力，激励员工释放潜能。它是企业在经营过程中坚持不懈，努力使全体员工都信奉的信条，企业价值观一旦为企业员工所认可和接受，便可以唤起广大员工强烈的归属感和自豪感，激发他们工作的干劲和热情，产生巨大的向心作用，增强员工的集体意识，增强员工集体意识，增强企业合力，进而企业活力会更强。

第四，企业价值观是企业内部协调和沟通的保证。它是解决企业在发展过程中如何处理内外矛盾的一系列准则。在企业价值观的保证下进行内部协调和沟通的行为目标、行为准则，从而建立良好的人际关系，消除不必要的矛盾，创建关系融洽、气氛和谐的环境。

（三）企业精神

企业精神是现代意识与企业个性相结合的一种群体意识。每个企业都有各具特色的企业精神，它往往以简洁而富有哲理的语言形式加以概括，通常通过厂歌、厂规、厂徽等形式形象地表现出来。

一般地说，企业精神是企业全体员工共同一致，彼此共鸣的内心态度、意志状况和思想境界。它可以激发企业员工的积极性，增强企业的活力。企业精神作为企业内部员工的群众心理定势和主导意识，是企业经营宗旨、价值准则、管理信条的集中体现，它构成企业文化的基石。

企业精神源于企业生产经营的实践之中。随着这种实践的发展，企业逐渐提炼出带有经典意义的指导企业运作的哲学思想，成为企业家倡导并以决策和组织实施等手段所强化的主导意识。企业精神集中反映了企业家的事业追求、主攻方向以及调动员工积极性的基本指导思想。企业家常常以各种形式在企业组织过程中得到全方位、强有力的贯彻。于是，企业精神又常常成为调节系统功能的精神动力。

企业精神总是要反映企业的特点，它与生产经营不可分割。企业精神不仅能动地反映企业生产经营密切相关的本质特性，而且鲜明地显示企业的经营宗旨和发展方向。它能较深刻地反映企业的个性特征，它在管理上的影响，促进了企业的发展。

企业的发展需要全体员工具有强烈的向心力，将企业各方面的力量集中到企业的经营目标上去。企业精神恰好能发挥这方面的作用。人是生产力中最活跃的因素，也是企业经营管理中最难把握的因素，现代管理学特别强调人的因素和人本管理，其最终目标就是试图寻找一种先进的、具有代表性的共同理想将全体员工团结在企业精神的旗帜下，最大限度地发挥人的主观能动性。企业精神渗透于企业生产经营活动的各个方面和各个环节，给人以理想、以信念，给人以鼓励、以荣誉，也给人以约束。

企业精神是企业文化发展到一定阶段的产物。不同的企业，其企业精神的内容是不同的，各个企业在塑造或提炼自己企业精神时，都要从自己的实践出发，实事求是，体现出自己的特色。但是，这并不是说各个企业的精神就没有共性。从实践上看，尽管各个企业的企业精神在文字表述上千差万别，我们还是可以按其内涵归纳出一些基本精神。

（1）爱国主义精神。包括社会责任感、民族自豪感。如康佳集团的"我为你，你为他，人人为康佳，康佳为国家"以及"以振兴民族工业为己任"等。

（2）集体主义精神。具体包括爱厂、团结、互助、友爱、协作、同心同德等。如国家电网有限公司的"团结协作"等。

（3）主人翁精神。即职工当家作主，如大庆油田的"铁人精神"，鞍钢的"孟泰精神"等。

（4）奉献精神。具体包括忘我献身，大公无私，讲贡献，不为名利等。如大庆油田的"宁可少活20年，也要拿下大油田"等。

（5）科学精神。具体包括求实、实干、实事求是、认真负责、严格细致、精益求精等。

（6）创新精神。具体体现在我国载人航天工程、探月探火计划、卫星导航系统、国产大飞机制造、量子信息技术、新能源技术、超级计算机等。

（7）竞争精神。具体包括拼搏、夺魁、力争上游、求胜等。如辽宁朝阳重型机械有限公司的"争行业第一，国内第一，唯旗是夺"等。

（8）重才精神。真心爱才、悉心育才、倾心引才、精心用才，求贤若渴，不拘一格，把各方面优秀人才集聚到党和人民事业中来。

此外，还有创业精神、服务精神、质量精神等。

拓展阅读

国内著名企业的企业精神

中国联通

让一切自由联通。

中车集团

连接世界，造福人类。

保利集团

永不满足、思变图强；永不止步、争创一流。

中南集团

以行动实现自我，用奉献创造价值，把不可能变为现实。

汇源集团

勤奋、务实、高效、创新。

雨润集团

青松——雨润的精神符号！坚韧、进取、挺直、敢当！

三一集团

自强不息，产业报国。

步步高集团

敬业勤奋，团队协作，务实创新。

广州立白集团

拼搏进取、勤劳节俭、艰苦奋斗、敢为人先、敢于超越；忠孝仁义、低调谦虚、求真务实、永不言败、永远创业。

康佳集团

超越自我，进取高远。

格力集团

忠诚、友善、勤奋、进取。

伊利集团

伊利人以始终如一的主人翁心态、高度责任心和超强执行力，铸就了伊利人特有的精神内核，锻造了伊利持续卓越发展的内在动力和核心竞争力。

（四）企业伦理道德

企业伦理道德文化也称企业规范文化，属于一种意识形态，是企业及其员工在生产、管理和经营等活动中所应遵循的道德规范和行为准则的总和，它是靠道德的力量建立起以个人理想、信念为核心的自我约束机制，用以规范员工的行为，调节企业员工之间、部门之间以及企业和社会之间的关系。企业伦理道德以其说服力和劝导力提高员工的思想认识水平和道德觉悟水平，使员工从内心深处树立起为企业贡献的各种现代化观念，并自觉使自己的行为符合企业伦理道德的要求。

如果企业仅以强制性的制度对员工进行约束，势必造成生产经营和资源配置的扭曲、僵化，使企业走上畸形的发展道路。而企业伦理道德具有柔性，能在企业制度触及不到的地方发挥作用，调节不同成员在企业活动中的非正式关系，影响员工的行为。所以，企业伦理道德建设能弥补制度控制的不足，提高控制的有效性。事实上，企业伦理道德建设也是一种事前控制的手段。由于环境的变化，企业的层级之间、工作团队之间的关系要发生相应的变化，企业已不可能对每个工作单元每一时刻进行全面控制。在这种情况下，员工的行为在一定程度上取决于个人道德素质的高低，加强企业伦理道德建设有利于提高员工的个人道德素质，可以起到事前控制的作用。

企业伦理道德是企业文化的重要内容，它与企业的精神、价值观念、经营理念等同样重要。企业伦理道德内容十分丰富，主要内容可以概括为"信、仁、礼"。

1. 诚信为本

"诚信乃为人之本"，企业亦如此。常言道："诚招天下客""信以导利"，一个人没有信誉，不能立身处世，同样，一个企业若失去信誉，也无法得到发展。一个企业的信誉包括企业与社会之间的信誉，企业与企业之间的信誉，企业与消费者之间的信誉以及企业与员工之间的信誉，员工与员工之间的信誉等。

信誉是无形的财富，坚持以诚信为本就能获得信誉，这也是企业获得成功的根本。然而，信誉是经过多年辛勤培养的结果，要做到诚信，除了建立一套企业诚信机制，遵循"以诚为本"的行为规范，更重要的是，企业全体员工能树立起集体荣誉感，自觉地维护企业的诚信形象。

2. 仁爱之心

仁爱之心首先是一种社会责任和义务，为社会做出贡献也正是体现了一个人的人生价值。作为企业，除了谋求企业发展，尽其社会责任和义务便是其另一个重要目标，其企业宗旨、使命、质量方针等理念无不体现出这种奉献精神。对一个企业来说，是否具有仁爱之心首先看其是否提供优质的产品和优质服务，因此，企业的员工有责任认真做好各自的本职工作，敬业奉献，共同为提高企业的社会形象而努力。

仁爱思想同时也是企业内部加强团结和增强凝聚力的基础。现代企业不再是物的堆积而是人的集合，企业内部的上下级关系，员工与员工之间的关系是关系到一个企业内部是否具有生命力的重要条件，人与人之间应互相关心、帮助、协作，共同创造一个心情舒畅、和谐互爱的企业内部环境。

3. 齐之以礼

在企业经营过程中，常常要面临各种各样的对外、对内联系，对外例如与顾客的交往、与供应商的交往、与政府行政部门的交往等，对内则主要体现为上、下级之间、员工之间的工作协作。保持礼貌可以让公司成员的沟通协作顺利地进行，而且能在双方之间营造出愉快的气氛。尤其是对外联系时，礼仪更是对外塑造一个良好企业形象的前提。

在日常工作中，齐之以礼首先表现在相互尊重，尤其是尊重他人的劳动成果。企业组织由一群不同级位、有不同专长的人有机地团聚在一起，每一位都很重要，企业的许多工作都是在别人的协作与帮助下才得以完成的。礼仪可以在组织中营造出一个融洽无间的工作环境，是企业组织正常运转的润滑剂。

在企业的社会生活中，企业伦理道德的影响作用表现在诸多方面。从其道德底线来说，在企业的政治生活领域中，应遵守我国宪法和其他有关法律的规定，坚持社会主义制度和中国共产党的领导。在企业产品的生产和消费过程中，不发生与社会制度相抵触的现象。例如，拒绝并抵制邪教组织等书刊的印刷、销售和宣传等。在经济生活领域中，遵守市场经济秩序，不制假售假、偷税骗税、欺诈、逃废债务等。在社会文化生活领域中，企业产品的生产和消费不发生不利于社会稳定和发展的行为。例如，不生产"黄、赌、毒"产品，不提供相关服务等。在生态环境生活领域中，企业产品的生产和消费，不破坏生态平衡。例如，依法控制"三废"排放，保护稀有动植物资源等。在上述企业社会生活领域中，企业伦理道德的作用在于，它能够以企业伦理道德的底线为基准，对企业生产经营行为进行基本的道德自我控制即道德自律，使企业遵循着伦理道德建设的一般规律。诸如，确立正确的道德规范，营造积极的舆论氛围，树立优秀的楷模，开展思想道德教育，以及建立相应的激励与约束机制等。

🔗 拓展阅读

疫情之下　顺丰有为

面对越来越严峻的新冠病毒肺炎疫情，2020年1月23日凌晨，武汉宣布全市交通停运。武汉多家医院医疗物资告急。与之相对的是社会救援力量的涌现，但供需两端卡在了物流环节。当日，顺丰（全称顺丰控股股份有限公司）第一时间组织起了开往湖北武汉等地的特殊救援通道。针对武汉地区快递收寄服务，顺丰发布通知，将全力协调资源，优先保障特殊需求物资的运输派送。着力保障包括防护服、护目镜、体温计、医用口罩、手套、抗病毒药品等在内的防疫物资运输。非常时期，地面运输通道受阻，航空运输的优势得以显现。1月24日，顺丰航空加班专机，一架波音757执飞深圳运送医疗救援物资到武汉，载有物资16吨，这也是国内首个"逆飞"武汉的驰援航班。1月26日，顺丰宣布将捐助2 000万元人民币，以帮助湖北省抗击疫情。同时，顺丰还向中国人民解放军中部战区总医院汉口院区、华中科技大学同济医学院附属同济医院捐赠了总价值近百万的13 000箱速冻即食食品、6 440公斤水果、牛奶等物资，以保障医院医护人员基本饮食需求。

（五）企业风貌

企业风貌包括企业风格和企业面貌两方面的内容。企业风格可以分为拼搏风格、协作风格、民主风格、守法风格等；企业面貌是指企业的外部状况及表象特征。良好的企业面貌表现为文明的生产、优美的环境、健康多彩的业余生活、浓烈的学习气氛、团结和睦的氛围等。企业风格和企业面貌是企业精神实质的突出表现，是企业文化的综合表现。

企业风貌主要表现在以下几个方面：

第一，在企业的思想境界中。思想境界是企业的灵魂，决定着企业的风貌。许多企业以崇高的思想境界体现了自己的独特风貌。例如，长城特殊钢公司把其企业风貌概括为党风、厂风和民风。党风：吃苦在前，享乐在后；联系群众，当好公仆；廉洁奉公，作风正派；坚持真理，勇于牺牲。厂风：秩序纪律，文明礼貌，团结和谐，竞争效率。民风：尊老爱幼，邻里和睦，勤劳俭朴，清洁卫生，爱护公物，拾金不昧，排忧解难，见义勇为。

第二，在企业领导和员工的思想作风和工作作风上。企业员工的作风，特别是领导班子和经营管理人的思想作风和工作作风，是企业风貌的重要反映。勤奋工作、顽强创业、无私奉献的思想作风和精益求精、尽职尽责、求真务实、高效快捷的工作作风对于一个企业的发展至关重要。

第三，企业风貌还表现在企业的典礼上以及企业的外部形象上。

🔗 拓展阅读

不为人知的万向集团

以生产汽车零部件为主，国家120家试点企业集团之一的万向集团，该企业的管理目标是人尽其才、物尽其用、钱尽其值、各尽其能，其企业哲学中也专门有一条"人本哲学"，即两袋（口袋与脑袋）投入，使员工身心与健康受益。

万向集团把员工看作是有感情、有思想，有个性、有追求的活生生的人，是具有无限潜力的一种宝贵资源。"人人头上一方天，个个争当一把手"，万向集团也始终坚持为员工提供一个广阔的舞台和温暖的文化氛围，鼓励员工充分发挥各自才能，激发员工的工作热情。正是这样独具特色的理念体系，被广大员工所认可，为万向集团的发展注入了活力，也是万向集团持续稳健发展的坚实基础和有力支撑。

万向集团

复习与思考

选择2~3家世界500强企业，结合本单元所学内容，比较其精神文化的异同。

学习单元二
企业精神文化建设

↗ 【情景导入】

三个建筑工人的故事

有三个建筑工人在共同砌一堵墙。这时，有人问他们："你们在干什么呀？"

第一个头也没抬，没好气地说："你没看见吗？在垒墙。"

第二个人抬起头来说："我们要盖一间房子。"

第三个人边干活边唱歌，脸上满是笑容："我在盖一间非常漂亮的房子，不久的将来，这里将变成一个美丽的花园，人们会在这里幸福地生活。"

10年后，第一个人仍是一名建筑工人；而在施工现场拿着图纸的设计师竟然是第二个工人；至于第三个工人，现在已成了一家房地产公司的老板，前两个工人正在为他工作。

结合上边的案例，思考以下问题：

（1）这三个工人为何有不同的人生？

（2）这与他们的精神追求是否有关？

案例补充6-2：新时代呼唤文化强企"大格局"

企业精神文化是企业意识形态的总结，是企业物质文化的升华，其建设情况直接决定着企业文化建设发展情况。古人提出"天时不如地利，地利不如人和"，行军打仗如此，管理企业亦然。日本三菱集团创始人岩崎弥太郎在牢里认识了一位神奇的老人，老人告诉他企业发展最重要的是"人和"，他很受启发，三菱集团的企业象征物由三个菱形组成，蕴含着"人和"的理念。海尔集团员工收入并不高，但员工们敬业奉献、追求卓越的积极性与创造性却是其他企业无法比拟的，也是集团董事局主席张瑞敏最为津津乐道的，张瑞敏说："人的素质是海尔过去成功的根本，今后我们面临的挑战也是人的素质问题，你能把许多人的力量聚合起来，这个企业就成功了。"这句话充分说明了企业精神文化建设的重要性。

一、树立以人为本的企业价值观

企业文化建设是现代管理的重要组成部分。现代管理理论认为，人在管理中具有双重地位，既是管理者又是被管理者。管理过程各个环节的主体都是人，人与人的行为是管理过程的核心。因此，"以人为中心"是现代管理发展的最重要趋势。

企业文化理论正是顺应这一趋势而诞生的一种崭新的管理理论，其中心思想就是"以人为中心"，因而，它就自然地成为现代管理的重要组成部分。

一个企业，其物力、财力、信息资源都是有限的，而人力资源的开发则永无止境。

在我国生产力水平落后，资金、原材料等资源紧缺而人力资源又极丰富的情况下，开发、管理好人力资源，企业的效益就能提高。

"以人为本"，其核心就是通常所说的尊重人、爱护人、理解人、关心人，把企业经营管理的全部工作和整个过程都纳入以人为中心的轨道上来，始终坚持人是企业的主体和财富。具体来说，可从以下三方面来理解。

1. 目的与手段的统一

人作为企业经营管理的目的与手段，在传统意义上是被分割开来的。而作为新型管理理论的企业文化则不然，它对待企业中的人不仅是从经济角度、经营目的和经营手段及其主次关系上去考察，而且是从政治、经济、文化及道德等各个角度进行全方位的动态的考察。因为人是具有社会性和复杂性的高级思维动物。他们既要衣食住行，又要根据自身的能力进行实践和创造，同时他们还是有血肉之躯富于情感的人，因而他们自然就要求并希望能在一种和谐愉快而又富有朝气的环境中进行工作和生活。只有重视人的这些基本需求，并竭尽全力使之得到满足，才能实现人是企业经营管理的目的与手段相统一的文化管理。

2. 人本与人力的统一

传统管理理论重物不重人，将人视为能为其带来利润和财富的"工具人""经济人"和"社会人"。人没有也不可能被看作是企业的主体和主人，而仅仅被看成是"劳动力"或"人力"。而作为新型管理哲学的企业文化，它强调"以人为中心"，不是把人仅仅局限于经济领域和经营管理角度来看待，也不是不承认"人力"在企业中的作用，而是把人看作企业的主体和主人，"以人为本"的管理思想主张重人又重物，实现人本与人力的内在统一。

🔗 拓展阅读

董事长与员工的谈话

索尼公司（以下简称索尼）董事长盛田昭夫按照惯例走进员工餐厅与员工一起就餐、聊天。他长期以来一直保持着这个习惯，以培养员工的合作意识和与他们的良好关系。这天，盛田昭夫忽然发现一位年轻员工郁郁寡欢，满腹心事，闷头吃饭，谁也不理。于是，盛田昭夫就主动坐在这名员工对面，与他攀谈。几杯酒下肚之后，这个员工终于开口了："我毕业于东京大学，有一份待遇十分优厚的工作。但是，进入索尼之前，对公司崇拜得发狂。当时，我认为我进入索尼，是我一生的最佳选择。但是，现在才发现，我所有的行动与建议都得课长批准……我自己的一些小发明与改进，得不到支持和理解。我十分泄气，心灰意冷。这就是索尼？这就是我的索尼？"

这番话令盛田昭夫十分震惊，他想，类似的问题在公司内部员工中恐怕不少，管理者应该关心他们的苦恼，了解他们的处境，不能堵塞他们的上进之路，于是产生了改革人事管理制度的想法。之后，索尼开始每周出版一次内部小报，刊登公司各部门的"求人"，员工可以自由而秘密地前去应聘，他们的上司无权阻止。另外，索尼原则上每隔两年就让员工调换一次工作，特别是对于那些精力旺盛、干劲十足的人才，不是让他们被动地等待工作，而是主动地给他们施展才能的机会。在索尼实行内部招聘制度以后，有能力的人才大多能找到自己较中意的岗位，而且人力资源部门可以发现那些"流出"人才的上司所存在的问题。

3. 盈利与奉献的统一

建设企业文化要"以人为中心"，以人本文化开发为其主线。但这里的"人"，是具有多元价值取向的"人"。因而作为企业主体的人就不再是单纯为企业追求盈利和物质财富而工作，同时还有比之更高的目的追求，即还要为企业创造社会价值和社会财富。因此，企业既要力争盈利，同时又要尽力为社会做奉献，从而实现经济与文化、盈利与奉献的科学统一。

二、确立以市场为导向的企业经营哲学

市场是企业经营管理的出发点和归宿，是企业一切管理活动的依据，也是企业经营哲学的核心。企业家在确立以市场为导向的企业经营哲学的过程中，为适应信息化的社会，必须强化对全体员工的学习、教育和培训。学习对于现代化企业的经营管理是至关重要的。伟大的无产阶级革命家列宁说过："我们不能设想，除了建立在庞大的资本主义文化所获得的一切经验教训的基础上的社会主义以外，还有别的什么社会主义。""我们无产阶级政党如果不去向资本主义的第一流专家学习组织托拉斯（trust）大生产的本领，那么这种本领便无从获得了。"

这种学习、教育和培训不是单一的，而是复合式的；不是单向的，而是多向的；不是单线受动的，而是多线互动的。

拓展阅读

企业需要参谋队伍

不少跨国巨擘不是靠企业家孤军奋战来提高企业经营管理水平，而是由一个由大学、科研院（所）和咨询公司的专家们组成的高水平的参谋队伍共同工作。这个参谋队伍既有长期固定对企业给予指导的（各公司董事会中的专家董事），也有临时性指导的（具体的业务咨询）。这支参谋队伍理论水平高，对市场和企业管理的发展走势看得很清晰，由于他们不断给不同公司参谋咨询，对各种企业的管理也有深入、实际的了解，因此，他们是企业家进行战略决策的重要信息来源和参谋助手。国家从政策上扶植、发展咨询业和智库领域，企业也重视咨询对自身的作用，这样就增强了企业管理的外部推动力，有利于企业经营哲学永葆清晰、准确无误的战斗力。

所有成功的企业，它所确立的经营哲学都是从外到内，依据市场情况决定的。以市场为中心进行管理定位，不是一种简单的、线性的、因果式的关系，而是一种交互

式的关系。市场的现实需求需要企业通过市场调查和分析确定各种需求的内容和边界，优化生产要素，调动企业力量，调整企业管理方式，以求满足需求。市场的潜在需求则需要企业在市场调查和分析的基础上发挥创造力和想象力，把握技术的发展动向，预测市场潜力，进行风险决策，调动企业力量，优化生产要素，调整生产管理方式，以创造需求。

无论是满足需求还是创造需求，企业必须建立与市场间强有力的联系渠道，建立快速、准确的市场信息系统。现代企业通过多元渠道建立企业市场信息系统已成为企业经营哲学的一项重要内容。在企业内部，最初的市场信息渠道主要是销售部的信息反馈；在企业外部，企业获得市场信息最初主要靠市场调查机构。但是，调查机构的分析主要是统计学的、初步的。而随着市场的差别化、细分化，市场需求的变化越来越复杂，统计学调查结果往往比较简单，特别是它对科学技术发展与市场需求的关系、社会政治文化发展与市场需求的关系等复杂的情况无法做出深刻的评价，对企业重大决策起不了直接的指导作用，因此，企业越来越依靠咨询公司来进行市场分析并提出完整的策略建议，作为企业管理决策的依据。

三、培养参与、协作、奉献的现代企业精神

在当代社会，参与、协作、奉献已成为现代企业员工值得倡导的一种意志状态和思想境界。各企业在提炼自身企业精神时可作为参考。

（一）参与精神

强调参与，是企业兼顾满足员工各种需求和企业效率、效益要求的基本理念。员工通过参与企业管理，发挥聪明才智，得到比较高的经济报酬，改善了人际关系，实现了自我价值。而企业则由于员工的参与，改进了工作，提高了效率，从而达到更高的效益目标。

根据日本公司和美国公司的统计，实施参与管理可以大大提高经济效益（一般都可以提高 50% 以上，有的可以提高一倍至几倍），增加的效益一般有 1/3 作为奖励返还给员工，2/3 作为企业增加的资产投入再生产。

在实施员工参与管理的过程中，要特别注意引导，要反复把企业当前的工作重点、市场形势和努力的主要方向传达给员工，使员工的参与具有明确的方向性。有些企业家对潮水般涌来的建议和意见不知如何处理，这主要是他们自己对企业的经营方向、管理目标缺乏目的性和计划性，不知道如何引导员工有计划、分阶段地实施重点突破。实施参与管理还要有耐心。在实施参与管理的开始阶段，由于管理者和员工都没有经验，参与管理会显得有些杂乱无章，企业没有得到明显的效益，甚至出现效益下降。管理者应及时总结经验、肯定主流，把实情告诉员工，获得员工的理解，尽快提高参与管理的效率。

实施参与管理要根据员工知识化程度和参与管理的经验采取不同方式。在参与管理全过程中一般可分为如下三个阶段。

1. 控制型参与管理

针对员工知识化程度较低、参与管理经验不足的情况，采用控制型参与管理。它

的主要目标是希望员工在经验的基础上提出工作中的问题和局部建议，经过筛选后，由工程师和主管人员确定解决方案并组织实施。提出问题阶段是由员工主导的，解决问题阶段主导权控制在工程师和主管人员手中。美、日、德等国企业中的参与管理很多是采用这种模式，这种模式的长处在于它的可控性，但由于它倾向于把参与管理的积极性控制在现有的标准、制度范畴之内，因而不能进一步发挥员工的聪明才智。

2. 授权型参与管理

针对员工知识化程度较高、有相当参与管理经验的情况，采用授权型参与管理。它的主要目标是希望员工在知识和经验的基础上，不但提出实施，而且制定具体实施方案，在得到批准后被授予组织实施的权力，以员工为主导完成参与和改革的全过程。美国高技术制造业和高智能服务业的员工知识化水平较高，因此，多采用这种模式。

3. 全方位参与管理

全方位参与管理不限于员工目前所从事的工作，员工可以根据自己的兴趣、爱好，对自己工作范围以外的其他工作提出建议和意见。企业提供一定的条件，帮助员工从事自己喜爱的工作并发挥创造力。就人性而言，每个人都有自己的长处或短处，只要找到适合自己的工作并努力去做，每个人都将成为卓越的一员，企业家的职责就是帮助人们找到适合自己的工作岗位，然后鼓励他们努力去做。日本企业家盛田昭夫说，企业家最重要的任务是培育起员工之间的健康关系，在公司中产生出宽容的态度，让员工找到更适合自己的工作。允许员工每两年或多少时间内可以调换一次工作，创造一个毛遂自荐的机会，是发掘人才的重要途径，如果能让员工自由选择自己所爱好的工作，那么他们一旦成功，就会精力充沛地投入这项工作。

✐ 拓展阅读

一封温情的信

2020年2月9日，新冠疫情期间，一封信刷爆了朋友圈，题为《致：亲爱的杨国福家人们》，作者是杨国福集团董事长杨国福。

信中有温情——"我希望大家都能够平平安安的，因为家人才是我最大的财富。"谋规划——"每天为大家提供在线学习课程，让大家为集团未来开创新历程练好内功，蓄力待发！"有担当——"每一位员工的工资、每一位代理商的费用我们都会按时发放，并且绝不裁员！"顾大家——"面对疫情，我们不会袖手旁观，有国才有家，有大家才有小家。"

在很多企业面对疫情降工资、裁员、闭店的时候，杨国福集团仍然保证员工工资正常发放、不裁员、减免加盟费，此措施必然深得员工心，也为企业长久发展奠定了根基。

（二）协作精神

协作是大生产的基本要求，它不仅能放大整体价值，也能更好地实现个体价值。因此，协作是现代企业精神中的基本要素。

促进协作精神的方法是多种多样的，可以通过工作后的聚餐、郊游等形式来增进同事之间的私人感情，使同事在联系之外加上朋友的关系。日本的企业界，很多经理几乎每天晚上都要和年轻的职员一起聚餐、聊天，直到深夜，这种聚餐已成为日本各公司的普遍做法。在美国，过去有工作后社交的习惯，但一般不是同事，近年来，这种社交活动逐渐向同事关系扩展。还可以通过非正式组织、团队形式来促进企业员工的协作精神。团队在许多现代企业中已成为促进企业员工协作精神的有效手段和组织形式。美国管理学家迈克尔·哈默指出："团队是一个伟大的创造，是现代企业管理的基础，是重新构建公司的一个基本出发点，具有强大的生命力。"

（三）奉献精神

奉献精神是与企业社会责任相联系的一种企业精神。它是指在组织企业经济运行过程中，关心整个社会的进步与发展、为社会多做贡献的境界。企业只有坚持公众利益至上，才能得到公众的好评，使自己获得更大的、长远的利益。这就要求企业积极参与社会公益事业，支持文化、教育、社会福利、公共服务设施等。通过这些活动，在社会公众中树立企业注重社会责任的形象，提高企业的美誉度，强化企业的道德责任感。

讲奉献精神，不光体现在企业对社会的责任感方面，在企业内部，也体现在员工对企业的责任感方面。尽管在等价交换原则和劳动契约制度面前，不能硬性推行无私和无偿奉献，但企业倡导奉献精神，员工践行奉献精神，这不仅对企业有益，对个人也有利，倡导奉献精神能使企业找到企业价值最大化和个人价值最大化的平衡点。

⌯ 拓展阅读

当代雷锋郭明义奉献社会的感人事迹

郭明义，男，1958年12月生，成人本科学历。1977年1月参军，并于1980年6月在部队加入中国共产党，曾被部队评为"学雷锋标兵"。1982年1月，复员到鞍钢集团矿业公司齐大山铁矿工作。先后任矿用大型生产汽车驾驶员、车间团支部书记、矿党委宣传部干事、车间统计员兼人事员、矿扩建工程办公室英文翻译等。1996年至今，任齐大山铁矿生产技术室采场公路管理员。

入党30多年来，他时时处处发挥先锋模范作用，在每个工作岗位上都取得了突出的业绩。从1996年开始担任采场公路管理员以来，他每天都提前两个小时上班，15年中累计献工15 000多小时，相当于多干了5年的工作量。1990年以来，他坚持20年无偿献血，累计献血6万毫升，相当于自身总血量的10倍。1994年以来，他为希望工程、身边工友和灾区群众捐款12万元，先后资助了180多名特困生，而自己的家中却几乎一贫如洗。一家三口至今还住在鞍山市千山区齐大山镇，一个20世纪80年代中期所建的、不到40平方米的单室里。2006年以来，他8次发起捐献造血干细胞的倡议，有1 700多名矿业职工参与；其中，齐大山铁矿汽运作业区大型生产汽车司机许平鑫同志与武汉的一名白血病患者配型成功，成为全国第1 066例、鞍山市第5例成功捐献者。2007年以来，他7次发起无偿献血的倡议，共有600多名矿业职工参与，累计献血15万毫升。2008年以来，他发起的希望工程捐资助学活动，已有 2 800 多名矿业职工参与，资助特困生 1 000 多名，捐款近 40 万元。2009 年以来，他发起成立的遗体（器官）捐献志愿者俱乐部，已有 200 多名矿业职工和社会人士参与，是目前国内参与人数最多的遗体（器官）捐献志愿者俱乐部。

为此，他先后荣获了齐大山矿先进生产者标兵、模范共产党员，矿业公司先进生产者、模范共产党员，鞍钢先进生产者、精神文明建设标兵、优秀共产党员、劳动模范，鞍山市优秀义工、道德模范、无偿献血形象代言人、特等劳动模范，辽宁省道德模范提名奖、希望工程突出贡献奖、全国无偿献血奉献奖金奖、全国红十字志愿者之星，中央企业优秀共产党员、全国五一劳动奖章等荣誉称号。

当然，现代企业精神的内容远不止这几个方面，如创新精神、竞争精神、开拓精神、进取精神等都是现代企业精神的突出表现，在社会主义市场经济条件下，这些精神同样需要加以倡导。

复习与思考

结合本单元所学内容，思考企业在经营过程中怎样做到"以人为本"？

学习单元三
企业精神文化中的职业道德

📌【情景导入】

"油条哥"餐饮管理有限公司：做良心餐饮

刘洪安，男，汉族，1980年11月生，河北省保定油条哥餐饮管理有限公司经理，2013年被评为第四届全国道德模范，人称，"油条哥"。

2010年，刘洪安和爱人开始经营早餐生意，卖油条和豆腐脑。刚开始炸油条的时候，也重复用油，虽然知道隔夜重炸的油不好，但不知道危害到底有多大。后来，他通过媒体了解到，食用油反复加温会产生大量有害物质，会对人体造成很大危害，于是便使用一级大豆色拉油炸油条，而且坚持每天一换。刘洪安的早餐店"刘家豆腐脑"的招牌上，醒目地写着"己所不欲、勿施于人""安全用油、杜绝复炸"的标语。同时，为向顾客证明自己是用新油，他特意贴出鉴别复炸油的方法，并放了一把"验油勺"，供顾客随时检验。自此，刘洪安的"良心油条"生意门庭若市，在保定市引发了一股"做良心餐饮"的热潮。

"油条哥"的视频播发到网络后，引起了多家媒体关注。中央与河北地区近百家媒体先后进行了报道。刘洪安得到社会各界广泛关注和群众好评，引起了广大网民"热捧"，被网民亲切地称为"油条哥"。

结合案例，思考以下问题：

企业的精神文化中如何体现职业道德？

企业精神文化包括企业哲学、企业价值观、企业精神、企业伦理道德、企业风貌等多方面的内容，而企业精神又是其核心和灵魂。现代企业所推崇和追求的企业精神，如爱国主义、真诚服务、爱岗敬业、开拓创新、团结协作和奉献社会等内容和职业道德"爱岗敬业、诚实守信、办事公道、服务群众、奉献社会"等规范基本一致。本单元重点讲述企业精神中的职业道德。

知识补给
6-1：工匠
精神

一、真诚服务

历史唯物主义认为，人民群众既是物质财富的创造者，又是精神财富的创造者，社会主义的生产目的是不断满足人民群众日益增长的物质和文化生活的需要，因此，全心全意为人民服务不仅是社会主义职业道德的根本要求，更是企业服务精神的最高境界。

当今商业竞争除了产品质量、企业经营策略、企业管理体制的竞争，实质上更是服务的竞争。"顾客就是上帝"是卡特彼勒公司的成功之道；IBM公司提出了"IBM

就是服务"；著名的"同仁堂"将其企业精神表达为"同修仁德，济世养生"，包含了亲和敬业、真诚爱人、服务社会、服务民众的意境；海尔集团更是坚持"您的满意就是我们的工作标准"和"用户永远是对的"的服务理念。

🔗 拓展阅读

神州租车：让出行不再成为问题

神州租车有限公司（以下简称神州租车）成立于 2007 年 9 月，总部位于北京。作为中国汽车租赁行业的领跑者，神州租车积极借鉴国际成熟市场成功的汽车租赁模式，并结合中国客户的消费习惯，为广大消费者提供短租、长租及融资租赁等专业化的汽车租赁服务，以及 GPS 导航、道路救援等完善的配套服务。

神州租车坚持以客户为本的专业态度，颠覆繁琐的传统租车模式，为客户提供了快速便捷的全新租车服务体验。公司遍布在中国大陆各主要城市及旅游地区的服务网络，以及专业化的 24 小时的取还车服务和客户服务，不仅可以随时随地满足客户的租车服务需求，更可为客户的安全行车保驾护航。

企业愿景是"成为消费者首选的中国汽车租赁服务品牌"；企业使命是"以推动绿色出行和新型汽车消费文化为己任，引领中国汽车租赁行业的发展"。

二、顾全大局

在社会主义市场经济条件下，各行各业都要正确处理好国家利益、集体利益与个人利益之间的关系。当国家利益、集体利益和个人利益发生矛盾时，能够顾全大局，个人利益应当服从集体利益和国家利益。那种把个人利益看得至高无上，"拔一毛利天下而不为"的思想行为，不仅否定了国家、集体利益，同时也是对个人利益的否定。

因此，在职业活动中，既不能片面强调国家、集体利益而忽视个人正当利益，也不能片面强调个人利益或小集团利益而不顾国家、集体利益。只有把它们很好地结合起来，才能保障集体利益，促进经济建设的发展，才能维护个人利益，充分发挥个人的积极性和主动性。在社会主义市场经济活动中，要鼓励人们通过诚实劳动和合法经营获取正当的经济利益，做到对社会负责，对人民负责，反对小团体主义、本位主义，反对损公肥私、损人利己。

🔗 拓展阅读

建筑史上的奇迹

新冠疫情发生后，负责建设武汉火神山医院和雷神山医院任务的中建三局（全称中国建筑第三工程局有限公司）以让人惊叹的"中国速度"，在 10 天完成了项目建设，这两家医院的建成为后来及时救治患者起到了至关重要的作用。

2020 年 1 月 23 日 17 时，已经接到中国建筑集团党组指示的中建三局，第一时间为火神山项目召开应急医院施工筹备会。在武汉单位纷纷请战，即刻调配资源，连夜进行基础施工。

建筑面积 3 万多平方米的项目，按照常规流程至少要建两年。紧急状态搭建临时性建筑都需要一个月，何况建的还是一所亟待投入使用的呼吸系统传染病医院。中建三局深知，这就是一场同时间的赛跑，1 月 24 日，项目入场挖机 95 台、推土机 33 台、压路机 5 台、自卸车 160 台，160 名管

中建三局决胜火神山

理人员和 240 名工人集结完毕，并组建起 2 000 人的后备梯队。除夕夜，项目现场机器轰鸣，一座小土山被连夜铲平。更多的建设者奔赴在去火神山医院建筑工地的路上。

疫情当前，建设迫在眉睫。1 月 25 日，火神山医院建设刚刚起步，武汉市新型冠状病毒感染肺炎疫情防控指挥部又紧急召开调度会，决定在半个月之内在武汉市江夏区黄家湖再建一所雷神山医院。中国建筑集团再次请缨迎战，由鏖战火神山的中建三局承建雷神山项目，系统内各单位全力配合，开启火神、雷神"两线作战"。时任中国建筑集团党组书记、董事长周乃翔强调，"举全集团之力，确保迅速建成火神山、雷神山医院。"

三、爱岗敬业

爱岗敬业，反映的是从业人员热爱自己的工作岗位，敬重自己所从事的职业，勤奋努力，尽职尽责的道德操守。在社会主义条件下，对自己工作岗位的"爱"，对自己所从事职业的"敬"，既是社会的需要，也是从业者应该自觉遵守的道德要求。爱岗与敬业是相通的，是相互联系在一起的，爱岗是敬业的基础，敬业是爱岗的具体表现，不爱岗就很难做到敬业，不敬业也很难说是真正的爱岗。

说话轻一点　脾气小一点
宽容多一点　态度好一点
做事勤一点　责任记一点
务实多一点　操作细一点
行动快一点　效率高一点
脑筋活一点　创新有一点
谦逊要一点　吹牛少一点
换位想一点　理由少一点
品行正一点　学习一点点

爱岗敬业
十八点

爱岗敬业"十八点"

现代社会，任何一家企业都希望自己的员工具有敬业精神。在一个公司中，一般不是具有杰出才能的人才容易得到提升，反而是那些不太聪明，但勤奋、刻苦、敬业，并具有良好技能的人，会得到更多人的认可，有更多的发展机会。敬业是员工最基本的素质之一，同时也是高效率工作的体现。敬业的人能够在工作中学到比别人更多的经验和知识，而这些知识和经验就是向上发展的踏脚石。无论从事什么职业，丰富的经验和好的工作方法都会为你的成功带来助力，你的敬业精神更会为你的成功带来帮助。

四、开拓创新

坚持面向世界科技前沿、面向经济主战场、面向国家重大需求、面向人民生命健康，加快实现高水平科技自立自强。以国家战略需求为导向，集聚力量进行原创性引领性科技攻关，坚决打赢关键核心技术攻坚战。企业增强自主创新能力。加强基础研究，突出原创，鼓励自由探索。提升科技投入效能，深化财政科技经费分配使用机制改革，激发创新活力。加强企业主导的产学研深度融合，强化目标导向，提高科技成果转化和产业化水平。强化企业科技创新主体地位，发挥科技型骨干企业引领支撑作用，营造有利于科技型中小微企业成长的良好环境，推动创新链产业链资金链人才链深度融合。

对企业来讲，随着市场竞争的加剧，能否创新已成为企业成败的关键。"不断取得胜利的唯一办法，就是以比对手更快的速度创新和推出创新成果"，管理学大师们常常这样告诫企业。而在所有创新中，产品创新又是最基本、最重要的内容。

🔗 拓展阅读

大疆：未来无所不能

无人机行业里有家中国公司独领风骚，这家公司就是大疆（全称深圳市大疆创新科技有限公司），中国唯——家在美国等发达国家没有对标对象的高科技公司。大疆是全球领先的无人飞行器控制系统及无人机解决方案的研发和生产商，客户遍布全球100多个国家。通过持续的创新，大疆致力于为无人机工业、行业用户以及专业航拍应用提供性能最强、体验最佳的革命性智能飞控产品和解决方案。

大疆总部"天空之城"

大疆旗下的无人机品牌——大疆创新在全球已提交专利申请超过1 500件，获得专利授权400多件，涉及领域包括无人机各部分结构设计、电路系统、飞行稳定、无线通信及控制系统等。作为全球较为顶尖的无人机飞行平台和影像系统自主研发和制造商，大疆创新始终以领先的技术和尖端的产品为发展核心，不仅填补了国内外多项技术空白，并成为全球同行业中领军企业。

五、团结协作

现代社会是一个讲究协作的社会，企业内部对协作的要求更加严格，一个部门和员工的任务完不成，就会影响整个目标。如同管理学专家成君忆所著《水煮三国》一书中对木桶理论的描述，一只水桶能装多少水不但取决于最短的一块木板的长度，还取决于木板与木板之间的结合是否紧密。如果木板与木板之间存在缝隙或缝隙很大，同样无法装满水。因此一个团队的成功不仅取决于每一名成员的能力，也取决于成员与成员之间的相互协作、相互配合，这样才能形成一个强大的整体。

一个没有协作精神的人是不可能与企业风雨同舟，共渡难关的。作为团队和企业为了实现自己的发展，绝不能够容忍那些不关心别人、不关心团队和企业、拒绝与别人协作的人在自己的组织中存在，因为允许拒绝协作的行为在团队中存在就意味着允许并且纵容分裂、背叛团队的行为，就会给团队带来巨大的伤害。

正是基于上述正确的认识，《团队精神Ⅱ——打造黄金团队》的作者张智慧在其书中指出："对于一个团队而言，如果团队中的成员只考虑自己的工作，而不去注意别人，很可能因协调不善而出现问题，特别是对于流水线生产，每一个环节的员工都是彼此联系在一起的，彼此之间必须有着高度的协作精神，这样才能生产出高质量的产品。如果一个环节出现了问题，就有可能导致整个流水线出现问题。对于一个企业而言，这样的损失是巨大的。"很多企业，就是因为有了团结协作，有了团队精神，才走向成功的。

六、奉献社会

奉献社会，就是要求从业人员在自己的工作岗位上树立奉献社会的职业精神，并通过兢兢业业地工作，自觉为社会和他人做贡献。这是社会主义职业道德中最高层次的要求，体现了社会主义职业道德的最高目标指向。爱岗敬业、诚实守信、办事公道、服务群众，都体现了奉献社会的精神。

要奉献社会，就要做到：

第一，正确处理好个人利益和公共利益的关系。在市场经济条件下，我们思考和处理个人利益和公共利益的关系时，首先应该以不损害公共利益为前提，进而要旗帜鲜明地坚决抵制种种危害公共利益的行为。当二者发生冲突时，要自觉地维护公共利益，即使个人利益受到影响也在所不惜。

第二，正确处理好经济利益和社会利益的关系。为此，一方面要求单位和从业者主动地为社会服务，使自己的行业、工作能够在取得经济效益的同时产生更大的社会效益；另一方面要求单位和从业者在职业行为中，必须避免因片面追求经济效益而造成有损于社会的后果。

⊘ 拓展阅读

世界 500 强企业优秀员工的核心标准

敬业精神

一个人的工作是他生存的基本权利，有没有权利在这个世界上生存，看他能不能认真地对待工作。能力不是主要的，能力差一点，只要有敬业精神，能力会得到提高。如果一个人的本职工作做不好，应付工作，最终失去的是信誉，再找别的工作、做其他事情都没有可信度。如果认真做好一个工作，往往还有更好的、更重要的工作等着你去做，这就是良性发展。

忠诚

忠诚建立信任，忠诚建立亲密。只有忠诚的人，周围的人才会接近你。企业在招聘员工的时候，绝对不会去招聘一个不忠诚的人；客户购买商品或服务的时候，绝对不会把钱交给一个不忠诚的人；与人共事的时候，也没有人愿意跟一个不忠诚的人合作。

良好的人际关系

良好的人际关系会成为你这一生中最珍贵的资产，在必要的时候，会对你产生巨大的帮助，就像银行存款一样，时不时地少量地存，积少成多，有急需时便可派上用场。难怪美国石油大王约翰·洛克菲勒说："我愿意付出比天底下得到其他本领更大的代价来获取与人相处的本领。"

团队精神

在知识经济时代，单打独斗的时代已经过去，竞争已不再是单独的个体之间的斗争，而是团队与团队的竞争、组织与组织的竞争，许许多多困难的克服和挫折的平复，都不能仅凭一个人的勇敢和力量，而必须依靠整个团队。作为一个独立的员工，必须与公司制定的长期计划保持步调一致。员工需要关注其终身的努力方向，如提高自身及同事的能力，这就是团队精神的具体表现。

自动自发地工作

充分了解工作的意义和目的，了解公司战略意图和上司的想法，了解作为一个组织成员应有的精神和态度，了解自己的工作与其他同事工作的关系，并时刻注意环境的变化，自动自发地工作，而不是当一个木偶式的员工。

注重细节，追求完美

每个人都要用搞艺术的态度来开展工作，要把自己所做的工作看成一件艺术品，对自己的工作精雕细刻。只有这样，你的工作才是一件优秀的艺术品，也才能经得起人们细心地观赏和品味。注重细节，追求完美，细节体现艺术，也只有细节的表现力最强。

不找任何借口

不管遭遇什么样的环境，都必须学会对自己的一切行为负责！自己的事情就应该千方百计地把它做好。只要你还是企业里的一员，就应该不找任何借口，投入自己的忠诚和责任心。将身心彻底地融入企业，尽职尽责，处处为自己所在的企业着想。

具有较强的执行力

具有较强执行力的人在每一个阶段、每一个环节都力求卓越，切实执行。具有较强执行力的人就是能把事情做成，并且做到他自己认为最好结果的人。具有较强的执行力的人随时随地都想着企业的顾客，并且在了解了顾客的需求后，乐于思考如何让产品更贴近顾客的需求。

找方法提高工作效率

遇到问题就自己想办法去解决，碰到困难就自己想办法去克服、找方法提高工作效率。在企业里，没有任何一件事情能够比一个员工处理和解决问题，更能表现出他的责任感、主动性和独当一面的能力。

为企业提好的建议

为企业提好的建议，能给企业带来巨大的效益，同时也能给自己更多的发展机会。为了做到这一点，你应尽量学习了解公司业务运作的经济原理，为什么公司业务会这样运作？公司的业务模式是什么？如何才能盈利？同时，你还应该关注整个市场动态，分析总结竞争对手的错误症结，不要让思维固守在以前的地方。

维护企业形象

企业形象不仅靠企业各项硬件设施建设和软件条件开发，更要靠每一位员工从自身做起，塑造良好的自身形象。因为，员工的一言一行直接影响企业的外在形象，员工的综合素质就是企业形象的一种表现形式，员工的形象代表着企业的形象，员工应该随时随地维护企业形象。

与企业共命运

企业的成功不仅仅意味着这是老板的成功，更意味着每个员工的成功。只有企业发展壮大了，你才能够有更大的发展。企业和你的关系就是"一荣俱荣，一损俱损"，不管最开始是你选择了这家企业，还是这家企业选择了你，你既然成了这家企业的员工，就应该时时刻刻竭尽全力为企业做贡献，与企业共命运。企业就是你的家，要是家庭不幸，你也会遭遇不幸。

复习与思考

选择自己熟悉的专业领域内的一家优秀企业，结合本单元所学内容，深入了解其精神文化及职业道德建设情况。

缺氧不缺精神

2020 年 5 月 27 日上午 11 时，2020 珠峰高程测量登山队克服重重困难，成功从北坡登上珠穆朗玛峰峰顶，完成峰顶测量任务，再次向世界证明了中国实力。在登山队冲顶珠峰期间，还有一群特殊的攀登者，他们全力保障登山队员与外界顺利沟通，将登山队的声音第一时间向全世界传递，他们就是"中国移动人"。他们不舍昼夜地忙碌，为我国登山队员成功登顶珠峰保驾护航，表现出了开拓创新、不怕困难、勇攀高峰的时代精神。

"中国移动人"经过连日艰苦奋战，在 4 月 30 日，在珠峰海拔 6 500 米的前进营地开通了全球海拔最高的 5G 基站，实现 5G 信号对珠峰北坡登山线路及峰顶的全面覆盖，中国移动 5G 信号覆盖珠峰后，可以为珠峰登山、科考、环保监测、高清直播等活动提供通信保障。2020 珠峰高程测量登山队成功登顶时，登山队登顶测量的高清视频画面通过中国移动 5G 网络向外传递，与华夏儿女实时共享这一喜讯。

中国移动奉行"正德厚生，臻于至善"的核心价值观，才有了不断攀登高峰、开拓创新的动力，其阐释了中国移动历来的精神信仰：以人为本打造以"正身之德"承担责任的团队，要求培养精益求精、不断进取的探索精神，锻造勇于挑战自我、敢于超越自我的精神。正是这种不畏风浪、勇攀高峰的新攀登者精神，托举中国 5G 立于世界之巅——让世界见证中国的 5G 速度，让世界见识中国 5G 的新"高度"，为我国高质量发展注入强劲的新力量和新动能。

深思启慧

腾讯：融入"鹅厂"血液的精神信仰

自我检测

交互式自测题

实战演练

企业精神文化案例收集与分析

【实训背景】

相对于企业文化系统的其他层次来说，企业精神文化是一种最深层次的文化，它处于企业文化系统的核心。了解企业精神文化的主要内容、认识企业精神文化的建设、把握企业精神文化中的职业道德，与同学们将来进入职场后对待工作的态度、认知有着非常密切的联系，同时加强职业道德修养、提升自身素质意义重大。

【实训目标】

1. 参训学生通过收集一家国内外知名企业的精神文化，整理其核心理念状况（包括愿景、使命、价值观和管理理念），进一步加深其对企业精神文化的内涵和重要性的理解。

2. 通过本模块的学习，对收集知名企业精神文化的案例进行分析，帮助参训学生

在未来选择企业就业时有更为清晰的认知。

3. 使参训学生真切且深刻地感受企业精神文化的重要性。

【实训组织】

1. 教师提前拟定好国内外真实且知名企业名单供学生选择，实训学生需提前了解所选企业的相关精神文化，整理企业核心理念状况（包括愿景、使命、价值观和管理理念）

2. 学生按 5~8 人分组进行，利用各种方法收集企业精神文化方面（企业哲学、企业价值观、企业精神、企业伦理道德等）方面的案例。

3. 在课堂通过小组讨论，自己将来作为企业员工对企业的期望，并把收集的企业精神文化的案例分析通过 PPT 的形式进行分析报告。

【实训考评】

效果评价表

考评人		被考评人		
考评时间		考评地点		
考评内容	企业精神文化案例收集与分析			
考评标准	内容		分值 / 分	评分 / 分
	企业的价值观、愿景、使命全面性		40	
	企业哲学、企业精神、企业伦理道德的全面性		30	
	PPT 语言运用通顺、图文并茂、叙述有条理		15	
	分工明确，认真负责，积极配合		15	
	合计		100	

模块七
企业文化融合与跨文化管理

▶ **学习目标**

    知识目标：了解企业文化差异和冲突的内容，掌握跨文化管理、集团文化管理的相关概念和主要内容。

    能力目标：学习跨文化企业管理的相关内容和策略，为将来从事相关工作打下正确的认知基础。

    素养目标：掌握企业文化整合的方法、路径，学习跨国企业文化冲突解决的策略与路径。强化互促互进互融意识。

▶ 学前思考

　　浙江吉利控股集团有限公司（以下简称吉利）1997年进入汽车行业，坚持"先从低端做起，从零部件做起"，多方借力起步造车，并以低价格战略突破了轿车合资企业的垄断，跻身轿车行业十强。2003年，因吉利车价格低被质疑偷工减料，吉利适时推动质量战略，强化技术研发，实现了正规化、自动化造车的转型升级。2007年，董事长李书福提出战略转型，实现年产销200万辆的战略目标，随后通过一系列改革彻底抛弃价格战，成功打响技术战、品质战、品牌战、服务战和企业道德战。2010年3月，吉利以18亿美元获得福特旗下沃尔沃轿车100%的股权，拉开吉利全球化发展战略。2014年12月，吉利实施品牌战略，提出"造每一个人的精品车"的品牌使命。2015年，吉利发布"蓝色吉利行动"新能源战略，率先进入新能源造车行列。2018年吉利全面迈入新能源汽车时代。

　　在吉利的发展中，文化融合堪称经典，如吉利与沃尔沃的融合。作为一个半路出家的自主品牌，吉利是从生产制造大众平民廉价车起家的；而来自北欧的沃尔沃，则是世界著名的豪华汽车品牌。在吉利收购沃尔沃时，国人为之振奋的背后，更多的是行业人士的不看好。而吉利则本着以人为本、尊重人、理解人的理念，成功收购沃尔沃后，迅速组成了高水平、高素质和国际化的全球董事会以及一流的管理团队，实现了平稳过渡、有序融合，推动沃尔沃再现辉煌、蓬勃发展。

　　吉利董事长李书福指出，吉利一直践行"全球型企业文化"建设，其核心特点是尊重、适应、包容与融合，最终目标是达到合作共赢，实现企业在全球市场的成功。融合和开放，会让公司淡化或打破原有国家、民族、宗教信仰、语言和局部文化标签，逐渐形成一种开放、包容的企业文化和发展理念。在这样的企业文化氛围下，吉利实现了跨越式、全球化发展。

吉利汽车标志

吉利收购沃尔沃

　　探究：吉利是如何成功实现战略转型的？企业文化在吉利转型中发挥了哪些作用，使吉利发生了哪些变化？请在本模块学习中寻找答案。

学习单元一
企业文化的差异与冲突

【情景导入】

"世界第一"的亚马逊败走中国

2004年，美国亚马逊公司（以下简称亚马逊）正式打入中国。当时阿里巴巴刚刚熬过互联网寒冬，京东还在折腾线下多媒体商店，而亚马逊年收入已高达70亿美元。带着成熟的商业模式和拿着望远镜都找不到对手的蓝海，它本可以独霸中国电商市场。然而在接下来的15年内，亚马逊活生生地将市场份额由15%的高点做到了不足0.6%，而当年还在襁褓中的阿里

亚马逊退出中国市场

巴巴和京东却后来居上打下了84%的电商江山。2019年7月18日，亚马逊停止为其中国网站上的第三方卖家提供服务，标志其在中国本土长达15年的电商业务画上了一个句号。

兴衰起落的商业案例，总能留给人们很多启示和反思。有人总结亚马逊败走中国的原因是多方面的：首先是全盘复制欧美经验，把西方市场的工作模式直接搬到中国，导致水土不服；其次是中国团队成为总部的傀儡，对中国团队不信任、不授权；再次是办事效率极其缓慢，按照美国人的固有的生活、工作思维和方式应对急剧膨胀的中国市场，与之形成鲜明对比的则是阿里巴巴、京东、拼多多等各路电商企业蓬勃发展；最后是中西方文化的差异，华尔街的白领文化与中国勤劳无畏的狼性文化出现严重偏差，中国本土企业从创始人到基层员工都持有的奋斗精神最终战胜了西方人的优雅、闲适的白领意识。

结合案例，思考以下问题：

（1）中西方企业文化为什么存在差异？

（2）中西方企业文化差异的根源是什么？如何解决这些差异？

伴随经济全球化的发展，特别是海外直接投资、BOT（build-operate-transfer，建设 – 经营 – 转让）、合资合作、战略联盟、跨国并购等现代化、国际化经营方式日趋成熟。企业并购整合、跨领域经营、跨地域发展等逐步成为现代企业谋求发展、顺应世界发展趋势的必然要求，同时也是利用多种资源、各类市场发挥自身优势、寻求最佳资源配置的重要途径之一。企业文化的差异和冲突也逐渐成为制约现代企业快速发展的重

要影响因素之一。

一、企业文化差异和冲突的特征

企业文化的差异和冲突具有普遍性、复杂性、潜在性和可控性等特征。

（一）普遍性

不同企业的文化是各企业在其长期历史发展过程中创造、形成并发展起来的，具有其独特性。

（二）复杂性

因此不同企业文化的差异和冲突是不可避免的，是普遍存在的。

不同企业及员工有其独特的生活习惯、行为方式与价值体系，对于文化冲突的管理涉及方方面面，处理起来较为复杂，这体现了企业文化冲突的复杂性。

（三）潜在性

不同文化背景下的企业员工意识形态差异较大，而他们独具特性的需求会在潜在领域逐渐萌芽，并驱使他们在日常生活中采取进一步实际行动，进而引发冲突，对企业内部和谐发展带来影响，这就是文化差异和冲突的潜在性。

（四）可控性

文化差异和冲突是客观存在的，会在不同文化间的沟通、交流、融合中显现出来。对于企业文化的差异和冲突，企业要尽量寻找正确、科学的方法予以解决。对于无法调和、短期不能解决的，则采取求同存异的原则，予以回避、转移、搁置，并杜绝进一步加剧或恶化。无论采取何种处理方式，目的都是为了提升企业的凝聚力和向心力，减少文化差异和冲突对企业发展的不利影响。

二、企业文化差异和冲突的内容

案例分享7-1：中海外波兰高速公路项目失败的原因

企业文化的差异和冲突在企业并购、整合的过程中，显得更加明显。企业文化冲突的内容主要有以下几点。

（一）精神文化冲突

企业精神文化是企业文化的核心，是诸多意识形态的总和，包括企业价值观、经营哲学、企业精神、企业经营观念等。因为企业员工认同、接受原有的精神文化，所以在企业并购后，两种文化就会出现抵触、排斥的情况。

（二）制度文化冲突

所谓企业制度文化，即是为了将企业目标顺利实现而制定的一系列规章制度，企业在完成并购后，势必会重新调整过去的组织结构，制定新的管理制度与行为规范，在此过程中，就难免会发生新旧制度文化的冲突。

（三）物质文化冲突

诸如企业产品、广告、包装等实物形式是企业物质文化的真实体现，企业并购后需对过去的战略规划重新进行调整，将新的产品策略、促销策略等制定出来，由此便使得新旧物质文化的冲突出现。

（四）利益分配冲突

企业文化不同对企业员工做出的权益安排也就不同。而变迁的企业文化势必会改变企业员工权力、地位与利益，如果新的企业文化让企业员工的利益受损，则其或许就会出于自身利益考虑而对企业并购表示反对和抵制。

三、企业文化差异和冲突产生的成因

企业文化冲突对企业发展影响深远，要想妥善处理好这种冲突，需要深入分析冲突形成的原因，结合实际，因地制宜。

（一）企业文化之间的差异性

企业的经营管理离不开企业文化这一软实力的牵引，企业文化是企业员工在长期实践与探索中形成的价值观、思维方式和行为规范，不同企业员工来源不同，其管理理念、管理思想、管理方式不同，企业文化必然存在差异，在"先入为主"的思想影响下，不同企业的员工更加倾向于信任和接受原有企业文化，并按照自己习惯的行为方式、行为准则开展工作，这势必会给日常工作带来摩擦与冲突，在一定程度上影响企业内部和谐关系，形成由于企业文化不同而带来的跨文化冲突。

（二）企业管控模式的差异性

管控模式是企业经营管理的重要手段，不同企业间的差异很大。

一方面企业经营管理权限的分配方式不同，例如，对比中西方企业，西方企业更倾向于分权，而中国企业则更倾向于不同程度的权力约束，更注重集权。若双方不能很好地融合，势必会引发企业文化冲突。

另一方面，不同企业对于风险管控的态度也存在较大差异。中国企业大多属于低风险型，在制定重大战略决策时，更偏向于安全平稳，行稳致远；而西方企业，尤其是新型企业则秉持"风险与机遇共存"，把风险当作转型的契机。

四、企业文化整合的内容与路径

企业文化整合就是指有意识地对企业内不同的文化倾向或文化因素通过有效的整理、整顿，并将其结合为一个有机整体的过程，是文化主张、文化意识、文化实践和文化成果一体化的过程。企业文化要实现从无序到有序，从低级到高级，必须经过有意识的整合。

尽管企业文化的整合可以在自由放任的状态下实现，但是，这一过程的缓慢和持久，以及其整合方向的随意性，很难适应企业的发展，甚至不利于企业发展。也就是说，企业文化整合首先是对企业内部不同文化或文化因素的一体化整理和结合，形成统一的文化主张和文化体系。

企业文化的整合是企业在多层面上对本组织的文化进行梳理和同一化的过程，这一过程包括对内文化整合和对外文化整合两大整合过程。文化作为有着长期稳定性的意识的形式，企业文化扎根于企业人的生存方式本身。从实践哲学的角度看，文化整合的过程是一个实践的过程。

（一）个体意识与群体意识均一化

企业文化整合，试图将各个企业人的个体意识与企业群体意识融为一体，形成一种企业意识，构造一种核心价值观得到企业所有员工认可的群体意识。从实践来看，每一个新员工进入企业员工群体，都在自觉或不自觉地受到企业员工群体意识的整合。一般来讲，员工入职接受的企业文化培训被视为自觉接受群体意识，而入职后因其他员工影响受到潜移默化、耳濡目染视为不自觉接受群体意识。这两个过程都可以说是一个群体意识对个体意识的整合过程，只不过前者带有引导性、自觉性整合；后者是无引导、不自觉整合。

（二）主文化与亚文化相容整合

有意识地运用主文化去整合亚文化，使亚文化为主文化服务，这是企业文化有意识整合的重要内容和任务。在一个企业文化共同体中，非决策层、非管理层、普通员工之中总是孕育着一种自发的亚文化群体，企业的主文化对这类文化的宽容、容忍态度，吸收、同化程度，激励、开发程度，在很大的程度上就成了衡量企业文化开明程度、合理和完善程度、企业文化共同体的生命力和活力问题。

> #### 🔗 拓展阅读
>
> #### 如何对待企业亚文化
>
> 对亚文化发展方向的关注，主要是防止企业中出现派别文化、内耗文化、拆台文化，也包括吹捧文化、谣言文化、看风使舵文化、迎合文化、欺上瞒下文化等。因为这些亚文化的存在、发展和蔓延，甚至成为企业文化中的主潮流，那将会不断侵蚀企业原来所倡导的主文化，最终将会腐蚀整个企业有机体，致使企业走向灭亡。对亚文化功能的引导和利用，亚文化的存在是客观必然，一方面要防止亚文化朝着不健康的方向发展，另一方面就是要积极地去开发亚文化正向功能，在保持亚文化健康的前提下，利用健康的亚文化之积极向上功能，为主文化的补充和丰富，两者的相容整合，使得企业文化丰富多彩。

（三）文化贯穿一致和文化要素互动融合

企业环境、价值观、企业英雄、习俗和仪式、文化网络是构成企业文化的五个要素。在适应企业经营环境的前提下，围绕核心价值观，塑造英雄人物，策划和设计习俗与仪式，建立文化网络，用生动的形式表现企业文化之实质，形成企业文化各要素之间的互动作用，使企业文化形成一个有机整体。企业环境是一个基本前提，企业价值观直接影响到企业英雄、习俗和仪式的风格，甚至影响到企业文化网络的形式，企业英雄、习俗和仪式一定要体现企业价值观，文化网络是一种传播企业文化的管道，这五个要素之间是互动融合的。

（四）总分公司和母子公司文化协调共荣

1. 总公司和分公司的文化整合

总公司与分公司是一个法人，属于一个企业，但总分公司的文化整合需要视具体情况来判定。如果总公司与分公司在同一地域或同属一个行业，总分公司文化整合类似于主文化与亚文化之间的整合。如果总公司与分公司之间不在同一地域，甚至不是一个行业，其文化整合就较为复杂，一方面要体现总公司的文化主流，另一方面又要形成分公司独到的文化品位。即在保持核心价值观一致的情况下，允许分公司有自己的文化个性和特色。

2. 母公司和子公司的文化整合

子公司是母公司出资兴办的具有独立法人的企业，以资本纽带将两个企业联系在一起，但二者的文化却不一定有密切联系。如果子公司是母公司的全资子公司，或是母公司占控股地位的子公司，则母公司的文化对子公司的文化具有决定性影响。总分公司是一个公司，而母子公司是两个公司，因此母子公司的文化往往存在很大差异，企业文化的整合演变成母公司对子公司的精神控制，而这种控制一般是通过产权关系、人事管理来完成的。

（五）兼并中的企业文化整合

在企业兼并实践中，同步而来的往往是两种企业文化的碰撞与融合，这就存在着文化不兼容风险。每一个企业均有其企业文化，购并中的文化冲突是难以避免的。企业兼并不仅仅是两家企业之间的经济行为，更是一种文化行为。因此，文化整合常常是企业兼并成功与否的关键问题。在以优兼劣的案例中，优势企业经过长期激烈市场竞争的锻炼，一般都形成了具有自身特点的包括企业精神、经营理念、价值观念等内容的完整的优秀企业文化，而劣势企业的企业文化一般则具有消极、滞后、零散的特点。如果兼并方能够自觉地用自己优秀的企业文化去战胜和消解被兼并方的消极企业文化，将会使企业产生一种新的生机和活力，并带来可以预期的经济效益。反之，如果兼并方对自己优秀的企业文化不善利用，反而会被兼并方的消极落后的企业文化所"同化"，最终可能导致兼并的失败。

（六）上下游企业文化的整合

上下游企业文化的整合，主要是指本企业比较成熟的企业文化，向上游影响并整合供应商的文化，向下游影响并整合经销商或用户的文化。一般来讲，这种文化的整合，具有相当大的难度。在市场经济和买方经济情况下，向上游的文化整合的难度，要小于向下游厂商进行文化整合的难度。首先本企业的文化必须是一种强势的文化，对上游企业产生一种采购中的文化压力，对下游企业产生一种文化的感染力，当然，互换位置也成立。现实中已经有不少企业，在运用企业文化整合产业链，使得本企业在产业链中，具有核心文化地位。如有的企业对上游供应商和下游厂商进行文化培训，向上游让他们知道本企业对上游提供的产品和服务有什么要求，向下游让用户或经销商明白企业的文化是怎样渗透到企业的产品和服务中，并体现着企业文化精神。上下游企业文化的整合，更多地推动了一个行业文化的丰富和发展。

复习与思考

请结合本单元所学内容，谈一谈企业文化整合过程中的难点和痛点。

学习单元二
跨文化管理

↗ 【情景导入】

肯德基的中国化

1987 年，肯德基（全称肯塔基州炸鸡）落户中国，在北京前门安下了家，从此踏上了"立足中国、融入生活"的征程，一做就是 30 多年，并稳居中国快餐界第一霸主的地位。

中国有句老话叫"入乡随俗"，身为洋品牌的肯德基显然深得要领，并将其运用得很彻底。如今，中国 1 200 多个城市和乡镇都有肯德基，使老百姓在家门口就可以过"有滋有味"的生活。也难怪肯德基中国的前当家人苏敬轼总裁说："中国肯德基是中国人的肯德基"。

入乡随俗的肯德基

在中国的这些年，肯德基的成长和变化有目共睹，它为中国而改变，全力打造"新快餐"。首先是在口味上做调整，肯德基在中国能够不断地适应各个年龄段人群的口味，采用味道更浓郁的酱料来烹制，持续改进产品口味。其次是在种类上做了调整。中国人除了对炸鸡、薯条、可乐、鸡翅等感兴趣，更愿意吃米饭、面食，因此肯德基推出了卷饼、粥、油条、米饭套餐，把炸鸡和主食结合在一起，而早餐系列让中国人把早饭都和肯德基紧密相连，真正把品牌做到中国人的心里。

许多外国人来到中国后，都被中国的肯德基所震撼，因为这里的东西太丰盛了，一天三顿都能不重复地吃，而且味道极好，与美国的原味炸鸡和只涂沙拉酱的汉堡大相径庭。很多外国人感叹：在美国吃的是不是假肯德基，中国的肯德基才是真正方便又好吃的肯德基！

结合案例，思考以下问题：

（1）为什么跨国企业都会遇到解决不同文化差异的问题？

（2）企业应如何对不同的文化予以有效管理？

"现代管理学之父"彼得·德鲁克认为：任何模式的管理本身就是一种文化，"管理文化"（Management Culture）也由此得名。管理与文化相辅相成，管理是基础，文化是管理活动的表现形式，各种管理都是从文化萌生出来的，其管理思想均来源于各种文化。

随着中国企业"走出去"战略的实施，国际化经营已经成为众多国内企业寻找更多资源、寻求更大市场、拓展业务发展空间、实现可持续发展的必然选择。由于宗教信仰、风俗习惯、思维方式、法律制度、语言文字和沟通方式等中外文化的差异，如果管理不力，往往会导致文化冲突和风险，产生企业管理中的内部矛盾和外部矛盾。如何更有效的实施跨文化管理、消除跨文化冲突、实现跨文化融合，从而成功运营"走出去"的企业，成为企业管理者必须要做好的课题。

一、跨文化管理的概念

跨文化管理（Span–Culture Management）也称为"交叉文化管理"（Cross Cultural Management），也就是在经济全球化的发展过程中，随着跨国公司的出现，为了能对不同国家的各子公司进行有效的管理，而对各子公司所在地文化采取包容的管理方法。因公司员工来自不同的国家，他们有各自不同的文化、风俗习惯以及价值观，跨国公司管理人员在实施管理活动的时候需了解这些员工的文化背景知识，并有效、客观地协调文化冲突，把文化差异看成是一种优势而不是一种劣势，并融合不同文化的优势，形成企业自己的文化。

二、跨国公司文化冲突产生的原因

跨国公司的自身特点——在全球范围内具有多个控制决策中心，并且在不同区域拥有众多生产经营组织，决定了其文化特点。这些文化特点主要包括价值观和信念的多元性、经营环境的复杂性以及文化认同和融合的过程性。

正是由于大型跨国公司的文化特点，造成了企业文化的多样性，产生文化冲突的可能性也随之大大增加，并且文化冲突的多元化、产生原因的复杂性和解决问题方法的多样性等使得跨国公司的跨文化管理难度大大增加。跨国公司文化冲突产生的原因，主要有以下三个方面。

（一）国家、民族文化差异

以欧美为代表的西方国家同以中国为代表的东方国家的文化有着极大的不同。不同的民族文化也拥有不同的民族心理特征。不同的民族文化都有其延续性、独特性以及非物质性的特点，所以导致每个民族间的语言、性格、传统、宗教信仰以及生活习惯都不尽相同。在不同的国家民族内，由于地域历史等原因，催生了不同的精神文明、价值观以及宗教信仰等，这些都规范着每个国家人民的行为准则。不同国家、民族间的文化差异，在跨区域交流中，很有可能导致文化冲突的发生。

（二）价值观差异

价值观是指个人对客观事物（包括人、物、事）及对自己的行为结果的意义、作用、效果和重要性的总体评价，是对"什么是好的""什么是应该的"的总看法，是推动并指引一个人采取决定和行动的原则、标准，是个性心理结构的核心因素之一。因为价值观并不是先天形成的，而是在其所处的社会环境中潜移默化、慢慢形成的。由于不同的人所处的环境不同，所以价值观自然会存在差异。这种差异在不同国家、不同民族中更加巨大。而跨国公司的员工会涉及不同的国家、民族，因此而引起的文化差异无疑将更加巨大。由于价值观一旦形成，就难以改变，具有持久性，因而在文化管理中，由于价值观的不同而引起的冲突更为频繁，解决起来更为棘手，为管理者在跨国经营中带来相当大的挑战。

（三）行为规范差异

行为规范是指被社会所共同接受的道德标准和行为准则，也就是告诉人们"该做什么"和"不该做什么"的一种规范。不同文化背景的人们在交往时，经常出现的一个现象就是套用自身所在社会的行为规范来判定对方行为的合理性，由于双方的行为规范存在差异，常常会产生误解、不快甚至更坏的结果。比如说中国人在餐桌上喜欢劝菜，帮人夹菜到碗里，以此表示热情和友好；而在西方国家里则认为这是不礼貌的行为，他们多为分餐制，不可能去触碰他人的食物。因此，在公司日常行为中，面对来自不同地域的人员，应当正确识别其文化背景下的行为。了解在这种环境下，"什么行为是需要区分对待的""什么行为是禁止的"，这样才能使得跨国间的合作更加平稳高效地运行。

正是由于以上因素的存在，大型跨国公司在管理中经常会遇到种种文化冲突。这些文化冲突会表现在企业管理的各个环节。如管理理念、员工激励、协调组织、领导权和人力资源等方面，任何环节出现问题，无疑会给管理者造成管理成本的增加，降低管理效率。

三、跨文化管理的主要内容

知识补给
7-1：本田跨文化培训内容

企业在实施海外业务发展的过程中，应详细了解东道国的市场与文化情况，根据所在国家不同的文化特点，有针对性地调整自身的管理措施和策略。英国剑桥大学汉普登·特纳教授总结跨文化主要包括以下五个要素。

（一）转变观念，消除偏见

特纳教授专门以我国的海尔文化为例，海尔文化在社会层面的影响力非同一般，海尔集团的经营业绩因其文化而迅速提升。然而国际范围内在海尔工作的员工却对海尔文化褒贬不一，这就是文化差异使然。因此，在确立企业文化时，管理层应该首先考虑到文化差异的问题，尽量学会用"中性词"来构建企业文化基色，尽力避免或者消除不同社会背景员工因文化差异而造成的文化偏见，按照东道国模式去思考、决策和管理，发挥文化潜移默化的作用，助力企业管理经营活动良好开展。

（二）崇尚尊重，学会包容

在一个跨国企业当中，来自不同国家的员工，因不同的文化背景会产生不同的观点和想法，因不同的文化素养会体现出不同的个性和行为。企业要尊重东道国风俗习惯，包容不同社会背景员工的观点和想法，包容不同社会背景员工的个性和行为，并想方设法对其进行引导和灌输，一步步地引领这些员工融入企业本土文化中。要树立中立、客观和多元化的文化观，理解文化只有差异没有优劣之分。彼此的尊重和理解，将有利于搭建双方沟通平台，促进交流，和谐共处。

（三）换位思考，以能服人

换位思考是作为跨国企业管理者必须具备的素质之一。企业管理者如果认为其企业文化是至高无上的，是其他国家不能比拟的，听不得外籍员工的意见和建议，也必将无法得到异国员工的尊重和认同。对员工的尊重，是解决一切文化冲突的前提。同时，海外企业应选派有品德、有能力、有经验的员工，不仅要以德服人，也要以较强的领导能力和丰富的专业知识、经验让东道国员工信服。

（四）融合本土，注重细节

海外企业员工要在一定程度上实现管理人员的本土化，既能提升企业的国际化形象，又能提升国际合作和竞争优势。企业要为异籍员工相互了解对方的文化背景、价值观提供条件，消除偏见，营造相互信赖、真诚合作、多种文化和睦相处的企业环境。跨国企业的管理者在本土化、国际化的过程中，要注重本土文化的细节部分。细节更易打开异国员工的思想壁垒、散发出心里的正能量，进而带动其他国家的员工融入企业本土文化之中，更有可能成为企业经营的助力者、排头兵。

（五）注重培训，实现双赢

跨文化培训是搞好跨文化管理最基本、最有效的手段。对派出海外的员工培训，使其了解东道国文化，迅速适应工作和生活环境，加快与当地员工良好关系的建立。对当地员工进行培训，使他们了解企业的经营战略、价值准则、管理风格和管理程序，从而更好地为企业服务。"双赢"是跨国经营的出发点和落脚点，在企业核心价值观的基础上建立一种适合各个不同文化背景下的企业互利共赢的"双赢文化"，把不同国度的文化加以巧妙融合并具有兼容性、持久性特征，不仅要使其适应本土文化的需求，更要让其发挥最大效用，实现双赢目标。

四、跨国企业文化冲突解决的策略与路径

（一）以"尊重"为出发点，加强跨文化交流

跨国企业的员工来自各个国家、不同民族，不同的文化背景必然使其产生不同的价值观念及不同的思想行为。在跨国经营管理过程中要以"尊重"他国文化为管理的出发点，积极加强跨文化交流活动，为跨国经营管理创造和谐、统一的文化条件。

中国有句话叫"入乡随俗"，将其用在跨国投资的跨文化管理之上再恰当不过，它是做好跨文化融合必须坚持的一个重要原则。不论本土化是处于强势还是弱势，在本地的影响力依然是很强的，外来文化如何强势，也必须"入乡随俗"，尊重本国文化。在企业内部也必须通过各种途径加强不同国家员工之间相互了解、相互理解并相互适应和融合的文化。文化交流的本质应该是广泛而深入的无障碍交流，它既存在于民族传统文化、企业管理文化和员工自身素质各层面之间，又渗透于精神文化、物质文化以及制度文化各部分。

许多跨国公司跨文化经营的成功经验表明，基于对跨文化理解统一的价值观体系，在跨国企业内部形成一个高效率、强凝聚力的跨国经营领导集体，决定着跨国企业的兴衰与成败。

（二）以"培训"为抓手，提高跨文化意识

解决文化冲突最基本、最有效的途径就是加强跨文化培训。对于企业员工而言，

跨文化培训的作用在于增强跨国企业员工的跨文化意识，提升跨文化交流技巧与能力，还能提高参加培训的员工对本国传统文化与不同国家的文化差异的认识，知晓并掌握不同国家文化的特征，熟悉与不同文化背景下的员工进行交流的方式和方法，消除以往的文化偏见，促进自身在特殊环境中工作的成熟度，从而在一定程度上避免因文化差异而引起的文化冲突。对于企业管理层而言，跨文化培训能够帮助企业管理者认清跨国经营市场形势，遵循特定的市场文化环境，合理、科学地调整境外企业的经营策略，减少或有效杜绝企业在跨国经营管理中遇到的各种失误。

（三）以"本土"为重点，促进跨文化有效融合

实行管理本土化是跨国企业消除跨国文化差异、促进跨国经营取得成功的有效途径。跨国企业必须在相互尊重、相互理解的基础上，充分分析本土文化的特征，吸其精华、弃之糟粕，本着"思维全球化和行动本土化"的处事原则来认真地、严肃地且有效地进行跨文化的管理。跨国企业必须招聘相当一部分来自本土的员工，这样在国外一些国家看来，这样的策略是对本土员工的尊重和重视，更能激发他们做好本职工作的热情和决心。基于这样的思想认识，这些本土员工会很好地配合各项工作，避免文化冲突，促进跨国企业各项工作的顺利开展。

🔗 拓展阅读

电影《美国工厂》：中国模式给美国人上了一课

2020 年 2 月 10 日，讲述中国汽车玻璃大王曹德旺携"福耀玻璃"进军美国市场幕后故事的《美国工厂》（*American Factory*），获奥斯卡最佳纪录长片奖。这部纪录片历时四年拍摄，于 2019 年 8 月于美国上映，影片内中美企业管理的差异、文化的冲突，让观片后引发的舆论热潮在中美两国间久未平息。

《美国工厂剧照》

影片以 2008 年金融危机，通用汽车在俄亥俄州代顿工厂倒闭，整个社区陷入萧条为背景。福耀集团（全称福耀玻璃工业集团股份有限公司）于 2014 年买下这

个废弃工厂，并将其改建成玻璃工厂，"福耀玻璃"美国公司由此诞生。"福耀玻璃"的到来让这里重新焕发了多年来所没有的活力，就连工厂门口的路也改成了福耀大街。

　　尽管"福耀玻璃"给日益衰败的美国"铁锈带"带来了实实在在的就业机会，但中美双方员工之间却因文化传统等差异的存在，不断产生矛盾与冲突。美方人员难以理解一些在中国工厂里司空见惯的管理模式，中方的管理者也很难适应美国蓝领那种与中国工人截然不同的"懒散"气质。

　　为了共同的目标，双方不断沟通、理解，弥合分歧，最终找到了解决办法并共同受益。一方面，这家海外工厂为"福耀玻璃"实现了既定盈利目标，证明了中国企业"走出去"的实力；另一方面，工厂也为美国当地解决了大量就业。尽管其过程充满各种磕磕碰碰，但"福耀玻璃"美国公司的成功最终促成了"多赢"局面。

复习与思考

　　根据本单元所学内容，请收集相关资料并分析世界主要发达国家的企业文化存在哪些特点。

学习单元三
集团文化建设与管理

↗ 【情景导入】

宝洁：日用品行业的巨无霸

美国宝洁公司

　　始创于 1837 年的美国宝洁公司，是世界最大的日用消费品公司之一。作为世界 500 强企业，宝洁在全球大约 70 个国家和地区设立工厂或分公司，所经营的 65 个领先品牌的产品畅销 180 多个国家和地区，其中包括织物及家居护理、美发美容、婴儿及家庭护理、健康护理、食品及饮料等 10 大品类。在中国销售的品牌有玉兰油、海飞丝、沙宣、伊卡璐、飘柔、潘婷、舒肤佳、卡玫尔、激爽、吉列、佳洁士、护舒宝、帮宝适、金霸王、碧浪、汰渍。

　　有人说宝洁品牌一半是文化。宝洁的魅力并不只是靠广告展现出来，而是靠宝洁深厚的文化底蕴营造的。宝洁一贯奉行"生产和提供世界一流产品，美化消费者的生活"的企业宗旨，在世界各地生产出了众多质量一流、深受消费者喜爱的产品。宝洁背后是一种体现适应性、创造性、开放性和导向性的企业文化；它的常胜之道在于了解用户、不断创新，并以此来满足消费者的需求；尊重员工，与员工良性互动，让员工成为公司真正的主人；同时，宝洁一直回报社会，真情付出。这一切，让宝洁成为一个伟大的公司。宝洁优秀的企业文化是它历经百年而不断前进的不竭动力。

　　结合案例，思考以下问题：

　　（1）集团文化如何把不同地域、不同行业的文化内容凝聚在一起？

　　（2）集团文化如何与企业发展相辅相成？

　　企业集团化是一个国家经济实力的体现，而经济的发展必然要求集团的产生。集团文化建设与一般的单体企业文化建设不同，具有自身独特的规律，即集团文化是多主体、双层次的文化。深入分析集团文化的概念和层次，明确集团文化的内涵，是集团文化建设的基础，也是集团文化建设有效开展的内在要求。

一、企业集团的形成

集团的形成，一般经过两条道路：一是外延式扩大形成集团，这是外部整合的道路；二是内涵式发展形成集团，这是内部裂变的道路。

所谓外延式扩大，就是由核心企业通过兼并、收购、联合等手段，控制原来存在的一些公司的产权或者股权，将它们整合在一起所形成的企业联合体。如我国电信行业，就是将原来一些省份的电信公司分别组合在一起，形成了中国电信（全称中国电信集团有限公司）和中国网通（全称中国网络通信集团公司）两大固定电信集团。

所谓内涵式发展，就是企业经过市场竞争，规模日渐扩大，原来企业的某些业务部门或者职能部门，分产品或者地域注册成为不同的企业，由此形成了集团。如蒙牛乳业（集团）股份有限公司，在集团总部形成了事业部门，事业部门又管理着全国各地的子公司。

当然，也有企业两种方式都采用，如海尔集团，它在自身发展壮大的基础上，通过"吃休克鱼"的方式成就了家电行业的大型集团。中国的大型国有企业集团，一般也是通过外部整合与内部裂变的方式形成的，但是由于历史原因，其形成的方式具有明显的中国特色，政府在其中发挥着主导作用，以促进国民经济的健康有序发展。

二、企业集团文化的特征

集团文化，从字面上理解，就是集团的文化，它一方面规范集团所有员工的行为，另一方面对外展示集团的整体形象。对于集团文化，我们有两个基本判断。

（一）集团文化的主体是集团而不是集团公司（总部）

集团文化建设，除了集团公司（总部），集团中的企业，至少是集团公司控股的企业都应该参与其中。如果没有集团中其他企业的参与，集团文化建设就变成了集团公司（总部）文化建设。

（二）集团文化是集团的文化而不是集团公司（总部）的文化

集团是集团文化的主体，则集团文化自然就是集团的文化而不是其他企业的文化，同样也就不仅仅是集团公司（总部）的文化。但是，集团文化建设还必须依靠集团公司（总部）来发动和推进。因此，集团文化虽然是集团的文化，它还是有赖于集团公司（总部）的努力，深深地打上了集团公司（总部）的烙印，体现了集团公司（总部）的希望和要求。

因此，集团文化建设的第一条定律是：集团文化是集团的文化，但是是由集团公司（总部）发动和推行的。这个定律明确了集团文化建设中集团所属企业的角色、地位和作用。集团公司（总部）在推动集团文化建设的过程中，要防止将集团公司（总部）等同于甚至是取代集团文化的倾向。

集团文化建设由于包括集团所属的各成员机构，而各成员机构又都具有独立法人资格，因此与单个企业的企业文化建设不同，集团文化建设有一个显著的特点——层次和主体多，这也就是我们关于集团文化建设的第二条定律：集团文化建设是包括多主体、双层次的企业文化建设。

三、企业集团文化的类型

根据集团公司（总部）与所属成员机构的文化关系，可以把企业集团文化分为四种类型，即一元型、紧密型、多元型和离散型。

（一）一元型

集团公司（总部）与所属成员机构的文化高度统一。一元型的文化管理基于人力资源、公司战略和品牌管理等方面的高度统一，比较典型的代表是连锁经营类企业，像麦当劳公司、沃尔玛公司等，集团成员机构对集团公司（总部）的文化几乎没有任何弹性的变动空间。

（二）紧密型

集团公司（总部）与所属成员机构的文化在主体上一致，但具有一定的弹性空间。这种文化特征源自集团的业务单一，集团公司（总部）与所属成员机构行业及职业的特点相近，没有产生大的外在文化差异，文化管理的内容及方式潜移默化地达到一致。但它们的文化管理不像一元型文化管理模式一样，明确要求高度一致性，而是在使命、愿景、价值观等统一的条件下，允许各成员机构根据地域、经营环境等情况，有一定的差异。这种模式多见于相近的集团，如中国电信、中国移动等。

（三）多元型

集团公司（总部）与所属成员机构的文化仅保持基本一致，注重共同价值观的管理。这种类型的文化管理模式一般出现在奉行多元化战略的集团，由于各成员机构在业务上的多元化，集团公司（总部）期望通过文化输出的方式加强下属各成员企业的协调与一致性，但因为多元化业务的行业以及职业文化差异，集团公司（总部）除了在共同价值观上有所作为，在其他文化层面上很难达到高度统一。因此，这种类型的文化管理模式是集团公司（总部）有规范的文化传播渠道和固定的方式，但只能局限在精神层面，其他层面的文化管理方式则较少，典型的集团如美国通用电气公司。

（四）离散型

集团公司（总部）与所属成员机构的文化不仅不统一，而且凌乱。集团公司（总部）对所属成员机构主要以硬控制为主，如财务制度、投资制度、人力资源制度等，企业文化输出较少，或者既不规范又很零散，如仅仅是一些宣传口号或者行为准则，在实际的集团管理模式中很少去实践它。兼并重组而形成的集团在未整合前多属于此类。

对这四种类型的集团文化加以对比，不难发现，从一元型到离散型，集团文化的统一性逐渐减弱，而灵活性则逐渐增强。

四、企业集团文化的作用

由于集团文化的主体是集团，除了集团公司（总部），集团所属成员单位也是集团文化的主体。因此，集团文化发挥作用的范围，不再是单个企业，而是集团中的所有企业，这个变化和特点在集团文化的作用上得到了体现。

（一）平衡不同利益相关者

就集团内部而言，管理链的过长导致集团难以把有效的管理延伸到基层中去。同时，在改革与实践过程中，存在多重利益相关者，不同的利益相关者都倾向于将自己的利益作为集团各项活动的优先考虑对象。无论如何，集团必须在平衡这些利益相关者的基础上，在资产重组和业务整合的同时，进行企业文化的整合与重组，营造一种氛围、一种状态、一种能够充分提高效率的企业文化。

集团下属的每一个企业都有一群自己的利益相关者，都有自己独特的企业文化，而且有着自己鲜明的管理风格。有效的授权可以使下属企业自行解决分公司或子公司利益相关者的管理问题，但是，在集团利益寻求一致时，将不同的分公司或子公司整合在一起需要进行广泛的融合，促使不同利益相关者价值观的融合（即使每个人都认同这个集团的理念和价值观），促使不同的人积极地配合、参与促进集团健康发展的活动。

知识补给7-2：启航——中国中铁集团八年企业文化建设纪实

（二）增强集团凝聚力

在集团范围内的企业文化建设实践中，要体现集团内不同产业、不同地域的分公司或子公司各自的行业特点和实际情况，处理好集团文化与下属企业文化的关系，注重在坚持共性的前提下体现个性化。要以统一的企业精神、核心理念、价值观念和企业标识规范集团文化，保持集团内部文化的统一性，增强集团的凝聚力、向心力，树立集团的整体形象。同时允许下属企业在统一性指导下培育和创造特色文化，为下属企业留有展示个性的空间。在企业兼并重组和改制的过程中，要采取多种有效措施，减少文化冲突，求同存异、优势互补，实现企业文化的平稳对接，促进企业文化的整合与再造。

（三）统率集团的成员企业

在集团内部，由于各成员机构大多是独立的企业法人，同时受公司法等相关法律的约束，集团的领导者并不能随意变更集团内的规章制度和行为规范，更不能强制要求各成员机构在企业内部加以推行，加之集团成员间存在局部利益和"山头主义"的倾向，集团领导者需要通过集团文化这一工具加强对成员企业的统率和领导。

通过集团文化，确立共同的使命、愿景、企业精神和价值观，可以在集团内的各企业之间就很多问题形成共同的认识，达成相似的看法，在内在认同的基础上，各成员机构可能自愿接受集团的意志，引入集团倡导的某些管理手段，更新某些管理工具，实现对企业的良好有效管理，取得企业绩效的突破。通过集团文化来统率集团的各成员机构，在全集团实现同频共振，也容易达成集团的意图，实现对各成员机构的有效管理和引导，对于各成员机构为统一的集团形象贡献自己的努力也大有帮助。

五、企业集团文化的建设

集团文化一方面必须能够统率集团各成员机构的文化，另一方面又不能替代集团各成员机构的文化。因其自身的复杂性，在集团文化建设过程中，参与集团文化建设的各主体最好在以下五个方面做到统一。

（一）统一集团的使命

统一的使命是统一的企业文化外显的基础，集团文化要能体现出集团的整体性，就必须对使命进行规定，要求集团内各成员机构的使命必须与集团公司（总部）的使命保持一致。在集团文化建设中对使命进行统一，要求集团各成员机构坚守共同的使命，这应该是毫无疑义的事情。如果集团内各成员机构的使命不一致，它们的价值取向也就不一致，倡导的行为就会不一致，集团的使命能否实现是值得怀疑的。

（二）统一集团的愿景

统一集团的愿景，就是给企业各成员机构一个共同努力的方向，使得集团向着同一个目标努力。集团所属各成员机构必须在愿景方面实现统一，将集团的愿景当作自己的愿景，但是，这种统一性的要求并不排斥各成员机构有自己的子愿景。对于子愿景，应该把握两点：其一是"水大漫不过船"，子愿景尤其是上市公司的子愿景不能够超出集团的愿景；其二是集团所属各成员机构可以在集团愿景下制定企业目标。

（三）统一集团的精神

在集团文化建设中统一集团的精神，是与集团文化建设中统一使命和愿景分不开的，统一的企业精神有助于保证实现的是统一的使命和愿景。集团公司（总部）统一提炼企业精神，并确定全集团共同的企业精神，但是，集团所属各成员机构应该而且必须根据自身的实践对统一的企业精神进行解释和解读，而不是简单地引入集团所统一的企业精神作为口号。只有这样，才能保证所呈现出来的是真正统一的企业精神。

（四）统一集团的核心价值观

企业价值观是指企业在长期发展中形成和遵循的基本信念和行为准则，是企业对自身存在和发展的意义、对企业目的、对企业员工和用户的态度等问题的基本观点，以及评判企业和员工行为的标准。核心价值观告诉员工"我们应该怎么做"或者"什么对我们才是最重要的"。核心价值观与企业的使命结合紧密，是企业使命的反映和体现，是企业区别于竞争对手最核心和最内在的标志与原因。集团公司应当在核心价值观层面做到统一。

（五）统一集团的视觉识别（Visual Identity）

因为集团的整体形象除了要被集团内部各成员机构的员工感受到，还必须为集团之外广大的消费者（顾客）所感知，而统一视觉识别，正可以表明各成员机构同属一个集团，可以明白地告诉消费者，业务方向毫无关系的企业可能属于一个集团，将消费者对各成员机构的认知转化为对集团的认知。视觉识别与使命、愿景、精神、核心价值观是表里的关系，只统一标识的做法无疑是误区，而只统一使命、愿景、精神和核心价值观，在集团文化建设的过程中也无法实现完美的效果，因为它不利于集团形象被消费者认知。

复习与思考

结合本单元所学内容，思考企业集团文化建设的成功与否，会给整个集团的发展带来怎样的影响。

堅定文化自信　打造世界一流百亿企业

　　"推进文化自信自强，铸就社会主义文化新辉煌"，这是党的二十大报告在推进中国式现代化建设中的重大论断和重要任务。我国景德镇陶瓷文化历史悠久，弘扬并推动景德镇陶瓷文化兴盛发展，对于深入学习宣传贯彻党的二十大精神，坚定文化自信具有重要意义。

　　在新时代背景下，作为中国陶瓷文化的名片，景德镇市委市政府提出了"复兴千年古镇，重塑世界瓷都"的发展构想，而作为景德镇日用陶瓷龙头企业——景德镇红叶陶瓷股份有限公司（以下简称红叶陶瓷）董事长周敏建则制定了"打造'世界一流、百年经典'，成为年产值达百亿的陶瓷企业"的目标。这绝不是红叶心血来潮的一句口号，而是其根据自身发展，经过深思熟虑为企业的未来发展做出的定位。

　　2021年，景德镇陶瓷总产值为516.2亿元。周敏建认为，从行业正常的规律和红叶陶瓷的实力来说，达到年产值百亿的目标是指日可待的。为此，红叶陶瓷坚持以党的二十大精神为指引，转变经济发展方式，严把产品质量关，增加产品附加值，提升品牌价值；在体量适当放大的基础上，对企业进行整体包装并上市，进入资本市场，使企业在融资、发展等方面将会更加广阔；实施全球战略，到国外去设立自己的生产企业，实现"走出去"的战略目标。

　　当前，中国瓷器在国外市场热度锐减，这与传统瓷器大国的身份严重不符，主要原因是中国瓷器宣传不足、展示不足，理念没有到位、行动没有跟上。周敏建指出，他对"中国制造2025"行动纲领充满自信，对中国制造的发展势头充满自信，特别是对振兴景德镇的陶瓷行业充满自信。他还提出，陶瓷企业要创新观念，在优化企业产品结构的同时，也一定要充满文化自信把中国的好东西输送出去，让其走上国际舞台，并借助世界舞台积极展示自己、宣传自己。

　　面对经济全球一体化的发展趋势，企业必须要有时不我待的气魄，直面发展问题，勇于攻坚克难，以实际行动为实现中华民族伟大复兴的中国梦贡献自己的力量。

深思启慧

中国企业登上世界高地的
"四个自信"

自我检测

交互式自测题

跨国企业对境外本土入职员工的企业文化培训

【实训背景】

跨国企业一般都是大型的集团化企业，在其全球化发展中，必然会遇到不同国家和地域文化差异和冲突的实际问题，而如何有效解决这些差异和冲突，对于国际化经营的成败至关重要，这是任何跨国企业都必须认真面对的跨文化管理问题。

【实训目标】

1. 通过模拟跨国企业对境外本土入职员工进行企业文化培训，使学生掌握企业文化的差异和冲突的内容、原因和解决方法。

2. 通过培训的方式，使参训学生掌握企业文化与本土文化融合的方法和路径，真切体验跨文化管理的重要性。

3. 使参训学生了解大型跨国企业不但要处理企业内部文化的整合管理问题，还要处理不同文化类型的互融发展问题。

【实训组织】

1. 教师提前拟定一份跨国企业真实名录。实训学生按组选取其中一个企业，提前了解所选企业的基本概况、发展历程和企业文化，再选取切实可行的文化培训方式、内容和流程，模拟出该企业的真实培训场景。

2. 实训地点自选，学生按 5~8 人分组进行，提前分配好企业领导、培训主管、新招募的本土员工等角色并进行课前排练，如需简单道具可提前准备。

3. 实训过程要严肃认真，教师不提问、不打断。结束后，教师从专业角度进行综合评析。

4. 如具体条件可全程录像，教师在点评中可依据视频进行知识点的巩固和教授。

【实训考评】

效果评价表

考评人		被考评人		
考评时间		考评地点		
考评内容	新员工入职的企业文化培训			
考评标准	内容		分值/分	评分/分
	对所选企业的文化了解情况		30	
	培训角度、内容、效果的整体情况		30	
	实训过程中角色演绎情况		20	
	实训报告整体情况		20	
	合计		100	

模块八
新时代中国企业文化发展与创新

> ▶ **学习目标**
>
> **知识目标：** 了解我国企业改制过程中，文化融合、整合、创新的主要思路与原则；掌握互联网时代企业文化建设与发展的目的、意义、建设重点与关键要素。
>
> **能力目标：** 正确认识中小企业文化建设面临的若干问题，掌握具有习近平新时代中国特色企业文化建设的方法与路径。
>
> **素养目标：** 坚定文化自信，守正创新，激发企业文化创新活力。

▶ **学前思考**

　　一碟炒货、坚果，一盘干果、虾条……你是否注意到，日常看电视剧、聚会聊天时，我们手边的零食正在潜移默化中发生着改变。

　　2018年年底，商务部沟通产业促进中心发布的《消费升级背景下零食行业发展报告》显示，中国零食行业年总产值达到2.2万亿元。伴随着互联网的发展，良品铺子、三只松鼠、百草味、来伊份等休闲食品品牌纷至沓来，这些品牌化的零食，已经改变了国内以往无品牌、无包装的零食业态。与此同时，大白兔、老干妈等中国品牌食品悄然在海外走红，我国休闲零食行业中的良品铺子、洽洽、盐津铺子、好想你等品牌，也都开始着手海外布局。这种变化，只是中国制造从做大到做强的整体表现的一个方面。中国企业面对经济全球化的机遇，将自身商业节奏与消费者需求有机融合，以文化、技术、品牌为突破，实现新的升级和发展。如中国智能手机军团的崛起，以华为、小米、OPPO、vivo为代表的厂商，已经成为全球智能手机市场最强大的一股力量，服务于全球用户。特别是华为，凭借多年来持续在核心技术上的投入，在全球已形成高端手机的品牌形象，并且于2020年4月超过三星成为全球销售量第一的手机品牌。全球智能手机制造业中我国军团的崛起，不仅是中国制造实力的提升，更证明了中国品牌影响力的提升。

行销海外的中国品牌

影响世界的中国品牌

　　探究：企业迅速成长的文化基础是什么？中小企业如何凭借文化建设做大做强？互联网时代，企业文化应该如何建设？请在本模块学习中寻找答案。

学习单元一
新时代中国企业文化的变革

▲【情景导入】

"国之重器"再出发

中国第一汽车集团有限公司（以下简称中国一汽）的总部位于吉林省长春市，其前身是中国第一汽车制造厂，毛泽东为其题写厂名。中国一汽始于1953年，是民族汽车工业开创者，新中国第一辆卡车、小轿车及高级轿车的诞生地。尽管中国一汽在几十年的发展历程中业绩斐然，但自身的机制不活、机构臃肿、创新力不足等问

中国一汽总部

题日益突出。党的十八届三中全会对全面深化改革做出了战略部署，作为"巨象级"元老企业的中国一汽也开启了改革发展的新征程。

在品牌方面，2018年发布了"红旗"品牌战略和理念，"红旗"品牌逐步去掉高端车、礼宾车的标签，走向年轻路线的"中国式新高尚精致主义"，并迅速得到市场的认可。在机构方面，中国一汽将总部26个部门精简为19个，聚集优势资源，以更加专业、精细、扁平的构架和运行模式为"红旗"振兴奠定了基础。在理念方面，面对绿色发展的时代主题，中国一汽迅速调整产品战略，设立了新能源开发院、智能网联开发院，专注于新技术的开发研究，以支撑"行业领先，进入国内该领域第一阵营"的愿景。在用人方面，推行全员竞聘，鼓励每名员工都参与改革，打破国企"大锅饭""铁饭碗"认识，迅速形成"想在一起、干在一起"的和谐氛围，员工的责任感、使命感迅速加强。推进干部年轻化改革，优秀人才脱颖而出，中层干部平均年龄下降了5岁。经过改革的洗礼，中国一汽"大象"般的身躯，终于实现了快节奏的"跳舞"。

中国一汽一位管理人员表示：表面是机构的改革，深层是观念的改革，员工自觉地把企业价值和个人价值融合到一块，我们的努力最终体现在产品的竞争力上，使中国一汽这一"国之重器"再出发。

结合案例，请思考以下问题：

（1）企业文化在企业改制过程中扮演着什么样的角色？

（2）企业文化整合应该如何开展？

习近平总书记多次指出，当今世界正经历百年未有之大变局。经济全球化和世界

知识补给 8-1：改革开放40年我国企业文化的价值和未来的发展

多极化不断加深。我国已经进入新时代，进入加快文化繁荣发展的关键时期。中国企业文化建设必须抓住机遇，跟上新时代，适应新变化，落实新要求，加速融入全球经济一体化进程，积极构建人类命运共同体，为把企业做大、做强、做优提供强大的精神动力和文化支撑。

一、混合所有制改革企业的文化融合

混合所有制是介于公有制和私有制之间的所有制结构形式，指在同一个经济组织中，不同所有制的产权主体多元投资、交叉持股、融合发展的经济形式，是相对单一的公有制经济或非公有制经济而言的。混合所有制改革不是公司组织形式变革，其出发点是国有资本与非公经济双赢；混合所有制改革不是简单的私有化或者国有化。改革过程中不同地区、不同行业可能会产生"国进民退"或者"民进国退"等争议，各方应积极消除这些思想障碍。

深化改革尤其是积极推动混合所有制改革，是当前国企改革发展的主题。发展混合所有制经济是一项系统工程，不仅涉及企业间资本、机制的整合，更涉及政府监管体制转变，任何一个层面的改革滞后都会影响到混合所有制经济的发展效果。国有企业和民营资本往往在机制、体制上存在着较大差异，这种差异最终会体现在企业的文化上，包括价值观、管理理念、思维方式和行为准则等。两种机制下的企业，企业文化的差异体现在多个方面，即便在政府的主导下实现了重组或"混改"，但若不能实现文化的有效融合，这种改革很难成功。

企业文化融合是混合所有制企业减少摩擦与冲突、加强重组各方合作的有效手段。混合所有制企业文化建设具有自身的特点，主要包括文化冲突现象较为普遍、国有企业文化是基础和源泉、民营企业文化是重要组成部分、企业家精神是核心、文化融合的长期性等。混合所有制企业文化融合的难点在于对文化融合重视不够、价值观不同、目标差异、制度障碍和政府角色偏差等。促进混合所有制企业文化融合的基本思路和举措包括重视文化融合、明确战略目标、统一价值取向、协同管理制度、规范行为准则及畅通信息交流等。

混合所有制企业的文化融合是不同的企业文化在碰撞中发生交流、互渗的过程，也是相异的文化特质相互适应、协调为文化整体的过程。企业重组可在较短时间内完成，但文化融合不可能一蹴而就、一劳永逸，需要不断丰富发展。混合所有制企业的文化融合必须具有战略性、前瞻性：首先，企业领导要把文化的有效融合放到一个突出位置，既要注意推进物质文化和制度文化的融合，更要注意推进企业精神文化的整合；其次，要尊重历史与现实，取长补短、扬优避劣，将重组前不同的优秀文化共性特征继承发扬光大；再者，随着时间的推移，要加强文化创新，通过企业文化与环境、管理各要素的有机结合，带动企业发展战略顺利实现；最后，要始终把"以人为本"作为文化融合的核心，积极营造有利于人才成长的良好环境，努力做到用事业造就人才、用环境凝聚人才、用机制激励人才、用制度保障人才，使人才更好地为企业发展服务。通过提高企业文化融合的水平和实效，力争实现文化价值观与员工个人追求的和谐一致、企业文化与企业战略的和谐一致、文化优势与竞争优势的和谐一致。

二、混合所有制改革中企业文化整合的思路与原则

（一）企业文化整合基本思路

从国有企业和民营企业的文化分析可知，二者各有优势，也分别存在弊端，如国有企业"办事拖沓""缺乏创新""不重视人才""晋升唯学历、资历是举"；民营企业"裙带关系盛行""用人惟亲""企业家专制"等。一般而言，企业文化需要创新或重塑，而当前全球经济一体化趋势明显，市场环境日趋严峻，企业力求把握机会以并购为手段追求自身的发展。因此，企业需要在详细评估周围环境及自身文化的基础上，对自身文化进行改革和调整，修正自己文化中不适应时代和周身环境的内容，将企业文化中的精华保留并发扬光大，并且还应该积极学习和吸收成功企业的企业文化。

企业文化重塑和创新是指以原有的企业文化为基础，对优秀的文化要素进行整合，对平庸落后的文化进行扬弃，同时合理吸收消化世界各国企业文化的精华，催生出一个新的水乳交融的、朝气蓬勃的、拥有现代气息的企业文化。一方面使文化认同得以实现、不同文化因素的吸收成为可能，另一方面又显现出较强的文化适应性和鲜明的个性，实现企业文化的创造性转化，使原有的企业文化发生质变，实现升华。这是一个由量变到质变的过程，最终将产生出一个建立于原企业文化基础上的新的优质文化。

（二）企业文化整合基本原则

企业文化整合是一个系统的过程，耗时较长，在此过程中，不仅应重视其中的每一个步骤，而且应该有一套在文化整合时通盘把握的基本原则体系。这样，在企业并购后的文化整合过程中，才不会偏离预定的目标，在总体上把握文化整合的大方向。

1. 平稳原则

企业文化的注入涉及观念的转变、行为方式的调整，这往往会给并购双方企业尤其是被并购方企业带来较大的震动，甚至产生抵触情绪。为此，在文化整合过程中，要辅以较强的舆论导向、增加透明度、加强价值观念的灌输等，来降低文化融合中造成的震动幅度，减少不必要的损耗，实现平稳过渡。

2. 整体原则

两个或多个企业要成为一个整体，在进行文化整合时，必须在并购方经营战略的指导下，兼顾并购双方的利益，提高并购后企业的整体素质和经济效益，同时应避免歧视行为。

3. 充分沟通原则

在企业并购文化整合过程中必须进行充分、全面而有效的沟通，通过与被并购企业的各相关利益团体（员工、社区、供应商、中间商等）的沟通，了解他们对公司的期望，可以帮助公司处理好与他们的关系。要将企业并购后的目标、战略、计划等汇总的重要信息传递给员工，获得其精神和行动上的支持，建立相互信任的关系，从而使企业并购后员工能够团结一致、协调配合、共同努力来实现企业目标。

4. 专人负责原则

企业并购中的文化整合是一项极其复杂的系统工程，它要在尽可能短的时间内统

一并购后企业"大家族"成员的价值观，使大多数员工能理解和认同公司的基本价值观、信念、目标和办事方式，从而使管理的结构、制度、方式和员工之间达成长期而有效的协同。

5. 企业管理高层参与原则

企业管理高层在企业文化的形成或改变过程中往往起到关键性作用，同时，也在并购文化整合中肩负不可或缺的责任。高层管理者一方面应积极组织力量在并购中实施文化整合，另一方面处事要客观民主、关心下级、以身作则。

6. 兼顾企业内部亚文化原则

由于职能、性别、地域文化、社会、经济、教育背景等方面的差异，企业文化内部往往存在不同的亚文化。这些亚文化又在不同程度上保证着该文化团体的良好运作。因此，在企业并购文化整合过程中应注意处理好各种亚文化，以保证新企业得到健康和谐的发展。

三、混合所有制改革中企业文化整合的基本步骤

企业文化整合一般包括以下四个基本步骤。

（一）文化审视和评估

文化审视和评估内容包括对并购双方企业文化回顾和审视，进行背景分析和综合评估，确定是否需要进行系统性的文化重塑，结合并购方企业并购目标提出企业需要建立新文化的要求，确定文化重塑的战略目标和重塑的范围、对象和内容等，以及对这种文化重塑的初步设想和构思。

（二）新文化重塑

新文化重塑是企业在面临企业整体转型或组织整体改革的情况下，在企业文化建设上进行的一种系统的变革和再造，是对企业传统文化进行的系统审视和评估、提炼和提升、整合和改造，是企业在文化上的系统创新和设计，是一种以文化为契机的企业文化再造或企业文化变革。新企业的文化重塑，就是在对双方企业文化进行扬弃的基础上，结合并购企业的并购目标和战略意图，对新企业的文化进行重新调整和塑造，以适应愈加激烈的市场竞争，使得企业文化真正成为一种有效的管理手段。

（三）新文化传播和推广

新文化传播和推广在新企业文化塑造中至关重要。新的企业文化创立后，并购企业应该利用一切媒体和舆论工具，创造浓厚的文化氛围，宣传企业的新形象、新理念、新价值观、新制度等。在此基础上开展以传播企业价值观为核心的丰富多彩的活动。在新文化的传播、推广过程中，要注意培养和树立典型，通过企业家来诠释企业文化中的"英雄人物"；要"以人为本"，发动群众；建立和完善各种制度与之配套，做到物质激励与精神激励相结合。

在新文化的传播过程中，要注意对双方员工进行跨文化培训和适时有效的沟通。通过沟通，强化企业与员工间的相互认同，培养员工的组织归属感，提升员工忠诚度，这是企业和员工走向"深层整合"非常重要的一环。新企业文化要得到全体员工的认同，要得到广泛而深入的传播和有效的推广，必须通过交流和沟通来实现。

（四）新文化的调适和创新

企业文化重塑后，随着企业内外部环境的变化，企业自身成长阶段的渐进，重塑的企业文化不可能永远都能全方位地适应企业的发展，将来必定会在某些方面不适应，因此，要时刻注意对新文化进行调适，并随着企业的发展而不断进行下去。新文化的调适是一种新的补充，是在文化整合的基础上开拓出新的属于自己的东西，只有经历过这一阶段，企业文化才能说是真正的融合。新企业应该随企业战略、组织环境、市场趋势、竞争态势和客户需求变化而对企业文化做出相应调整，对原有企业文化再进行适当的创新和重塑，使企业文化能不断适应时代和企业发展之需。

复习与思考

请结合本单元所学内容，谈谈国有企业与民营企业文化自身的优势和劣势，及互相融合的方法和步骤。

学习单元二
中小企业的文化建设

➦【情景导入】

九阳：从一杯豆浆做起

对于任何一个怀揣抱负的创业者，让他从关注卖豆浆开始，恐怕都是难以接受的。但是，让他拥有九阳（全称九阳股份有限公司）这样一家豆浆机业领头羊企业，大多则会欣然接受。这或许是大多中小企业创始人的选择，因为极少有人认为能够从一杯豆浆开始成就"霸业"。

JOYOUNG 九阳

健康·快乐·生活

九阳品牌

小家电的大生意

1994年，九阳第一台全自动家用豆浆机诞生，起因是济南某中专教师王旭宁有爱喝豆浆的喜好，那时的九阳连个"小作坊"都不算。后来，酷爱科研的创始人王旭宁对于机器从技术角度进行升级和改进，并引入了朱宏韬、黄淑玲、朱泽春三位合伙人共同创业，颇有阿里巴巴集团"十八罗汉"的味道。九阳在逐步缔造小家电行业的帝国之外，还成就了一众富豪，九阳董事长王旭宁在《2019年胡润百富榜》排名第626位。

卖产品先卖观念

国内的小家电市场尽管品种繁多、琳琅满目，但追根溯源大多为国外舶来的版本，极少有中国人始创的，而九阳豆浆机却实实在在是咱们中国人自己发明的。王旭宁认识到，新的行业需要培育新的消费观念，没有消费环境，即使产品再好也不可能做起来。卖产品先卖观念，只有普及豆浆的营养知识，才可能带动人们对豆浆机的消费。豆浆饮食是我国饮食文化中的一朵奇葩，对王旭宁来说，他做的不只是简单的一台豆浆机，而是一种优秀文化。

打造独特的文化

九阳的发展并非一路坦途，就在九阳刚刚把豆浆机市场做得红火起来时，突然冒出了50多家豆浆机厂家。毕竟豆浆机的技术门槛不高，大家都想在数亿中国家庭的巨大市场里分一杯羹。时过境迁，回首当初的竞争者，幸存的已寥寥无几。因为与那些企业相比，九阳是把豆浆机当作一个产业来发展的，追求的是百年理想。九阳始终坚持专业化之路、健康发展理念、技术和品牌自主，不断进行技术创新和探索，把健康的理念传递给社会，坚持打造小家电行业的领头羊。

结合案例，思考以下问题：

（1）九阳从小到大说明了什么问题？

（2）企业文化在企业创立和发展中发挥着什么作用？

（3）中小企业应该坚守什么样的文化？

一、中小企业文化建设的必要性

据美国《财富》（*Fortune*）杂志报道，美国中小企业平均寿命不到 7 年，而 2012 年由中国人力资源领域综合服务机构 CHINA HRKEY 发布的《中国中小企业人力资源管理白皮书》调查显示，我国中小企业平均寿命仅 2.5 年。要解决我国中小企业的短寿顽症，企业文化建设刻不容缓。

中小企业的特点在于它能够快速适应市场需求变化，但与之相伴的是临时性，临时性就会导致企业生存周期短暂问题。如果中小企业在开办之初就能重视企业文化问题，认真研究企业经营战略及其发展方向，并在发展过程中不断完善，相信一定会起到见微知著的效果。

与大企业相比，中小企业在财力、物资、人力等资源领域相对处于劣势，但中小企业可以从文化资源上寻求突破，科学合理地组织企业文化建设。这样中小企业不仅有自己的独特性，还能利用资源和能力的结构优势充分发挥潜能，在经济浪潮中乘风破浪。

知识补给
8-2：小企业，真的需要企业文化吗？

二、中小企业文化建设的主要问题

（一）文化建设缺乏特色，定位不准确

因成立时间不同、经营理念不同，中小企业在应对问题时也有不同的策略和方法。大多数中小企业由于对文化创新缺乏重视，既没有体现出自身企业的独特点，也没有把企业精神和企业管理理念很好地相结合起来，导致企业文化个性的严重缺失。调查显示，中小企业文化的同质化严重，在目前企业用来激励员工工作的口号中，"团结""奋斗""进取"这一类词汇的使用率极高。在瞬息万变的企业竞争中，中小企业经营者往往不能很好地判断主流文化趋势，管理体制又使其员工缺乏创新动力，文化建设过程中又忽视对创新意识的培养，从而束缚了企业的发展。

（二）文化建设与企业经营嵌入不足

一个企业的组织结构建设在企业发展尤其是企业文化发展建设中尤为重要，它决定着企业未来的长远发展。很多中小企业急于改变眼前的现状，片面追求经济效益，而轻视企业精神财富积累的做法隐藏着许多潜在问题，如存在文化建设与经营活动"两张皮"现象，对消费者缺乏诚信、对企业员工缺失人性化管理等。短期内，这些中小企业也许会迎来业绩增长，但长此以往则将慢慢丧失社会责任感，从而导致企业发展的停滞不前乃至倒退。

（三）企业文化内涵理解偏颇

中小企业基本都拥有一套具体可操作的企业文化建设方案，但这些文化建设大部分华而不实，未能对企业发展产生持久深远的影响。一直以来，很多中小企业管理者都普遍认为企业文化就是组织旅游、体育比赛或者组建文化室等，这种热衷于做表面文章的企业文化建设活动难以真正体现和形成全体员工所一致认同的价值观和内心信念。

（四）家族企业自身素质建设缺失

很多中小企业都是家族式结构，受血缘关系的影响这种家族式的管理方式在企业发展初期会形成一股强大的向心力，这对企业的发展和成长是非常有益的。但随着企业的发展，这种裙带关系会带来很多问题，如企业决定权在亲属关系的人手中，既容易造成腐败专权的现象，又使真正人才得不到重用而对企业失去信心。

（五）企业品牌文化建设意识淡薄

很多中小企业的创始人在创建企业之初就没有太高的要求和目标，大多数最直接的目的就是赚钱盈利，甚至养家糊口，加之中小企业要面对的棘手、紧要的问题很多，没有精力和动力关注企业品牌文化建设，导致企业文化缺乏品牌战略思维。

三、中小企业创新文化建设的方法和途径

（一）开展企业文化个性建设

千篇一律的企业文化建设形式很难看出中小企业自身的不足，因此，中小企业在文化建设之前，应结合自身特点找到文化创新方向，塑造出有个性、有特色的企业文化。中小企业要充分发挥管理者的领导作用，加大自上而下的文化创新，及时发现文化创新中的不足，使企业不断形成良好的文化价值观，增强员工的凝聚力。企业管理者还要结合企业文化的动态发展，实施科学有效的创新激励机制，提高员工的积极性，最大限度地创新企业文化。

（二）重视企业文化制度建设

2017年相关资料显示，德国中小企业占据德国企业总数的99.7%，公司净产值占全国的一半，且中小企业承担了德国就业人数的60%，富有活力的中小企业成为德国经济的重要支柱。德国中小企业发展的良好趋势，究其原因在于其成功的企业文化制度建设。建设科学有效的企业文化机制应作为企业管理的重点工作。加大重视企业文化建设的投入，努力营造和谐的内部环境并有目的、有计划地把企业文化和制度建设融为一体。

（三）强化企业文化内涵渗透

企业文化建设应将"以人为本"的理念内化于心，外化于行。企业文化建设的最终目标在于使员工获得认同感，只有让员工自觉运用企业文化的价值观念来指导自己的行为，才能让企业文化根植于每一个员工的内心深处，形成强大的企业文化的凝聚力。

（四）革新家族企业管理方式

完善的制度管理是企业文化建设的前提，企业领导者应在制度的执行中，使员工切实参与到企业的管理中来，增强员工的责任感和归属感。企业领导也要严格要求自己的一言一行，用自己的实际行动来带动企业员工成为企业文化建设的执行者。

（五）塑造企业品牌文化建设

企业做好品牌规划，有利于在价格的竞争中脱颖而出，达到可持续发展状态，并从品牌效益中长期受益。政府部门和企业应树立品牌意识，从关心经济增长转移到品牌文化建设上，不断激发中小企业在品牌建设方面的活力。建设中小企业品牌形象文

化，营造良好的人文氛围，能够提升企业员工的自豪感和认同感。

📎 **拓展阅读**

蜜雪冰城：小冰淇淋的"大梦想"

　　蜜雪冰城是一家以新鲜冰淇淋、茶饮为主的饮品连锁机构，将高质平价与健康新鲜融合一体，为以年轻人为主的消费者提供更健康、物超所值的特色产品。

　　1998 年，河南财经学院自考学生张红超，暑期在郑州燕庄摆地摊卖刨冰，后又用一台二手机器卖冰淇淋；2000 年，迁至文化路 20 平方米小店，取名"蜜雪冰城"，并将经营品种扩大；2008 年，蜜雪冰城商贸有限公司正式注册，推行统一企业 VI，店面数量达到 180 家；2010 年，公司更名为郑州两岸企业管理有限公司，并牵手宝岛商贸有限公司，在特许经营事业上更进一步；2018 年，蜜雪冰城越南首店在河内市开业，开启国际化之路；2019 年，蜜雪冰城品牌形象全面升级，门店强势下沉，立足全国，走向世界。

蜜雪冰城

　　蜜雪冰城坚持"近者悦，远者来"的独特经营理念，把"真人真心真产品，不走捷径不骗人"作为企业价值观，把"让品牌更强大，让伙伴更富有，让全球每个人享受高质平价的美味"作为企业使命。可以说，就是这样简简单单的企业文化，让一个主做冰淇淋和奶茶的小企业，一步步开启了品牌化、国际化的发展之路。

复习与思考

　　结合本单元所学内容，思考假设你毕业后创办了一家小公司，你会如何构建自己企业的文化。

学习单元三
互联网时代企业文化建设与发展

➜ 【情景导入】

神奇的"三只松鼠"

作为青年学生，对"三只松鼠"这个品牌一定不会陌生。三只松鼠股份有限公司成立于2012年，是中国首批定位于纯互联网食品品牌的企业。经过8年的发展，该公司已成为拥有4 000余名正式员工、年销售额破百亿元的上市公司。

"三只松鼠"品牌

"三只松鼠"是中国第一家定位于纯互联网食品品牌的企业，从当初一个小品牌成为如今中国销售规模最大的食品电商企业，发展成绩十分惊人。从横空出世，到一跃成为电商系列全网销售第一，现在又积极开创新零售之路，能在众多经典品牌下突出重围，成为当下互联网企业的典型代表，"三只松鼠"发展速度之快创造了中国电商史上的一个奇迹！

依托品牌、产品、物流及服务优势，自2014年起，"三只松鼠"连续五年位列天猫商城"零食／坚果／特产"类日成交额第一。2019年"双十一"，该公司以10.49亿元销售额刷新中国食品行业交易纪录。该公司的发展成绩受到广大媒体的广泛关注和消费者的一致认可。

"三只松鼠"秉持独特的互联网思维的企业文化，不断致力于产品的创新，强化"造货＋造体验"的核心能力，通过"风味""鲜味"和"趣味"融合出独特的"松鼠味"，构建起"一主两翼三侧"的立体化渠道布局，全方位贴近消费者。

下面，我们来盘点一下"三只松鼠"的企业文化。

企业使命：让天下主人爽起来；以数字化推动食品产业进步，以IP化促进品牌多元发展。

企业愿景：活100年，进入全球500强，服务全球绝大多数的大众家庭。

企业价值观：超越主人预期，真实，奋斗为本，创新，只做第一。

结合案例，思考以下问题：

（1）"三只松鼠"的成功之道是什么？

（2）其企业文化具有什么样的时代特点？

（3）其企业文化体现了哪些互联网思维？

近年来，随着互联网和移动通信等技术的不断创新和发展，"互联网＋"的广泛实施挑战着企业文化建设的认知模式和管理发展模式，同时也带来了极好的发展机遇。在此背景下，企业更要顺应外部环境变化，充分利用互联网思维，借助"互联网＋"的思路，挖掘企业文化新时代、新形势下的新价值。

一、互联网时代的企业文化建设

在当今这个时代，发展迅速、效益高的企业往往拥有庞大的忠实客户、众多的优秀员工和强大的企业品牌。这些企业具有很大的影响力，而其影响力的根源来自企业文化的构建。在互联网时代，企业要发挥其传统优势，增强互联网时代背景下的竞争能力，实现文化建设的新目标。这些目标主要包括：首先要具有企业鲜明的个性化特征；其次是企业文化中的企业精神和价值观要与内外部环境相统一；另外，企业应注重培养创新意识。

21世纪属于知识经济发展的时代，互联网技术将知识经济与互联网经济融合在一起，使经济与文化、技术等互相渗入和影响。创新和变革成为企业文化建设的力量根源，使企业文化建设同企业内部创新机制进行紧密结合。互联网时代，传统优秀企业在创新、融合发展基础上，构建出具有世界先进理念又体现自身特色的企业文化，才能延续企业在竞争、效益等方面的优势，实现可持续化发展。

"互联网＋企业文化"并不是两者简单相加，而是利用网络信息通信技术以及互联网平台，让互联网与企业文化这个企业核心竞争力进行深度融合，创造新的发展生态。充分发挥互联网的技术优势，深度融合于企业文化的建设过程，从形式到内容，从建设主体到建设过程、传播推广方式，形成企业文化的提升，提升整个文化的创新力和生产力，以保证企业文化能够跟得上企业发展和员工变化的脚步，形成更广泛的以互联网为基础和实现工具的企业文化发展新形态。

二、传统的企业文化在互联网时代存在的不足

（一）注重表面化且类型单一

一些企业的管理者并未真正理解企业文化的内涵，只是一味地注重外在的表面的东西，并未从根本上构建出企业文化。只注重技术与制度相结合的硬性企业文化的建设，没有真正地把员工思想意识同企业的精神相融合，缺乏"以人为本"的人文性企业文化。

（二）缺少自身特点，个性不够鲜明

企业想要长期发展，必须有自身的价值和独特的个性。但很多企业在建设企业文化时，只是一味盲目地照搬照抄其他优秀企业的现成品，导致其企业文化缺少自身特点，个性不够鲜明，缺乏发展动力和创新热情。

（三）难以与实际的管理制度相结合

经济全球一体化会促进企业内部治理的创新和经营模式的转变，使企业催生出新文化，同时逐渐暴露出企业内在结构和功能存在的缺陷和不足。而大多数企业严密的

组织等级体系和严格的规章制度，不能及时地被纳入企业文化建设的调整中，仍按照传统方式方法执行。

（四）管理者素质需要持续地提升

互联网时代的一大特点就是技术迭代速度加快，新思维、新技术、新事物层出不穷，这就要求企业管理者需要多方面提升素质，重视学习和提升的持续性，带头建立学习型的企业文化和发展型的企业团队。

三、互联网时代企业文化建设的关键要素

（一）做好全员参与

互联网时代企业要充分考虑到员工，尤其是青年员工的发展特点。企业可以融合学习、座谈会、茶话会、微信平台交流等方式，从不同的工作岗位和思考角度出发，广泛收集员工有益的参考意见。员工的全员参与，更容易加深对方案的理解和有效渗透，充分保证执行力度和有效传播，而且更容易使员工做到发自内心地相信并接受。

（二）充分利用人才资源，提升人才素质

人才资源是企业文化建设的核心点。互联网时代下企业文化建设需要大量既懂专业，又懂得信息技术的高素质从业人员。企业要尽快完善人才吸收和培养机制，为人才提供宽松的成长环境。在互联网时代，企业的文化体系必须能反映出对知识型年轻人的需求要素变化，要让优秀的人才有位、有名、有惠，提高人才对企业的满意度和对企业的归属感，进而促进企业文化建设和企业人才的共同发展。

（三）加快互联网新媒体平台的建设

在互联网时代，企业发展快、技术更新快、产品迭代快，企业文化建设所应用的互联网新媒体平台的建设和升级也要加速。企业要关注员工的行为习惯，找寻员工最感兴趣、最乐于接受的传播方式，完善常规媒体和新媒体平台的建设，加强内部资源共享信息化平台的建设。

四、互联网时代企业文化建设的策略

为了适应时代的发展，现代企业需要在互联网时代建设更适合市场发展的企业文化，更好地将企业文化落地。

（一）构建迎合现代社会发展趋势的文化氛围

对于任何企业来说，顺势而为地构建迎合现代化发展的文化氛围，才能够让企业在竞争中脱颖而出，才能够让企业走向可持续化发展的道路。

1. 树立员工、用户与企业共同成长的观念

互联网时代是突出个性的、尊重自我的，不管是员工还是客户都希望得到应有的重视。企业一方面要让员工树立起以企业为家的观念，从内心关注和支持企业的发展，实现与企业共同成长；另一方面要强调用户体验的产品设计与开发环节，满足用户荣誉的满足感和参与感。通过双管齐下的办法，实现让员工、用户树立与企业共同成长

案例分享
8-1：粉丝
关怀师助力
老字号升级

的目标。

2. 物质、精神、情感正向激励

所谓正向激励，就是要从根本上了解员工和用户的需求。不同的人存在着不同的需求，包括物质、精神和情感方面，只有满足其期望值，才能够发挥正向激励的积极作用。给予人们充分的尊重、关爱与理解，有助于强化人们的情感体验。这些正向激励，需要根据一定的制度实现和完成，把握适合的尺度，能够起到事半功倍的激励效果，从而营造出和谐的企业文化氛围。

（二）构建平台战略

构建平台战略，是互联网时代企业发展的关键环节。企业文化的建设需要以平台作为依托，不仅要打造企业和消费者之间的平台，更要打造企业和员工之间的交流平台，通过平台的枢纽作用，拉近彼此的关系，产生更好的交集。

1. 与目标用户保持密切的互动

美国社会学家伊莱休·卡茨认为：人们接触和使用传媒的目的都是为了满足自己的社会需要、心理需要。互联网和自媒体的时代，每位粉丝都将会是网络上的营销节点，把握好每一个节点，最终所造成的营销效果将是非同以往的。企业需要借助现代移动通信平台，强化与消费者的沟通，提升消费者的参与感，进而培养忠实的用户。

2. 延续模式创新的优势

互联网颠覆了人们的生活方式与娱乐方式，企业在发展过程中要不断进行技术创新，更要进行经营模式的创新和发展。现代企业要把文化的力量集聚成合力，不断推陈出新，打造企业可持续发展的路径。

3. 多元化的经营模式

互联网时代，市场经济存在着不规范性、不稳定性以及不确定性的基本运行特征。每个企业都应保持居安思危的发展态度，在稳定发展中求新求变，最好的办法是以多元化的经营模式，来应对市场的不断变化。互联网时代，"隔行如隔山"的说法逐渐被否定，跨界经营十分常见，并且成功的案例不胜枚举。现代企业要善于依托自身优势，积极拓展经营范围，努力把握住市场上出现的每一次成功的机遇。

（三）突出特色，注重企业个性的发展

互联网时代，特色与个性对企业发展十分关键。因为当前市场消费者群体普遍集中于"80后"和"90后"群体，这部分消费群体的需求，就是个性化与差异化，过于传统和固执的企业，将会被市场所淘汰。

1. 突出自身核心竞争力

在世界经济一体化的发展进程中，企业将面临更加强有力的竞争和挑战。企业必须要结合自身的发展，及时找到自身的特色，打造核心竞争力，避免趋同化和一致化，这样才更有助于企业的长远发展。

2. 突出企业经营理念的特色

企业的经营理念，是对企业文化的高度概括和升华。对于任何企业来说，必须突出自身具备特色的企业经营理念，找到更符合与时俱进的发展思路。在互联网时代，无论是新型企业还是传统企业，都要明确企业自身的核心竞争力与发展优势，才能在未来的竞争中赢得主动。

（四）树立可持续发展理念

1. 丰富团队文化的维度

互联网时代，人才是企业发展的核心，所以团队文化的成功与否，决定着企业文化的高度，决定着企业未来的发展。丰富团队文化的维度，应该从多个角度入手，具体包括共同目标的建构、团队的精准定位、权限和资源的合理分配等。加强多维度团队文化的建设，能够帮助企业打造强有力的核心价值观，并推进企业的长远发展。

2. 战略化发展

对于现代企业来说，战略化的发展意义重大，不仅关系到企业在当前市场上的表现，而且还关系到企业未来的可持续发展。战略化发展，需要合理的战略布局，要敢想但更要敢于尝试，结合自身的优势，以企业自身的核心竞争力为基点，开拓市场、勇于创新，把握互联网时代带来的机遇。

3. 完善售后服务体系

售后服务是企业未来发展的重要竞争力，作为企业未来发展的基础条件，对企业未来发展有着非常重要的作用。售后服务绝不是一次服务的终止，而应该是一次新服务的开端。构建完善的售后服务体系，更有利于企业传递文化理念，密切企业和消费者之间的感情，培养用户忠诚度。

复习与思考

请收集整理一些你熟悉的互联网企业的文化资料，结合本单元所学内容，认真研究分析其企业文化建设与发展的建设重点和关键要素。

学习单元四
企业文化的变革与创新

↗【情景导入】

海尔文化价值观的核心是创新

在海尔集团的整个发展中，创新变革一直贯穿其中。集团董事局主席张瑞敏说过："企业一旦站立到创新的浪尖上，维持的办法只有一个，就是要持续创新"。海尔文化以观念创新为先导，以战略创新为方向、以组织创新为保障、以技术创新为手段、以市场创新为目标，持续的创新伴随着海尔从小到大、从大到强、从中国走向世界。如从"砸冰箱"的名牌战略到"砸仓库"的全球化战略阶段，再到如今"砸组织"的网络化战略阶段，海尔集团始终不断地创新，其"人单合一双赢"管理模式体系更是颠覆了传统的管理模式，很好地适应了互联网时代对企业的要求。

创新是海尔文化的灵魂

结合案例，思考以下问题：

（1）海尔文化的创新理念在企业发展中起到了哪些作用？

（2）海尔的创新文化体现在哪些方面？

党的二十大报告提出的"完善中国特色现代企业制度，弘扬企业家精神，加强建设世界一流企业"的新部署新要求，为我国企业改革发展指明了方向和目标。完善中国特色现代企业制度是加快建设世界一流企业的重要制度基础，而企业文化建设是现代企业制度建设的核心与关键，"特色"制度也必然体现特色、一流的企业文化上。基于这样的历史背景和经济发展实际需要，企业文化改革与创新的意义更加深远。

一、建设特色企业文化的重要性认识

顾名思义，特色企业文化具有独特性和多样性，但特色企业文化也具备一些共性的功能，概括起来有以下三方面内容。

（一）特色企业文化是破解物质分配不平衡的柔和剂

企业在发展过程中难免会遇到物质分配不平衡问题，由于员工的能力和贡献不同，所获得的物质和财富也是不均等的。而特色企业文化源自员工的工作生活，具有共建共享的特征，可以做到公平地对待每一位员工，使员工在文化精神领域得到更多的满足感。优秀的特色企业文化足以影响员工的工作心态，激发员工的工作热情，改变员工的工作态度，使之从消极怠工转变为积极向上，从被动做事转变为主动做事，从逃避问题、推卸责任转变为勇于承担、分析原因并寻找解决办法，从而使员工众心归一、团结拼搏。

（二）特色企业文化是开启新生代创新思维的源泉

创新是现代社会发展进步的最强大驱动力。当前，"90 后"已开始成为创新的重要主体，这个群体相对于之前的几代人，一改经验传递型的职业生涯选择，更突出表现出按"兴趣"创业的特征，更渴望自然、文化和产业环境的美感以及与内心需求的融合度。资源的有限与需要的无限之间的矛盾是企业发展过程中始终要面对的，而特色企业文化不仅能增长员工的见识、丰富员工的阅历、开拓员工的思路，更重要的是能促进员工思想交流碰撞，从而促使企业不断创新、不断发展。现在和将来的企业，即将成为"90 后"的"天下"，一旦他们在特色企业文化中找到内心的触动，则很容易唤起他们创新的欲望。

（三）特色企业文化是拥抱国际开放交流的纽带

当前，随着"一带一路"倡议的提出，中国方案已经成为全球治理的完善和有益补充。政府推动的国际化倒逼企业开放合作，在"走出去"和"引进来"过程中，特色企业文化为本国企业相互认同、信任和交流合作提供了强有力的支撑；同时，也为企业走出国门，增进国际合作提供了文化根基。在这方面，有不少企业做出了良好表率，如创立于 1987 年的华为公司，经过多年的努力，已成为全球领先的信息通信基础设施和智能终端提供商，业务遍及 170 多个国家和地区，服务 30 多亿人口。可见，特色企业文化在促进东西合作交流上有着积极而巨大的影响。

二、特色企业文化的培育

当前，文化建设被提升到了更高的层面，企业的未来必定与文化建设息息相关，这就为特色企业文化的培育和发展提供了沃土。文化的形成是一个长期积累的过程，企业需要紧跟时代步伐，赋予更多的责任与担当，进而形成符合自身实际、彰显独特魅力的特色文化。

（一）特色企业文化应植根于新时代

党的二十大报告提出，"从现在起，中国共产党的中心任务就是团结带领全国各族人民全面建成社会主义现代化强国、实现第二个百年奋斗目标，以中国式现代化全面推进中华民族伟大复兴。"中国式现代化开创了通过合作共赢实现共同发展、和平发展的现代化发展模式，致力推动构建人类命运共同体。在当今这个高速发展的时代，迅猛增长的生产总值、日新月异的科学技术、日益增长的综合国力……赋予了这个时代一个"新"的定义。优秀企业必须紧跟新时代的脚步，树立强烈的社会责任感，借助发达的科技，依托广阔的平台，凭借丰富的资源，积极融入全球化这一时代浪潮中，培育特色的企业文化，使之真正为企业所用。

（二）特色企业文化需服务于动力转换

当今社会正处于发展动力转换的关键时期，以智能化为代表的第四次工业革命正在加速萌发，原有的简单制造正逐步被精细化的智能制造所替代。在动力转换过程中，创新逐渐成为企业的核心生命线，科技与文化及两者的融合越来越成为企业发展动力的源头。新的动力需要丰厚的文化土壤，因此，当前特色企业文化的培育，需要面向转型发展、面向智能信息、面向数据云、面向共享经济，帮助企业树立创新意识、营造创新环境、推进创新发展。

（三）特色企业文化要贴近于员工特征

在传统和创新等不同业态共存的社会转型期，不同企业吸引着不同的员工主体，但"以人为本"依然会是所有企业共同遵循的宗旨，文化也是人们不可或缺的工作与生活内容。对于企业的创立者和领导者而言，只有深入了解员工的日常生活，才能逐渐培育出适合自己企业的特色文化。特色企业文化只有贴近员工生活，受所有员工认同与喜爱，才能被广泛遵循，带动企业风气，实现文化留人，营造出积极向上的氛围，发挥特色企业文化的正能量。

三、中国式现代化进程中的企业文化建设

党的二十大报告指出，高质量发展是全面建设社会主义现代化国家的首要任务。在这样的时代背景下，我们要培育具有全球竞争力的世界一流企业，必须凝聚具有中国特色的企业文化，形成独具特色的现代企业文化体系。

（一）挖掘传统文化的根脉，深度融合现代文化，凝聚现代企业管理动力

中国 5 000 多年悠久历史的文化积淀是中华民族发展的根基。离开传统文化，我国现代企业文化建设就是无源之水、无本之木。习近平总书记在党的二十大报告中指出，中华优秀传统文化源远流长、博大精深，是中华文明的智慧结晶，其中蕴含的天下为公、民为邦本、为政以德、革故鼎新、任人唯贤、天人合一、自强不息、厚德载物、讲信修睦、亲仁善邻等，是中国人民在长期生产生活中积累的宇宙观、天下观、社会观、道德观的重要体现，同科学社会主义价值观主张具有高度契合性。

建设新时代中国特色企业，就要以传统文化为根脉，与企业实际与时俱进、因地制宜融合，凝聚特色鲜明的现代企业文化。

东西方文化背景的差异和不同，产生了不同的企业管理哲学，西方强调"理性"，东方强调"人性"；西方重视"个体"，东方重视"整体"。两类管理哲学各具特点，形成了鲜明的对照。新时代中国特色的企业文化体系建设时，要将两种管理模式互相借鉴、取长补短，在管理上融合和趋同，创造出崭新的企业文化管理模式。

◎ 拓展阅读

海尔的创新文化

海尔集团的企业文化就是一种强势的东方文化。海尔文化是对国内外优秀文化的充分借鉴、改造、创新的成果，是具有典型传统文化特色的中国式管理。张瑞敏"人单合一"理念衍生出的"三心换一心""上下同欲者胜""赛马不相马"等理念的实质，就是"仁人为本"的传统文化和现代科技信息管理知识的高度融合，颠覆了传统意义上企业、员工和用户三者之间的关系，将三者构建成了一个"仁人为本"的社会关系，倒逼企业内部机制的变革。这种传统文化和现代文化的融合，助推了海尔不断发展壮大，在国际竞争中创造了一个又一个海尔奇迹，是实施现代国有企业文化战略中的一个标杆典范。

（二）领悟物质文化的要义，深度融合精神文化，点燃现代企业发展引擎

新时代我国社会主要矛盾的变化向现代企业的改革发展提出了新任务，需要以物质文化为基础，以精神文化为灵魂，以创新文化为动力引擎。以物质文化为基础，就是要求现代企业创造层次更优、水平更高、质量更好的物质文化，满足人民日益增长的美好生活需要；以精神文化为灵魂，就是要求企业在艰苦奋斗、追求卓越的过程中凝聚共同的精神文化诉求；以创新文化为动力引擎，就是在创造物质文化和精神文化过程中，不断寻求自我突破和超越。现代企业活力和创造力的发挥，就是立足市场、放眼市场，发挥各自特色的企业精神，创新技术和管理，创造出具有核心竞争力的产品和服务，以获求在市场中的不败地位。

◎ 拓展阅读

华为的"狼性文化"

华为公司的狼性文化是物质文化和精神文化的融合统一，迸发了不断追求卓越、不断追求创新的强大力量。公司创始人任正非认为，竞争之路是一条血路，企业经营要警惕所谓的"老虎文化"，再强大的老虎也招架不住一群狼的攻击，狼的生存之道就是企业的立身发展之道——狼性敏锐，总能嗅到市场的敏锐动态；狼性贪婪，要生存就要竞争，不达目的不罢休；狼性团结，在生存中造就群狼的精神图腾；狼性进取，群狼捕猎是以围猎更多猎物为目的。华为公司将狼性文化发挥到了极致，以高度团结的团队精神，在竞争中不断追求卓越和创新，百折不挠、披荆斩棘，在强手如林的国际竞争中，闯出一片广阔的天地，成为通信设备行业的翘楚和民族品牌的骄傲。

（三）汲取革命文化的营养，深度融合管理文化，树立现代企业精神支柱

中国共产党在领导中国人民实现民族解放、社会主义现代化建设的历史过程中，凝结出了独特的革命文化。伟大的革命实践、马克思主义的先进理论和人民群众的集

体力量，是文化自信的实践之源、理论之基和力量之本，不能正确领会和自觉实践革命文化就无法做到全面的文化自信。新时代背景下，中国企业是坚定文化自信的先锋队，要以政治文化为统领、以革命文化为源泉、以大众文化为动力，提高员工的责任担当和理想信念，将革命精神融入企业的日常行为规范中，使革命文化与企业管理相结合，共同创造上下趋同的企业价值观。

四、中国企业文化改革与创新的路径选择

（一）认识重构，树立企业文化建设的科学认识

结合经济发展新常态，通过多种渠道加大对企业管理者的培训力度，引导企业找准文化建设的抓手和方向，引导企业确定中长期发展战略目标，总结并提炼企业成功发展的核心价值、经营理念、行为准则、社会责任等，为企业文化建设进行全方位的整体性规划。在企业文化的整体规划确定后，要通过氛围营造、统一认识、拓展融合、制度规范以及绩效管理等方式方法，将企业文化的核心要求融入企业员工的认知和行为之中。

知识补给8-3：面对"知名企业阵亡名单"，中国企业该反思什么？

（二）价值重构，加强企业文化建设的价值引领

加强企业文化建设与贯彻政策精神的融合发展，将国家对企业发展的政策方向和指示要求融入企业文化建设中。加强企业文化建设与思想政治工作的融合，开展党的思想政治工作的同时，要自觉将企业文化建设落实到日常业务中，增强企业文化建设的凝聚、导向作用。加强企业文化建设与弘扬企业家精神和"工匠精神"的融合，持续提升企业家精神。

（三）传统重构，加强企业文化建设的传统融入

注重传统文化与企业发展历史的融合，要善于从企业成长史中挖掘中华优秀传统文化精神并传承和发扬，在企业文化建设中逐步形成独具特色的文化底蕴。注重传统文化与现代企业文化的契合，将企业当前发展与时代需求有机结合起来，使企业文化建设能够真正满足企业发展的实际需求。

（四）个性重构，加强企业文化建设的精神凝练

注重体现企业独特个性的企业文化精神，必须结合企业发展，依托地方特点、历史特点，进行企业文化的特色培育。注重引导企业文化的丰富创新，适时地对企业文化的内涵进行创新拓展，完善和发展企业文化建设的内容及形式。

（五）责任重构，加强企业文化建设的责任履行

注重企业对外的社会形象建设，树立良好的社会责任形象。着重推进人力资源管理的制度规范，抓好企业节能环保和安全生产工作。积极参与社会公益事业，建立符合社会公益价值的企业文化价值观，为社会弱势群体和社会热点事务贡献企业的应尽之力。

（六）制度重构，加强企业文化建设的制度落实

要围绕企业文化的核心理念制定规章，突出文化理念的核心要求，强调严谨性、纪律性、激励性，让员工在遵守企业规章制度的同时，潜移默化地形成对企业文化的认同和敬畏。建立科学系统的绩效考核体系，形成良性互动、综合评价、奖惩分明的绩效考核机制。

复习与思考

结合本单元所学内容，谈谈你对新时代中国企业文化创新发展的认识。

中国经济基础的底气和自信

　　中国经济是一片大海，而不是一个小池塘。习近平总书记在 2018 年 11 月首届中国国际进口博览会上用一个比喻生动刻画了中国这个世界第二大经济体，并充满信心地说："经历了无数次狂风骤雨，大海依旧在那儿！经历了 5 000 多年的艰难困苦，中国依旧在这儿！面向未来，中国将永远在这儿！"中国经济前景的"大海之喻"，充分展示了中国经济长期健康稳定发展的底气和定力。

　　在 2020 年全国政协十三届三次会议经济界委员的联组会上，习近平总书记用了"三个有"来形容中国经济这片"大海"：我国具有全球最完整、规模最大的工业体系、强大的生产能力、完善的配套能力；拥有 1 亿多市场主体和 1.7 亿多受过高等教育或拥有各类专业技能的人才；还有包括 4 亿多中等收入群体在内的 14 亿人口所形成的超大规模内需市场。在全球经济持续下滑、新冠疫情仍在蔓延的大背景下，习近平总书记的重要讲话迅速获得媒体关注，为我国经济社会发展注入强有力的信心。中国经济逆势而上、破浪前行，是我们充分利用自身优势、走符合中国国情发展道路的结果。

　　会上，习近平总书记强调，要坚持用全面、辩证、长远的眼光分析当前经济形势，努力在危机中育新机、于变局中开新局。他提出，面向未来，我们要把满足国内需求作为发展的出发点和落脚点，加快构建完整的内需体系，大力推进科技创新及其他各方面创新，加快推进数字经济、智能制造、生命健康、新材料等战略性新兴产业，形成更多新的增长点、增长极，着力打通生产、分配、流通、消费各个环节，逐步形成以国内大循环为主体、国内国际双循环相互促进的新发展格局，培育新形势下我国参与国际合作和竞争新优势。

　　只要有"自信人生二百年，会当水击三千里"的勇气，我们就能毫无畏惧面对一切困难和挑战。14 亿中国人民凝心聚力、中国共产党的坚强领导和我国强大的经济实力，正是我们对未来充满信心的最大底气。

深思启慧

洋品牌为何纷纷变"土"了？

自我检测

交互式自测题

中小企业的文化建设

【实训背景】

随着社会就业压力的增大，大多数的高校毕业生刚刚就业时往往会在中小企业就职。也有一些有条件、有梦想的大学生会择机创业，而创业之初开办的公司也都属于中小企业。中小企业应该建设什么样的企业文化，特别是在互联网时代，企业应该具有什么样的互联网思维，都是每一个从业者和创业者需要考虑、学习和面对的问题。

【实训目标】

1. 通过模拟从业者或创业者，思考、学习中小企业如何建立自己的企业文化。

2. 要充分考虑互联网对新时代企业文化的发展和影响，了解企业的互联网思维。

3. 模拟未来自己的角色，以仿真的视角提前了解、走近企业文化。

【实训组织】

1. 学生首先选择从业者或者创业者的实训身份，再设定一个具有特定行业和规模的企业，进而从接受或者创造的视角研究中小企业的文化建设。

2. 建议实训分为课前和课中两部分进行。课前学生按 5~8 人分组进行，每人提交给老师一份研究报告。小组再推选一名代表在课堂上进行中小企业建设思路的陈述，小组成员可为小组代表出谋划策，使该代表能够代表本小组的最高研究水平。

3. 其他组同学对小组代表的陈述进行打分。教师在陈述过程中不提问、不打断，打分结束后可从专业角度进行综合评析。

【实训考评】

效果评价表

考评人		被考评人	
考评时间		考评地点	
考评内容	中小企业的文化建设		
考评标准	内容	分值 / 分	评分 / 分
	对中小企业文化的知识掌握情况	25	
	选取视角与陈述方案的匹配性、合理性	15	
	与当下互联网、企业改制等内容的结合	20	
	陈述过程中的综合表现	25	
	陈述方案与内容、小组协作等综合情况	15	
	合计	100	

参考文献

［1］ 杨宗勇.用爱经营：宜家的经营哲学［M］.北京：中国法制出版社，2017.

［2］ 绪方知行，田口香世.零售的本职：7-Eleven便利店创始人的哲学［M］.陆青，译.北京：机械工业出版社，2017.

［3］ 陈春华.从理念到行为习惯：企业文化管理［M］.北京：机械工业出版社，2016.

［4］ 代尔维格.这就是宜家［M］.彭晶，译.北京：中华工商联合出版社，2015.

［5］ 荆玉成.原力觉醒［M］.北京：中信出版社，2016.

［6］ 骆华，孙科柳.不懂企业文化你怎么管理公司［M］.北京：北京理工大学出版社，2016.

［7］ 张继辰，王乾龙.阿里巴巴企业文化［M］.深圳：海天出版社，2015.

［8］ 易晓芳，陈洪权.企业文化管理［M］.武汉：华中科技大学出版社，2016.

［9］ 丁雯.企业文化基础［M］.大连：东北财经大学出版社，2018.

［10］ 李顺军，杨铁峰.企业文化管理［M］.武汉：华中科技大学出版社，2016.

［11］ 欧阳国忠.企业文化高效落地活动案例［M］.大连：东北财经大学出版社，2018.

［12］ 曲庆.企业文化落地理论与实践［M］.北京：清华大学出版社，2014.

［13］ 刘鹰，项松林.阿里巴巴模式［M］.北京：中信出版社，2014.

［14］ 冯建军.解密屈臣氏［M］.北京：经济管理出版社，2014.

［15］ 赵雪峰.改变世界是一种信仰：乔布斯和他的苹果神话［M］.北京：中国经济出版社，2012.

［16］ 赖文燕，周红兵.企业文化［M］.南京：南京大学出版社，2015.

［17］ 呆占强.企业文化的力量［M］.北京：清华大学出版社，2014.

［18］ 王吉鹏.价值观起飞与落地［M］.北京：电子工业出版社，2014.

［19］ 陈广.华为的企业文化［M］.深圳：海天出版社，2017.

［20］ 王吉鹏.企业文化建设［M］.北京：中国人民大学出版社，2017.

［21］ 陈安娜.互联网企业文化研究［M］.杭州：浙江工商大学出版社，2019.

［22］ 叶雷."企鹅帝国"的九个维度［J］.经营管理者，2016（11）：110-111.

［23］ 秦梓强.浅析苹果和小米在品牌符号构建上的异同［J］.艺术品鉴，2017(2)：104-105.

［24］ 王明春.平台化组织模式时代［J］.企业管理，2017（3）：75-78.

［25］ 彭剑锋.华为成功的"五种力量"［J］.中外企业文化，2015（6）：34-35.

［26］ 李倩.海底捞从服务创新到内部控制［J］.企业管理，2017（5）：76-79.

［27］ 李丽娜.坚持"知行合一"的培训体系阿里巴巴集团学习体系探秘［J］.传媒评论，2014（5）：16-17.

［28］ 闫雯.探析跨文化中的广告传播［J］.视听，2017（8）：193-194.

［29］ 黄琼莹.江小白：年轻就要不同［J］.销售与市场（管理版），2016（9）：86.

［30］ 企业App开发与企业形象的塑造［J］.章琼，陈思谦，蒋玉红.科技创新与应用，2016（17）：274-275.

［31］ 周虹，金燚.基于集团意识的日企文化特征分析［J］.苏州教育学院学报，2016（4）：7-8.

［32］ 李宗贵.企业社会责任观［J］.现代商贸工业，2012（8）：9-11.

［33］ 步淑段，秦妍.企业履行社会责任的理论依据［J］.当代经济管理，2012（2）：90-92.

［34］ 查玮.企业制度文化的逻辑体系［J］.企业改革与管理，2012（3）：43-45.

［35］ 计岩.刍议企业行为文化建设[J].吉林省经济管理干部学院学报，2011（6）：92-95.

［36］ 徐晔.制度变迁对企业行为文化变迁的影响［J］.企业导报，2011（12）：197.

［37］ 刘会民.人文可以立国.［J］.做人与处世，2016（14）：15.

［38］ 王大宁.德国中小企业数字化策略［J］.中国工业评论，2018（4）：51-56.

［39］ 蒋亚楠."海底捞"捞出来的企业文化［J］.中国包装，2017（5）：82-86.

［40］ 潘志贤.危急时刻，她把生的希望留给学生[N].中国青年报，2018-06-15（2）.

［41］ 李洪兴.做有职业道德的好建设者［N］人民日报，2019-10-30（4）.

郑重声明

高等教育出版社依法对本书享有专有出版权。任何未经许可的复制、销售行为均违反《中华人民共和国著作权法》，其行为人将承担相应的民事责任和行政责任；构成犯罪的，将被依法追究刑事责任。为了维护市场秩序，保护读者的合法权益，避免读者误用盗版书造成不良后果，我社将配合行政执法部门和司法机关对违法犯罪的单位和个人进行严厉打击。社会各界人士如发现上述侵权行为，希望及时举报，我社将奖励举报有功人员。

反盗版举报电话　（010）58581999　58582371

反盗版举报邮箱　dd@hep.com.cn

通信地址　北京市西城区德外大街4号　高等教育出版社法律事务部

邮政编码　100120

读者意见反馈

为收集对教材的意见建议，进一步完善教材编写并做好服务工作，读者可将对本教材的意见建议通过如下渠道反馈至我社。

咨询电话　400-810-0598

反馈邮箱　gjdzfwb@pub.hep.cn

通信地址　北京市朝阳区惠新东街4号富盛大厦1座

　　　　　高等教育出版社总编辑办公室

邮政编码　100029